O QUE PODE A PSICANÁLISE

Blucher

O QUE PODE A PSICANÁLISE

Organizadoras

Monah Winograd

Maria Virgínia Filomena Cremasco

O que pode a psicanálise

Imagem da capa: Joseph Mallord William Turner, *Waves breaking against the wind*. Wikimedia Commons.

Publisher Edgard Blücher
Editor Eduardo Blücher
Coordenação editorial Bonie Santos
Produção editorial Isabel Silva, Luana Negraes, Mariana Correia Santos, Milena Varallo
Preparação de texto Ana Maria Fiorini
Diagramação Negrito Produção Editorial
Revisão de texto Antonio Castro
Capa Leandro Cunha

Blucher

Rua Pedroso Alvarenga, 1245, 4º andar
04531-934 – São Paulo – SP – Brasil
Tel.: 55 11 3078-5366
contato@blucher.com.br
www.blucher.com.br

Segundo o Novo Acordo Ortográfico, conforme 5. ed. do *Vocabulário Ortográfico da Língua Portuguesa*, Academia Brasileira de Letras, março de 2009.

Dados Internacionais de Catalogação
na Publicação (CIP)
Angélica Ilacqua CRB-8/7057

O que pode a psicanálise / organizadoras: Monah Winograd, Maria Virgínia Filomena Cremasco. – São Paulo : Blucher, 2019.

324 p.

Bibliografia
ISBN 978-85-212-1455-7 (impresso)
ISBN 978-85-212-1456-4 (e-book)

1. Psicanálise I. Winograd, Monah. II. Cremasco, Maria Virgínia Filomena.

19-0421 CDD 150.195

Índice para catálogo sistemático:
1. Psicanálise

Conteúdo

Apresentação

Monah Winograd

Maria Virgínia Filomena Cremasco

Este é o terceiro livro de uma série derivada de encontros entre os pesquisadores integrantes do Grupo de Trabalho Psicanálise e Clínica Ampliada, ligado à Associação Nacional de Pesquisa e Pós-graduação em Psicologia (ANPEPP). Inaugurando o novo nome desse GT (anteriormente chamado Processos de Subjetivação, Clínica Ampliada e Sofrimento Psíquico), os autores dos capítulos aqui reunidos discutem, cada um a seu modo, a potência da psicanálise nos mais diversos campos. Noutras palavras, pretendem sublinhar o quanto a psicanálise se configura como uma clínica ampliada em um sentido mais lato do que o que classicamente define esse conceito, revelando, assim, o que ela pode como teoria e como prática.

Genericamente, os vocábulos "poder" e "potência" designam a capacidade de ação e de afirmação de um indivíduo ou de um grupo. Segundo Agamben,[1] na filosofia ocidental a história do conceito de potência é bem longa e, pelo menos a partir de Aristóteles, tem

1 Agamben, G. (2006). A potência do pensamento. *Revista do Departamento de Psicologia - UFF, 18*(1), 11-28.

um lugar importante. O filósofo italiano ensina ainda que Aristóteles opôs e, ao mesmo tempo, vinculou a potência (*dynamis*) ao ato (*energeia*), oposição essa que a filosofia e a ciência herdaram. Vale lembrar que o que Aristóteles chamou de *dynamis* refere-se tanto à potência quanto à possibilidade, sem que se possa dissociar esses significados. Agamben prossegue e formula a ideia de que chega sempre a hora em que é preciso pronunciar "eu posso", sem que isto se refira a uma certeza ou a uma capacidade específica, mas como expressão de um comprometimento profundo e de uma entrada em jogo. Sem significar nada de antemão, este "eu posso", além de qualquer faculdade ou *savoir-faire*, põe aquele que o enuncia imediatamente diante da experiência a mais exigente e inescapável: a experiência da potência que é, ao mesmo tempo, a experiência de uma privação.

Agamben explica que Aristóteles distingue uma potência genérica – segundo a qual se diz que uma criança tem a potência do conhecimento ou que é um engenheiro ou um médico em potência – da potência de quem já tem a faculdade correspondente a um saber dado, como um cozinheiro que tem a potência de cozinhar mesmo quando não o está fazendo. Assim, se a criança é potente por poder sofrer uma alteração por meio do aprendizado, quem já possui uma técnica, por outro lado, não precisa sofrer alteração, sendo potente a partir de uma habilidade que pode não colocar em ato. Ou seja, a potência se define essencialmente pela possibilidade de seu não exercício, pela disponibilidade de uma privação. Ou seja, o cozinheiro é potente enquanto pode não cozinhar porque, diferente de quem é potente somente em sentido genérico e não pode cozinhar, ele pode não cozinhar. Esta é a grandeza e a miséria da potência humana: o fato de ela ser, sobretudo, potência de não passar ao ato e permanecer na privação. Nesse sentido, é potente aquilo que acolhe e deixa acontecer o não ser, sendo esse acolhimento do não ser o que define a potência, ao mesmo tempo, como possibilidade de passar ao ato e como passividade e paixão fundamental.

Por isso, Agamben pergunta: mas, então, como pode, de fato, uma potência passar ao ato, se toda potência já é sempre potência de não passar ao ato? E ele responde, citando Aristóteles, que é potente aquilo para o qual, se ocorre o ato do qual é dito haver a potência, nada haverá de impotente. Noutras palavras, a passagem ao ato não anula e nem esgota a potência, pois esta se conserva no ato como tal e marcadamente na sua forma eminente de potência de não ser ou fazer. Isso quer dizer que a potência não passa ao ato sofrendo uma destruição ou uma alteração. Sua passividade consiste, na verdade, em uma conservação e em um aperfeiçoamento de si. Agamben finaliza dizendo sobre esta figura da potência que, doando-se a si mesma, se salva e cresce no ato, obriga a repensar a vida como excedendo incessantemente as suas formas e as suas realizações e a considerar o pensamento do pensamento como a doação extrema da potência a si mesma. Eis um dos sentidos do título deste livro, *O que pode a psicanálise*: experimentar a potência da psicanálise quando ela passa ao ato e se repensa incessantemente como teoria e como prática a partir da experiência de suas impotências e da potência da vida ao exceder suas formas e suas realizações.

Assim, o Capítulo 1, intitulado "O que pode a psicanálise no campo da psicologia social", de Belinda Mandelbaum, demonstra que, apesar de a psicanálise, desde o início, constituir-se numa arena de conflitos de concepções sobre os modos de conhecer e tratar a vida psíquica, é indubitável que seu modelo mais geral para entender o ser humano teve um impacto enorme sobre toda a produção de conhecimentos no século XX. Freud, ao criar e mobilizar o que poderíamos denominar de metáfora psicanalítica, isto é, o modo extremamente poderoso e singular de, ao mesmo tempo, estudar e dinamizar os fenômenos psicológicos, soube suscitar uma abordagem com profundas implicações na história das ciências humanas. Ele soube dar ao psicológico um estatuto completamente original, permitindo a nomeação de relações e encadeamentos que ampliam nossa compreensão sobre o modo como os seres humanos se constroem. E o próprio da construção de conhecimentos nesse campo é a constituição de um processo de observação e intervenção cujos desdobramentos são seriamente levados em consideração por meio de uma reflexão intensa dos fenômenos observados, num diálogo com o conjunto de teorias que suportam e referenciam a intervenção psicanalítica, mas que outorga ao fenômeno observado o lugar privilegiado, nunca podendo este último ser deslocado ou eclipsado por qualquer concepção teórica tomada *a priori*. Essa propriedade da psicanálise, como é apresentada pela autora - a de ver-se impossibilitada de agir com toda a sua potencialidade se reduzida a uma série de construtos teóricos a serem aplicados sobre um fenômeno -, é a mais rica contribuição que esse campo de investigações tem a oferecer para a produção de conhecimentos.

O capítulo "O que pode a psicanálise frente à violência social que atinge a infância", de Cassandra Pereira França, trata da oportunidade sem igual de a psicanálise ensaiar uma resposta sobre sua eficácia, edificada a partir das reverberações na clínica infantil advindas de uma realidade específica: a da explosão da violência social vivida nas grandes capitais.

A autora comenta que, a partir do início da década de 2010, não temos mais tido demandas de tratamento motivadas basicamente por quadros sintomáticos de enurese, encoprese, dificuldades alimentares ou outras do gênero. Essas queixas desapareceram, ou melhor, tornaram-se secundárias, pois o que passamos a ter é a clínica viva da violência social. Crianças que expõem, por meio de suas brincadeiras ou dos *raps* que "cantarolam", a dureza da vida;

que nos apresentam seus corpos castigados por marcas de cigarro, de lâmpadas, quando não de alguma violência sexual. Crianças que são testemunhas de assassinatos, muitas vezes até do próprio pai ou da mãe. Realidade que lhes tira o chão e as palavras e que também impacta, radicalmente, aqueles que estão começando a construir um sonho profissional de acolher e de trabalhar para diminuir as angústias do ser humano. A impotência diante de uma realidade tão cruel tira dos supervisionandos, aparentemente, todo o referencial clínico que vinham construindo. Ficam tomados por uma mistura de estupor e compaixão que aumenta, mais ainda, as inúmeras dificuldades que habitam o universo da clínica infantil.

Casos que invadem o cotidiano da nossa clínica social e nos levam a crer que, mais do que nunca, precisamos preparar os alunos para desenvolver pesquisas clínicas que possam apontar direções de intervenção e interpretação psicanalíticas que ajudem os conteúdos traumáticos a alcançar um estatuto digno de entrar no circuito psíquico representacional, evitando uma das facetas mais cruéis da violência infantil: a identificação com o agressor como um dos efeitos dos processos de clivagem necessários para que a criança continue dedicando obediência e amor àqueles adultos violentos, porque, afinal, eles são provedores de seu sustento físico e emocional.

A psicanálise muito pode fazer para ajudar as crianças a não terem de seguir, necessariamente, o caminho da identificação com o agressor. O conjunto das condições facilitadoras de uma via regressiva oferecida pelo *setting* analítico, por meio das funções objetais primárias de *holding*, *handling*, continência e *rêverie*, que criam as condições ideais para a instalação da neurose de transferência, tem potencial para inaugurar outras trilhas identificatórias que podem enriquecer as opções de construção da identidade do sujeito.

Com relação ao supervisionandos, aprisionados na complexidade dessa clínica do traumático, eles logo aprendem que a repetição compulsiva é uma busca desesperada por um sentido capaz de transformar essa vivência traumática; e que a função do analista será a de responder a essa busca de sentido, ou seja, autorizar o acesso a outras formas de simbolização e de significação que desatem as simbolizações "falsas" ou "ilegítimas" (chamemos assim), ou as simbolizações que não conseguiram se inserir nas cadeias psíquicas. Por fim, o capítulo responde por que vale a pena trabalhar com psicanálise de crianças abordando que a problemática da violência convoca o estudo sistemático de vetores valorosos na historicização psíquica: a ideia de verdade, a construção da memória, a importância da realidade e sua relação com o discurso, a confiabilidade nos laços sociais, as categorias do pensável e do impensável.

Voltado para questões clínicas, o capítulo seguinte, "O que pode a psicanálise com a obesidade infantil", de Joana de Vilhena Novaes, Junia de Vilhena e Maria Ines Bittencourt, sublinha ser a obesidade infantil uma das doenças mais preocupantes na atualidade, com dados epidemiológicos alarmantes, embora, paradoxalmente, sejam escassos os estudos de seus fatores psicológicos, bem como com a especificidade do brincar nesses casos. Ao observarem, tanto pelo saber comum como pela literatura especializada, o grau de crueldade presente nas zombarias infantis, as autoras concluem ser necessário pensar em dispositivos clínicos, bem como em estratégias de intervenção terapêutica precoce, a fim de minorar os danos psíquicos causados diante da exposição do sujeito a esse tipo de situação traumática. Assim, elas levantam algumas hipóteses no tocante à excessiva presença da mãe em determinados casos de obesidade infantil, contrastando com a literatura tradicional que aponta a mãe da criança obesa como ausente. Buscam também refletir acerca de estratégias de intervenção eficientes no acolhimento desse tipo de queixa infantil e demanda familiar, fora dos espaços tradicionais de atendimento, tomando como eixo de reflexão a importância do brincar criativo no desenvolvimento psíquico saudável, tendo como base teórica as contribuições de Winnicott sobre o viver criativo, a transicionalidade e o brincar.

A seguir, José Juliano Cedaro, no capítulo "O que pode a psicanálise em instituições de saúde", destaca ser o exercício ou a tentativa de praticar e usufruir da psicanálise fora do seu *setting* clássico bastante antigo. O autor destaca ações em diversas instituições, sobretudo no campo da saúde, nas quais há trabalhos clínicos que têm a psicanálise como fundamento epistemológico, muitas vezes com nomes como "clínica ampliada", "psicanálise ampliada", "psicoterapias de inspiração/orientação psicanalítica". A partir de indagações propostas por autores embasados em Freud e Lacan, seu objetivo é fazer uma discussão sobre a atuação de psicanalistas em instituições de saúde como as unidades hospitalares e os Centros de Atenção Psicossocial (CAPS). Nesses lugares, questões fundamentais da vida humana estão expostas de forma intensa, como é o caso do horror perante a morte e os estigmas em torno da loucura, obrigando o analista a operar junto com discursos que são avessos ao seu. Mais do que isso, precisa suportar a condição de estar na contracorrente e manter seu compromisso ético de fazer a palavra circular, mesmo se de forma declarada, ou sub-repticiamente, a instituição tente impor o silêncio. De tal maneira, discute questões éticas da psicanálise dentro de uma dimensão em que pode colaborar para a construção de uma visão mais adequada às necessidades conjunturais de cada sujeito, principalmente se estiver enfrentando grandes dores e perdas. Assim, dentro do escopo da psicanálise, o autor mostra haver ética peculiar que toma o desejo do sujeito como ponto central, evidenciando que entre o universal (os critérios, as demandas institucionais) há uma pessoa, suas singularidades e sua subjetividade. Portanto, ocupa a função de lembrar o que há de humano no humano, muitas vezes ignorado quando se trata do sujeito doente.

Debruçado sobre as contribuições da psicanálise para a produção científica nacional entre os anos de 2000-2014 no âmbito da saúde coletiva, em particular para as práticas em saúde mental desenvolvidas nos CAPS, o capítulo seguinte, "O que pode a psicanálise com relação à atenção psicossocial", de Karla Patrícia Holanda Martins, Raimundo Edmilson Pereira Silva Júnior, Rafael Correia Sales, Gabriela Medeiros Rodrigues Aguiar e Gardênia Holanda Marques, apresenta e discute um recorte da pesquisa "Estado do conhecimento das relações entre a psicanálise e a saúde coletiva", em curso no Programa de Pós-Graduação da Universidade Federal do Ceará (UFC). Os autores justificam o desejo de delimitar e pesquisar o campo em questão pela importância de situar o lugar da psicanálise na fundação e na construção do campo da saúde coletiva, indicando a participação de seu *corpus* teórico e de sua orientação ética. Mais especificamente, nesse capítulo discutem a sua pertinência para a saúde mental e suas novas orientações teóricas e clínicas, delimitadas na reforma psiquiátrica brasileira, em aliança com as diretrizes do Sistema Único de Saúde (SUS). Das produções analisadas, concluem que, a partir de um esforço em seguir o ensinamento freudiano de que a prática clínica e a teoria não devem ser separadas, os autores utilizam-se, primordialmente, de suas experiências nos CAPS e ambulatórios como matrizes de seus questionamentos. Os trabalhos produzidos, em sua maioria, inspirados numa compreensão lacaniana das psicoses, ressaltam as limitações institucionais e os desafios clínicos encontrados. Apontam que a possibilidade de sustentação da clínica psicanalítica na saúde mental é simultânea a uma aposta na emergência do sujeito do inconsciente e das consequências advindas desta. Os trabalhos contribuem para pensar os dispositivos institucionais que fazem obstáculo a essa emergência, bem como propõem novos métodos de trabalho, a exemplo do estudo de caso. Diante dos significativos testemunhos dados em todo o país, convém questionar o que está em jogo na alegação de que a psicanálise dificulta a inserção da psicologia nos campos da saúde coletiva/mental.

Retomando uma reflexão mais clínica, Lilian Miranda, no capítulo "O que pode a psicanálise: uma discussão sobre limites", aborda os desafios colocados à prática psicanalítica que envolve sujeitos para os quais a concretude e a finalidade da existência humana configuram-se como interrogações avassaladoras, acompanhadas de atuações destrutivas ou imobilismo inerte. Partindo da ideia de que a sensação de existir num corpo e num mundo social é uma conquista trabalhosa, cujos sentidos são (re)construídos ao longo da vida, a autora opta por examinar um dos processos mais primitivos do amadurecimento humano: a delimitação somatopsíquica e suas vicissitudes. Com base numa leitura winnicottiana, ela desenvolve uma discussão ilustrada com trechos de um caso cujo tratamento exigiu que a terapeuta alargasse algumas fronteiras da clínica, ultrapassando os contornos físicos da instituição onde se inseria e as tradições formais do *setting* psicanalítico clássico. Foi necessário construir um ambiente de confiabilidade para que o paciente retomasse seu processo de constituição do eu, a partir da apropriação e representação de experiências corporais muito primitivas. Sugere, com isso, o delineamento de um trabalho de demarcação e de reconhecimento de limites, a ser feito, concomitantemente, pelo paciente e pelo próprio campo psicanalítico. Ao interrogar sua extensão, sem se abster dos preceitos éticos que lhe fundamentam, a psicanálise acaba por conduzir-nos até sua potência, seus espaços de manobra e também suas especificidades.

Em certa medida, também às voltas com a questão dos limites, Maria Virgínia Filomena Cremasco, Mariana Benatto Pereira da Silva Schreiber e Shana Nakoneczny Pimenta, no capítulo seguinte,

"O que pode a psicanálise no tratamento das toxicomanias", destacam ser uma das maiores dificuldades de se trabalhar com sujeitos toxicômanos o fato de não se posicionarem como sujeitos de demanda, ou seja, não se reconhecerem como possuidores de um questionamento em relação a si mesmos que seja endereçado ao outro. Essa dificuldade de endereçar um pedido próprio de ajuda a outro questiona também a posição do analista no tratamento de pacientes de difícil manejo, dentro de um amplo espectro da clínica dos estados narcísicos e suas dificuldades. Outro ponto que torna essa discussão relevante são as peculiaridades de manejo presentes nessa clínica, exigindo do analista uma certa flexibilização de sua posição ao mesmo tempo que lança questão sobre as possibilidades de uma clínica psicanalítica ampliada. Assim, as autoras analisam como a duplicação narcísica com a droga não permite, para alguns toxicômanos graves, uma vinculação ao tratamento, bem como não permite a entrada de um terceiro elemento na sua relação-assimilação com a droga, típica do gozo mortífero da melancolia. Apontam, então, para o que seria uma possibilidade de escuta vinculante, terciária: o estabelecimento de um freio simbólico à libido devoradora. De sua experiência, a ampliação da clínica no enfoque e no tratamento das toxicomanias pode permitir que o vínculo com o analista, inicialmente fusional, indiferenciado, canibalístico, desloque-se para uma relação objetivante e, consequentemente, uma alteridade suplementar por intermédio do amor de transferência que erotiza o mortífero da melancolia. O partilhamento de fantasias, a escuta das formas corporais de intoxicação e abstinência, o colocar-se como ponto de referência nos momentos de crise, podem se constituir como elementos importantes para o analista na construção de um trabalho simbólico no qual a linguagem vai tecendo contornos ao buraco negro do narcisismo mortífero, sessão após sessão, potencialmente protegendo o ego.

Abordando questões bastante similares, o capítulo "O que pode a psicanálise frente ao adoecimento neurológico", de Monah Winograd, Perla Klautau e Flavia Sollero-de-Campos, argumenta que, embora a etiologia das patologias narcísico-identitárias venha sendo atribuída a certas ocorrências envolvendo a (não) consolidação dos processos narcísicos primários na infância, é possível estender tais formulações metapsicológicas a outro tipo de casos nos quais também se pode perceber ameaças ao sentimento identitário, em uma espécie de ataque *a posteriori* ao narcisismo primário. Ao se considerar ser o narcisismo primário mais estrutura que estado e ao se levar em conta a necessidade de manutenção constante desse suporte narcísico, pode-se pensar em casos nos quais essa estrutura se fragilize, não no momento de sua constituição, mas em função de problemáticas posteriores radicais que afetem drasticamente as possibilidades de individuação e de simbolização. Assim, a partir das pesquisas "Do cérebro à palavra: a clínica com pacientes neurológicos" e "Aspectos subjetivos do adoecimento neurológico", as autoras formulam a hipótese de que, em muitos casos, o quadro psicopatológico que se instala após a percepção e a experiência das sequelas cognitivas pode ser localizado entre a neurose traumática e as patologias narcísico-identitárias. Dentre o que sustenta sua hipótese, dois aspectos fundamentais são destacados: a) a verificação, na clínica, de que a percepção e a experiência das sequelas, particularmente as que tenham afetado funções cognitivas importantes, desestabilizam a sensação de continuidade da existência subjetiva e a identidade, dissolvendo a coesão egoica sustentada pelo narcisismo primário e por funções do ego apoiadas na cognição; e b) a impossibilidade de elaboração da percepção e da experiência das sequelas cognitivas em função destas mesmas sequelas congela esses sujeitos em um presente permanente, detonando o movimento de compulsão à repetição, em um esforço de elaboração e simbolização e, ao mesmo tempo, de descarga.

Ainda a respeito de problemáticas conexas, o capítulo "O que pode a psicanálise perante o indizível", de Nadja Nara Barbosa Pinheiro, demonstra como a condução de um caso clínico se configura como o ponto de partida para as discussões que propõe sobre o manejo de elementos psíquicos primitivos da organização subjetiva que se reatualizam na contemporaneidade da clínica. A autora observa, no caso clínico estudado, a alternância entre momentos de grande intensidade linguística, nos quais eram produzidas inúmeras recordações, lembranças e associações verbais, e momentos nos quais a linguagem parecia se esgotar e a paciente se "fechava em uma concha", e a sensação de solidão, abandono, desamparo e vazio tomava "conta de seu corpo". Destaca nesse movimento: a) uma vertente corporal, no modo desvitalizado com o qual a paciente se deitava no divã, fechava os olhos e silenciava; b) uma vertente afetiva que, contratransferencialmente, provocava sensações de impotência e de exclusão na analista; c) uma vertente linguística, no ponto em que esta se conecta com o limite do dizível ao tocar em algo que não poderia ser expresso em palavras, mas que, paradoxalmente, se comunicava no eixo da transferência/contratransferência. O percurso teórico estabelecido inicia-se por Freud e sua decisão clínica de lidar com o indizível por meio das "construções em análise". Ponto de estofo que funda um solo cujo efeito de verdade permite a construção de narrativas que possibilitam uma reconstrução histórica da subjetividade. Segue com a proposta de Winnicott, autor que concebe o indizível como processos psíquicos que, mesmo não estando inseridos no registro linguístico, produzem efeitos nos níveis corporal e afetivo indeléveis à subjetividade – razão pela qual o autor propõe o *holding* como instrumento clínico capaz de construir um espaço mítico no qual o indizível possa ser vivido e transfigurado.

Deslizando para a questão psicossomática, Rodrigo Sanches Peres, no capítulo "O que pode a psicanálise no campo da psicossomática", objetiva delinear algumas contribuições do arcabouço teórico psicanalítico, essencialmente em seus desenvolvimentos pós-freudianos, para a compreensão das complexas relações existentes entre a mente e o corpo, bem como sumarizar seus principais desdobramentos clínicos. O autor compreende que a exploração de tal temática perpassa toda a obra freudiana, porém foi enriquecida substancialmente por progressos contemporâneos. Dessa forma, se ocupa das formulações de Franz Alexander, Donald Woods Winnicott, Pierre Marty e Joyce McDougall concernentes ao campo da psicossomática, procurando colocá-las em relação de forma a viabilizar a identificação de pontos de convergência e divergência. Conclui apontando que o arcabouço teórico psicanalítico relativo ao assunto em pauta se caracteriza pelo pluralismo, e que tal fato é correlativo da diversidade de pressupostos aos quais as diferentes escolas psicanalíticas podem aderir no que diz respeito a outras questões, inclusive de caráter mais geral. Não obstante, sustenta que as formulações de Alexander, Winnicott, Marty e McDougall sobre a interface entre o funcionamento psíquico e o funcionamento orgânico, malgrado as particularidades inerentes a cada uma delas, apresentam ao menos um denominador comum: não referendam a compreensão de certas doenças orgânicas a partir de uma causalidade psíquica linear e dicotômica que levaria a qualificá-las como "psicossomáticas" por serem supostamente psicogênicas.

Em seguida, no capítulo "O que pode a psicanálise com pacientes idosos apresentando severas perturbações da memória", Vinicius Anciães Darriba e Rafaela Ferreira de Souza Gomes partem do trabalho clínico realizado em equipe multiprofissional no âmbito de um ambulatório público organizado em torno da especialidade médica da geriatria. Com uma vinheta clínica, introduzem questões que tangem à clínica psicanalítica com esses sujeitos, em casos que os confrontam com importantes perturbações da memória. Discutem, a partir daí, a lógica com que se aborda o tema do limite no contexto do dispositivo analítico. Para tal, enfatizam a abordagem do fenômeno do estranho por Freud para, em seguida, no entrecruzamento de sua obra com o ensino de Lacan, articularem a problemática da repetição à memória, no que esta última aponta para um limite estrutural.

1. O que pode a psicanálise no campo da psicologia social

Belinda Mandelbaum

O que pode a psicanálise? Com essa instigante pergunta em mente, mas sem saber como respondê-la, tive certa noite o seguinte sonho: estou numa reunião na Faculdade de Saúde Pública da Universidade de São Paulo (FSP-USP) com professores e alunos. O clima é entre animado e tumultuado, todo mundo falando junto, alguns chegam a levantar-se e debruçam-se com o corpo todo para a frente, por cima da mesa, para falar. Em meio a essa situação, eu procuro um espaço para falar sobre a psicanálise, tentando me fazer ouvir. Procuro falar sobre uma concepção geral a partir da qual a psicanálise lê, ou escuta, o ser humano. Digo então algo como: tudo o que expressamos é parte de nós. Se uma pessoa fala do Delúbio Soares,[1] Delúbio Soares é também uma parte dela. Digo que há um Delúbio Soares em cada um de nós. O grupo num primeiro momento me escuta, mas, claramente considerando o que estou dizendo uma bobagem sem objetividade e sem cientificidade alguma, volta a falar em voz alta, entre si, desconsiderando o que tento

1 Tesoureiro do Partido dos Trabalhadores (PT) desde 2000, foi denunciado em 2006 no "escândalo do mensalão" e condenado na Ação Penal 470.

dizer. Ainda assim eu prossigo, sem ser ouvida, dizendo que, se alguém fala do universo, ou das estrelas, elas também são expressão de seu mundo interno. Uma bobagem, claro, para nem ser levada em consideração. Falo sozinha.

Diante do convite para escrever este capítulo, sinto-me mobilizada como no sonho. Essa mobilização vem de longa data, desde que, em 1999, tive a oportunidade de exercer atividades de docência e pesquisa no campo da psicologia social. Na época, eu já tinha anos de estudo e prática clínica em psicanálise, e via-me com a missão de por em operação a convicção de que a psicanálise é uma ferramenta poderosa que, para além das quatro paredes da clínica voltada às elites urbanas, pode intervir e dizer algo ao social mais amplo. Minha missão esbarrava – e ainda esbarra – em pelo menos dois grandes obstáculos: por um lado, o preconceito, pelo qual os psicanalistas são em grande parte responsáveis, de que a psicanálise é uma ciência burguesa, encerrada numa torre de marfim do alto da qual enxerga o mundo com lentes predominantemente psicológicas, desconhecendo determinantes históricos e sociais da realidade humana. Por outro, como o meu sonho aponta, a ideia de que não há cientificidade na psicanálise – de que se trata de uma ciência frouxa, subjetivista, ainda mais quando é, como vemos tantas vezes, mal ensinada na universidade, reduzida a conceitos chavão e desacompanhada da experiência pessoal de uma análise. Mas, como no sonho, venho persistindo em tentar dizer algo como psicanalista. Porque penso, como buscarei desdobrar ao longo deste capítulo, que a psicanálise contribui com um método de investigação e um arcabouço teóricos capazes, como nenhuma outra teoria ou método psicológico, de promover uma compreensão profunda da subjetividade, em suas relações com a alteridade.

Em 1922, convidado a escrever um verbete sobre psicanálise para a *Enciclopédia britânica*, Freud inicia sua definição dizendo que psicanálise é, a um só tempo, um procedimento de investigação de processos mentais que são quase inacessíveis por qualquer outro modo, um método de tratamento de distúrbios neuróticos e uma coleção de informações psicológicas obtidas ao longo dessas linhas, ou seja, uma teoria dos processos mentais. Trata-se, portanto, de um processo dinâmico no qual o método de tratamento é o próprio processo de investigação, realizado em conjunto entre analista e paciente, e do qual devem emergir novas compreensões e novas teorias que dialogam com o acervo de conhecimentos psicanalíticos construídos em mais de um século de análises realizadas, mas que não podem operar como uma aplicação direta, sobre o paciente, de teorias já sabidas. A aplicação da psicanálise – enquanto um agregado de teorias construídas ao longo da história dessa disciplina – sobre um determinado contexto, clínico e/ou investigativo, reduz em muito o alcance do que ela teria para oferecer ao estudo do fenômeno. Com isso quero dizer que, a meu ver, a aplicação da psicanálise, como um conjunto teórico preestabelecido, sobre qualquer campo de investigações, é um exercício limitado e em nada próximo do próprio exercício psicanalítico. O próprio da construção de conhecimentos nesse campo é a constituição de um processo de observação e intervenção cujos desdobramentos são seriamente levados em consideração por meio de uma reflexão intensa dos fenômenos observados, num diálogo com o conjunto de teorias que suportam e referenciam a intervenção psicanalítica, mas que outorgam ao fenômeno observado o lugar privilegiado, nunca podendo este último ser deslocado ou eclipsado por qualquer concepção teórica tomada *a priori*. Freud elaborou sua teoria psicanalítica enquanto praticava a psicanálise. E é assim que a psicanálise se faz. Psicanálise é a reflexão de uma prática e a prática de uma reflexão.

Essa propriedade da psicanálise, como aqui a estamos apresentando – a de ver-se impossibilitada de agir com toda a sua potencialidade se reduzida a uma série de construtos teóricos a serem aplicados sobre um fenômeno –, a meu ver é a mais rica contribuição que esse campo de investigações tem para oferecer para a produção de conhecimentos. Porque a psicanálise, como a compreendemos, demanda uma intervenção no real, uma prática obrigatória que possibilite uma estruturação do campo de investigação não dada *a priori*, suficientemente capaz de deixar emergir o conhecimento psicanalítico. A psicanálise clássica foi construindo aos poucos os procedimentos – o *setting* – que hoje nós reconhecemos como característicos dessa disciplina, e que terminaram por se cristalizar na forma convencional de trabalho clínico psicanalítico – uma forma que permite a emergência de fenômenos aos quais os conceitos de inconsciente, transferência e associação livre, entre outros, fazem referência.

Creio ser importante enfatizar aqui a atitude recomendada ao psicanalista de abertura permanente para o engajamento num processo de produção de conhecimento cujos resultados não se sabem *a priori*. Essa atitude requer estar, a cada encontro com o paciente ou com o fenômeno pesquisado, diante do novo, do desconhecido, e tolerar não saber. Para que a verdade singular de cada ser humano possa emergir, é preciso abrir espaço e tolerar o estranhamento, talvez um bom sinal de que não estamos acomodados nos enquadres do já sabido. Apenas assim o conhecimento novo e a mudança psíquica são possíveis, ocorrendo de forma indissociável.

O que conhecemos hoje como método psicanalítico teve talvez o seu marco inicial quando Breuer, com quem Freud escreveu alguns de seus primeiros trabalhos psicanalíticos, escutou uma paciente histérica, Anna O., pedir-lhe para deixá-la falar em vez de hipnotizá-la. A psicanálise como se pratica hoje foi a partir daí batizada de terapia pela fala. Ela se sustenta na concepção de que o ser humano é um ser de linguagem. E para Freud, desde o início, não apenas a fala, mas o gesto, o corpo, o sintoma, o sonho, o ato falho são linguagens que permitem o acesso aos modos de ser do paciente. Freud convidou o paciente a falar livremente e acolheu toda a sua expressividade como manifestação de seus modos recorrentes de funcionamento psíquico. A produção do paciente, seja na fala, no sonho, no gesto ou no sintoma, foi tomada como ato expressivo em busca de significação, sendo o trabalho do psicanalista a escuta que se realiza como capacidade de acolher, levar em consideração e buscar compreender. O psicanalista Fábio Herrmann (2010) dizia que a essência do método psicanalítico é deixar surgir e levar em consideração.

Em *Recomendações aos médicos que exercem a psicanálise*, Freud (1976g) diz que a atitude de *atenção flutuante* é a mais propícia para que o analista possa acolher as manifestações do paciente, em busca de significações desconhecidas para ambos. Atenção flutuante significa que o analista deve se deixar levar não apenas pelo que escuta e por todos os signos que o paciente oferece à captação, mas também por tudo aquilo que desencadeia dentro de si o encontro com o outro. Não é, portanto, a atitude de quem busca o que de antemão quer encontrar, ou que já sabe que vai encontrar. É uma abertura para acolher a expressividade do outro, que nada mais é do que a totalidade das suas formas de ser, expressas na totalidade do encontro psicanalítico. Em "Transferência: situação total", a psicanalista inglesa Betty Joseph (1992) diz que nada do que ocorre nesse encontro, seja em seus aspectos verbais ou não verbais, escapa à transferência, isto é, escapa de comunicar algo sobre a dinâmica de fantasias e afetos mobilizados pela e na relação analítica. É com a atitude de abertura para acolher o que capta dessa experiência que o analista pode identificar-se com seu paciente, reconhecer em si a vivência psíquica dele e pensar sobre esta, conferindo-lhe algum sentido, sempre parcial e mutante. A psicanálise é um método de compreensão do humano que pressupõe a implicação de todo o psiquismo do analista no traslado a uma vivência psíquica alheia, para poder apreender o que o outro sente, o que pensa e como pensa. A relação com o outro habita assim o núcleo central da teoria e da técnica psicanalítica, desde o início. E é apenas porque há uma humanidade comum entre paciente e analista que é possível a este captar, na linguagem, a humanidade do outro, os sentidos que o mobilizam, e pensar sobre eles.

Freud, desde os primeiros anos de sua produção, colocou o sonho no centro da investigação psicanalítica. É conhecida a sua frase de que o sonho é a via régia para o inconsciente. Ele explica, na obra *A interpretação dos sonhos* (1976f), que é para muitos estudiosos a obra central da psicanálise, que pensamentos, acontecimentos ou preocupações do dia anterior – tudo o que ele chamou de *restos diurnos* – acionam os nossos desejos mais profundos, estimulando a expressão, em imagens e sons, de um quadro dinâmico de nosso mundo interno no momento de vida em que sonhamos. Como resto diurno de meu sonho, esteve a pergunta: *o que pode a psicanálise?*. Como desejo manifesto, a vontade de aportar uma contribuição significativa, ou pelo menos alguma resposta possível a partir de minha experiência como psicanalista, professora e pesquisadora no campo da psicologia social, na qual a psicanálise é mobilizada no diálogo com outras disciplinas, no intuito de compreender fenômenos humanos sempre complexos e multidimensionais.

Mas o que pode a psicanálise nesse diálogo é uma questão de difícil resposta. O meu sonho já aponta que a relação entre o conhecimento psicanalítico e outras áreas do saber é tensa, que envolve conflitos fundamentais ligados às concepções de ser humano na contemporaneidade. Isso porque a psicanálise disputa com outras ciências que têm como objeto o psiquismo não apenas concepções sobre a causalidade do sofrimento mental como as terapêuticas a serem utilizadas para minorá-lo. Todos sabem que hoje a psicofarmacologia, por exemplo, é um campo intenso de pesquisas em busca das causas orgânicas para os comportamentos e afetos tidos como desviantes e dos medicamentos que podem suprimi-los. Essas pesquisas são consideradas por muitos, tanto no campo científico como assistencial e mesmo entre amplos setores da sociedade, como "mais verdadeiras", porque se dão dentro dos cânones das ciências naturais, permitem repetição, validação e refutação. A produção de conhecimentos no campo psicanalítico não se dá a partir desse mesmo paradigma. A psicanálise faz parte do campo das ciências hermenêuticas, e seu método visa à busca dos sentidos que constituímos, ao longo de nossa história pessoal, para nós mesmos, para nossos comportamentos e afetos e para os outros de nós. Como parte do campo das ciências humanas, o método psicanalítico aproxima-se, chegando a se confundir, com todo trabalho com a linguagem que faz uso da interpretação como ferramenta de compreensão e construção de sentidos. Ricœur (2002) mostra como, desde o empenho do filósofo Wilhelm Dilthey, nas últimas décadas do século XIX, para sistematizar um método de conhecimento específico para as ciências humanas, distinto daqueles próprios das ciências naturais, os métodos interpretativos – dentre os quais se inclui a psicanálise – são reconhecidos como mais adequados para dar conta dos fenômenos humanos que, quer se manifestem como ação ou como discurso, são sempre linguagens em busca de significação. Todo fenômeno humano é linguagem e pede interpretação – um método que implica sempre um diálogo entre sujeitos, ou entre sujeito e obra. O método interpretativo, no entanto, não permite o acesso a verdades absolutas ou definitivas. Tampouco a forma como se processa, por meio do diálogo singular entre sujeitos únicos, permite replicação. O que se pode afirmar em relação às verdades alcançadas por esse método é que elas são plausíveis, ou mais plausíveis do que outras, em sua possibilidade de trazer à luz a estrutura de funcionamento do fenômeno, seja ele psíquico, social, discursivo ou artístico. Claro que se poderia invocar aqui o debate com acepções pós-modernas segundo as quais não há como dizer que há verdades mais possíveis do que outras, ou mais próximas da realidade do fenômeno – que toda verdade é relativa a determinadas perspectivas a partir das quais se vê ou se lê o fenômeno. Esse modo de ver ganhou campo em todas as áreas do conhecimento, em especial nas ciências humanas e também na psicanálise, nas quais muitos psicanalistas abriram mão de buscar alguma verdade, ainda que parcial, sobre os modos de funcionamento psíquico do paciente, em prol do desdobramento de múltiplas versões e representações, todas igualmente possíveis. Mas este é um debate complexo, que transcende o campo sobre o qual quero trabalhar aqui.

Como arcabouço teórico, a psicanálise é uma narrativa, ou um conjunto de narrativas, sobre os processos de constituição psíquica de si e do outro. Essas narrativas compõem, ao longo dos mais de cem anos de trabalhos psicanalíticos, teorias sobre a vida psíquica que, se por um lado pretendem alcançar o ser humano universal, falando de todos os homens e mulheres, por outro precisam ser a cada vez produzidas como fatos novos, em cada encontro humano singular, seja no campo terapêutico ou na pesquisa acadêmica. Cada encontro é único e não pode ser replicado. O método psicanalítico se vale, seja no campo da psicoterapia ou da pesquisa, do estudo do caso singular, com a premissa de que cada caso produz a sua própria teoria, que pode e deve dialogar com o conjunto das teorias psicanalíticas à disposição, confrontando-as e contribuindo para sua expansão ou refutação. Claro que, no fundo, de algum modo talvez sejamos todos iguais e tenhamos que lidar com as mesmas fantasias e ansiedades. Freud trabalhou com a hipótese de que a ontogênese repete a filogênese, de que cada ser humano a seu modo refaz o percurso psíquico da humanidade, desde os seus primórdios. Mas é importante lembrar que essa hipótese, assim como todas as outras que Freud foi construindo ao longo de sua trajetória clínica, ele testou e refletiu a partir de casos singulares, que até hoje nos servem de modelos para aprender a teoria e a técnica psicanalítica. E, principalmente, como modelos de como fazer psicanálise – uma ciência que se fez na clínica e na escrita, por meio de contínuas validações, refutações e superações de ideias. Apesar de Freud nunca ter aberto mão do anseio de ver a psicanálise reconhecida como ciência – dentro dos parâmetros positivistas das ciências de seu tempo –, é evidente a novidade que ele introduz no difícil diálogo com as formas de conceber o sintoma psíquico vigentes até então. A psicanálise instaura, no lugar da clássica divisão entre o sujeito e o objeto do conhecimento, a necessidade de um diálogo entre dois sujeitos – paciente e analista – implicados na difícil busca de alguma verdade de si. E as vicissitudes desse diálogo incluem a perda dos contornos identitários já sabidos de cada um dos envolvidos, sujeitos aos processos transferenciais e contratransferenciais por meio dos quais as dinâmicas mais profundas mobilizadas no encontro podem vir a se expressar e dar-se a conhecer. Essas dinâmicas funcionam a partir de padrões ou teorias próprias dos sujeitos envolvidos, que são no mais das vezes inconscientes mas portam um estatuto de verdade que organiza seus modos de ser no mundo. São esses padrões e teorias que Freud encontrou com seus pacientes, e que cada psicanalista encontra no cotidiano de sua clínica e faz dialogar com o acervo teórico de que dispõe.

O que estamos enfatizando é que desde o início Freud trabalhou no estudo profundo de casos singulares, a partir dos quais buscou alçar a psicanálise ao estatuto de uma ciência universal. A partir desses casos, ele construiu modelos para o aparelho psíquico que teriam validade capaz de transcender a história, a sociedade e a cultura de seu tempo. No entanto, diversos críticos (ver, por exemplo, Mezan, 1985) já mostraram as referências culturais, ideológicas e mesmo religiosas a partir das quais a psicanálise foi criada, na Viena *fin de siècle.* Foi talvez no intuito de transcender essas referências que ele buscou na mitologia grega - uma mitologia que oferece explicações sobre as origens do universo, dos céus, da Terra e de tudo o que ocorre entre os homens e os deuses - os nomes para cunhar os seus achados: Édipo, Electra, Eros, Tânatos. Ainda assim, ele próprio dizia que a psicanálise não funciona se as narrativas psicanalíticas forem tratadas como um conjunto de teorias prontas sobre a vida psíquica a serem aplicadas a qualquer caso. Essas teorias precisariam ser redescobertas a cada encontro, no diálogo entre o analista e o paciente. E o próprio texto de Freud ganha em compreensão quando é lido não como uma verdade universal e eterna, mas como produto de um momento histórico, imbuído de uma certa concepção sobre homens e mulheres e, portanto, sujeito a revisões que levem em consideração inclusive os avanços na compreensão dos fenômenos humanos realizados em outras disciplinas, diante das quais a psicanálise deve se desdobrar. Freud, em diversos textos, dialogou com outras disciplinas e campos do saber - a antropologia, a história, a literatura, a religião - e dizia que um psicanalista deveria ter conhecimentos em todos eles, como parte de sua formação. Claro que ele entendia que o fenômeno humano é multidimensional, não podendo ser reduzido a uma dimensão psíquica. Na abertura de *Psicologia de grupo e a análise do ego* (1976a), ele diz que não há psicologia que não seja psicologia social, que não se poderia pensar o ser humano isolado de suas relações com outros seres humanos.

Considerar o fenômeno psíquico em sua multidimensionalidade significa vê-lo não apenas como produto e expressão do embate entre as pulsões e os mecanismos de defesa no interior de cada um - em sua dimensão intrapsíquica, sobre a qual a psicanálise clássica desde o início debruçou-se -, mas como produto e expressão também dos vínculos intersubjetivos nos quais emergem; também, como produto e expressão de uma realidade socioeconômica e cultural à qual não escapa o mais íntimo de cada ser humano. Compreender o fenômeno psíquico em sua multidimensionalidade implica não abstrair qualquer dessas dimensões. Segundo Adorno (1986), em "Acerca de la relación entre sociología y psicología", foram os processos modernizantes de especialização e fragmentação do conhecimento que, no campo das ciências humanas, separaram o estudo da vida psíquica daquele sobre a realidade social. Nessas condições de isolamento das diferentes disciplinas, diz Adorno, o estudo da realidade social pode chegar ao total silenciamento da vida subjetiva – uma situação que pode resultar "numa sociologia sem sociedade, retrato de um estado em que os homens se esqueçam de si mesmos" (Adorno, 1986, p. 50). Por outro lado, o seu extremo oposto, ou seja, a priorização do campo psíquico, pode levar a uma expansão da subjetividade que tende a mergulhar num denso nevoeiro todos os aspectos do real, o que não significa apenas um ofuscamento da esfera social, mas, o que é pior, uma mistificação do estado de coisas que tende a reduzir ao espaço individual o campo de compreensão e de transformação possível. Ou seja, retira do coletivo a possibilidade de transformação, passando a apresentá-lo apenas como a paisagem inalterável sobre a qual se desenvolve a vida psíquica. Essa redução ao psicológico, no dizer de Adorno, "prescinde do processo de produção social" (Adorno, 1986, p. 50).

A questão das relações entre o real e a vida psíquica permeia o desenvolvimento da teoria e da técnica psicanalítica desde os seus momentos iniciais. Em cada um dos textos de Freud, é possível acompanhar o lugar que ele confere à realidade na produção de sintomas psíquicos e a importância que ele dá à história de vida para a elucidação da psicodinâmica pessoal de seus pacientes. Em Freud, esta é uma preocupação, a nosso ver, jamais deixada de lado: a de sustentar que a vida psíquica nada mais é do que o resultado de um embate pulsional no campo do real, um campo que abrange, portanto, o social e os acontecimentos históricos. Pensamos que, a partir da descoberta freudiana do inconsciente, foi aos poucos ganhando preponderância um modo de compreender os fenômenos psíquicos que tendeu a reduzir, se não a silenciar, a importância dos dados do real, incluindo a própria biografia pessoal do paciente, na constituição do psiquismo. Talvez esse estado de coisas tenha se constituído na tentativa de legitimar o campo psicanalítico como um lugar de transformação que pudesse superar as limitações impostas pelo real. Mas, para Freud, o real é sempre uma moldura estreita na qual o humano está, por assim dizer, condenado a se formatar. É nessa estreita moldura que ele está condenado – determinado – a repetir, em grande medida, ou a elaborar, no que lhe é possível. Talvez tenha sido na tentativa de ultrapassar os limites dessa moldura que se chegou à atual compreensão da prática e da teoria psicanalítica, que privilegia o entendimento dos fenômenos psíquicos como sendo algo assim como esse desdobrar sem fim de versões pessoais em cujo interior atuariam como vetor principal essencialmente forças advindas do campo pulsional – a dimensão do desejo –, menosprezando, assim, os dados objetivos do real.

Apesar de a psicanálise, desde o início, constituir-se numa arena de conflitos de concepções sobre os modos de conhecer e tratar a vida psíquica, e de Freud durante grande parte do tempo escrever em diálogo com opositores de suas ideias, é indubitável que o modelo mais geral para entender o ser humano proposto por ele teve um impacto enorme sobre toda a produção de conhecimento no século XX, às vezes até de forma invisível ou, para ficar num termo caro ao vocabulário psicanalítico, inconsciente. Freud, ao criar e mobilizar o que poderíamos denominar de metáfora psicanalítica, isto é, o modo extremamente poderoso e singular de ao mesmo tempo estudar e dinamizar os fenômenos psicológicos, soube suscitar uma abordagem com profundas implicações na história das ciências humanas e de todas as áreas voltadas para o trato consigo mesmo e com o outro. Freud soube dar ao psicológico um estatuto completamente original, permitindo a nomeação de relações e encadeamentos que ampliam nossa compreensão sobre o modo como os seres humanos se constroem. Hoje é impossível nos pensarmos sem referências psicanalíticas: vemo-nos dotados de interioridade, consideramos que a infância é determinante para os adultos que podemos ser e que a nossa vida sexual não é resultado de uma determinação biológica, mas das vicissitudes de nossas pulsões.

Um exemplo que pode nos servir para ilustrar o que estamos sugerindo sobre o profundo impacto causado por Freud pode ser extraído de seu ensaio de 1930 *O mal-estar na civilização* (1976e). Mesmo que as ideias centrais que Freud elabora nesse texto possam nos parecer esboços teóricos não muito bem-sucedidos, levando em consideração os desenvolvimentos nos campos da antropologia, da etnografia, da história, da psicologia e até da própria psicanálise, sua abordagem mais geral e o modelo a partir do qual concebe o ser humano e seu entorno ganham ainda, ao nosso ver, uma legitimidade poderosa, ao imbricar de forma indissociável o psicológico e o social, o indivíduo e o coletivo, chegando até à imbricação da filogênese e da ontogênese. Assim, por exemplo, em sua investigação sobre as razões pelas quais "é tão difícil para o homem ser feliz" (Freud, 1976e, p. 105), Freud indica três fontes "de que nosso sofrimento provém: o poder superior da natureza, a fragilidade de nossos próprios corpos e a inadequação das regras que procuram ajustar os relacionamentos mútuos dos seres humanos na família, no Estado e na sociedade" (Freud, 1976e, p. 105). Podemos nem levar em consideração toda a argumentação que Freud desenvolve a seguir. O importante é que ele entrelaça natureza, sujeito e cultura de forma indissociável para compreender um estado de coisas. E do modo como ele opera, a velha distinção entre sujeito e objeto nos modelos causais ganha, por meio de sua compreensão, uma superação significativa, uma vez que o que seria do campo da cultura e do social – os relacionamentos dos seres humanos na família, no Estado e na sociedade – são de algum modo configurações resultantes também da ação da natureza no corpo, já que as produções sociopolíticas e culturais têm também uma raiz funda por meio da qual flui uma vitalidade pulsional, uma das forças responsáveis pela conflituosa dinâmica inerente à produção da história econômica, política, social e cultural. E isso sem mitigar propriamente a autonomia do campo social, que por sua vez, por meio do processo histórico que suscita, demanda, no corpo, a mesma imperiosidade, isto é, estabelece os mesmos limites e possibilidades determinantes para o seu existir, atuando sobre ele com a mesma imperiosidade com a qual a natureza atua, a ponto de talvez podermos nomear o cultural como uma segunda natureza do corpo, isto é, do ser humano. A imperiosidade que o social suscita tem a mesma coloração de urgência que a fome.

O corpo não é apenas um objeto dessas duas forças imperiosas – natureza e cultura –, mas um agente determinante entre a natureza e a civilização, porque cabe ao ser humano, para se tornar sujeito, apropriar-se, mesmo que nos seus estreitos limites, da condição de ser responsável diante da natureza e do social e, portanto, agente de sua realização histórica. Se se trata de sujeitos, uma psicanálise adequada é aquela que lhes auxilie a se saberem parte da História e tomar para si a possibilidade de atuar nela. Por isso, a psicanálise não é um fim, mas um instrumento hermenêutico para colaborar na elucidação dos diversos fenômenos abordados. Afinal, a História é também uma realização psicológica, da mesma maneira como o corpo é uma realização histórica, sem nunca deixar de ser também uma realização da natureza. Para compreender o fenômeno humano, devemos trabalhar de forma a garantir a sua multidimensionalidade.

Mas voltemos a Freud. Quando ele entrelaça o corpo, a natureza e a história de forma a familiarizá-los indissociavelmente, suscitando entre eles relações intercambiáveis dos lugares de cada um desses campos em relação aos outros, dependendo do fenômeno que se estuda – porque é próprio do método e do modelo psicanalítico não estabelecer uma hierarquia fixa e rígida entre os campos da natureza, do corpo e da História para o entendimento dos fenômenos humanos –, isto nunca é feito reduzindo um ao outro ou todos a um campo exclusivo, senão não seriam natureza, corpo e História. Freud nunca é unidimensional. Seu próprio modelo do aparelho psíquico, que é também o modelo psicanalítico, foi montado por ele justamente para dar conta da multiplicidade de determinações existentes na produção humana. Se o fenômeno do sonho é o modelo para a produção do aparelho psíquico, então, justamente por isso, o modelo deve dar conta da sobredeterminação na produção do sonho, a partir de instâncias diferentes e que nunca se reduzem umas às outras, mas que trabalham no interior de uma mecânica de íntimo entrelaçamento. E não apenas isso. O modelo também deve dar conta da multidiversidade com que os fenômenos humanos materializam-se na realidade. O modelo freudiano deve garantir a especificidade do sonhar em relação ao pensar. Tudo isso levou Freud a propor um modelo em que, como ele diz nas *Conferências introdutórias sobre psicanálise* (1976b), "fomos obrigados a ampliar o conceito de 'psíquico' e reconhecer como 'psíquico' algo que não é consciente" (p. 376). Isso quer dizer que o psíquico é sobredeterminado também a partir de um "para além" da consciência. E, assim como o sonho, todos os fenômenos humanos são sobredeterminados desde uma multiplicidade dimensional.

No campo da psicologia social, toda vez que lidamos com singularidades preocupamo-nos em estabelecer o hífen entre o individual e o coletivo, entre o singular e o plural, visando, como diz Adorno (1986), integrar o *homo oeconomicus* – o homem que é o resultado da ação das instituições e engrenagens nas quais se suporta e se limita seu intercâmbio com outros homens, sua socialização, em cujo interjogo dá-se o essencial das trocas responsáveis pelo comércio da adaptação –, e o *homo psychologicus* que, a partir de Freud, ressalta as intensidades de uma demanda pulsional, de um além do campo do racional, pressentido em qualidades emotivas, a partir das experiências de amparo e desamparo e da inerente tolerância a lidar com angústias, como os determinantes de uma economia subjetiva na qual se daria o comércio essencial do processo de colorir emocionalmente a si mesmo e ao mundo em que se está. Toda tentativa de fixar este hífen – tentativa teórica mais do que legítima, uma vez que sua implantação precisa nos permitiria, ainda segundo a esclarecedora posição de Adorno, fazer uma "sociologia com sociedade", ou seja, levando em consideração o homem e evitando, ao mesmo tempo, o silenciamento das implicações sociais como territórios da presença dos rastros do acontecer histórico, econômico e cultural – é um aspecto essencial de qualquer estudo desenvolvido no campo da psicologia social, não apenas por estabelecer um modelo teórico qualquer que, de forma mais ou menos feliz, mais ou menos coerente, consiga abranger e estabelecer conexões causais necessárias entre os diversos domínios da existência humana e as determinações da vida dos homens, mas porque ajuda a estabelecer um vínculo entre o que seriam as teorias sobre a vida dos homens – as teorias históricas, econômicas, socioculturais, psicológicas etc. – e a experiência em si da vida humana. Mais do que vincular interioridades e exterioridades, subjetividades e objetividades, vida psicossexual e processos históricos socioeconômicos e culturais, singularidades humanas e histórias coletivas – todas, de algum modo, elaborações teóricas sobre a vida dos homens –, a psicologia social deve ressaltar o hífen entre todo esse campo teórico, as minuciosas e inumeráveis construções elaboradas em seu interior, e a concretude da vida humana em si, colaborando, desse modo, para que a representação sobre a vida dos homens não se desprenda da situação de vida concreta e ganhe plena autonomia, reduzindo a vida humana à representação, ou a representação dela ao campo de postulados ideacionais que sobre ela e a partir dela são produzidos. Diz José Moura Gonçalves Filho (1998):

> *A Psicologia Social caracteriza-se não pela consideração do indivíduo, pela focalização da subjetividade no homem separado, mas pela exigência de encontrar o homem na cidade, o homem no meio dos homens, a subjetividade como aparição singular, vertical, no campo intersubjetivo e horizontal das experiências. . . . Trata-se sempre do modo mais ou menos singular por que um homem aparece em companhia de outros.* (p. 14)

E ele tem razão, não apenas porque a psicologia social estabeleceria as interconexões entre subjetividade e história, a serviço das quais o autor expõe a ideia que citamos, mas porque ressalta a exigência de encontrar o homem.

Neste final, gostaria de trazer um exemplo de minhas pesquisas no campo da psicologia social, no qual espero deixar clara a necessidade de entretecer aspectos do real e da vida psíquica para a compreensão do fenômeno sobre o qual nos debruçamos. Entre 2000 e 2004, como tema de minha tese de doutorado em Psicologia Social, estudei o impacto do desemprego em famílias pobres, que atendi num Centro de Referência em Saúde do Trabalhador na cidade de São Paulo. No Brasil, em especial a partir dos anos 1990, pôde-se acompanhar um crescimento significativo dos índices de desemprego e a deterioração do mercado de trabalho, com ampliação do trabalho temporário, por tempo determinado, sem renda fixa e em tempo parcial. Apenas na região metropolitana de São Paulo, a Fundação Sistema Estadual de Análise de Dados (SEADE) estimou, para o ano de 2003, que a taxa de desemprego em relação à população economicamente ativa era 19,9%[2] (citado por Mandelbaum, 2004).

Meu trabalho quis inserir-se no campo de estudos e pesquisas sobre os impactos e consequências sociais e psicológicos decorrentes da situação de desemprego. Adentrava, para tanto, um terreno que obrigava a pensar as relações entre o real e a subjetividade, tendo como eixo de indagação a vivência do desemprego. Ser desempregado é um aspecto do real ou uma condição da vida psíquica? A pergunta é tola, porque nada mais faz do que ressaltar a fronteira entre o território particular de cada um, sua assim chamada vida interior, e o coletivo do qual todos nós fazemos parte, a assim chamada vida exterior. Já Freud (1976e), numa longa nota de rodapé ao texto *O mal-estar na civilização*, entretece o significado do trabalho para a constituição subjetiva e para a manutenção de certo equilíbrio psíquico à sua importância para a preservação material de nossa existência. Ele diz:

---

2 Esse número inclui tanto os trabalhadores sem emprego que buscaram trabalho nas semanas de referência da pesquisa – englobados pela Organização Internacional do Trabalho (OIT) na categoria de *desemprego aberto* – quanto aqueles que, sem um emprego regular, procuram formas alternativas ao mercado formal para dar conta de sua subsistência ou ainda que, por diversos motivos, entre os quais o desalento, não procuraram emprego nas semanas de referência – englobados na categoria de *desemprego oculto*.

> *Não é possível, dentro dos limites de um levantamento sucinto, examinar adequadamente a significação do trabalho para a economia da libido. Nenhuma outra técnica para a conduta da vida prende o indivíduo tão firmemente à realidade quanto a ênfase concedida ao trabalho, pois este, pelo menos, fornece-lhe um lugar seguro numa parte da realidade, na comunidade humana. A possibilidade que essa técnica oferece de deslocar uma grande quantidade de componentes libidinais, sejam eles narcísicos, agressivos ou mesmo eróticos, para o trabalho profissional, e para os relacionamentos humanos a ele vinculados, empresta-lhe um valor que de maneira alguma está em segundo plano quanto ao de que goza como algo indispensável à preservação e justificação da existência em sociedade. (p. 99)*

Nossa investigação do efeito do desemprego em homens e mulheres buscou desenvolver-se no complexo campo de interações entre a realidade sociopolítica e econômica e a vida psíquica, obrigando-nos a estabelecer pontes entre o real e o psíquico no exame da situação concreta experimentada pelas pessoas com que trabalhamos. Porque, sem dúvida, a situação de desemprego traz para os implicados uma urgência por realizar uma elaboração que leve em consideração tanto os assim chamados dados subjetivos da biografia pessoal quanto os dados da assim chamada realidade externa. Nesse terreno, no estudo do fenômeno do desemprego e suas consequências psíquicas, subjetivar em demasia seria, para além de cometer um grave erro de investigação, produzir uma falsa ideologia cujo único resultado seria trazer consigo a legitimidade de um estado de coisas que ofusca a compreensão. As pessoas desempregadas não são subjetividades nem objetividades, corpos desejantes, alienações – são tudo isso e um além mais. São mulheres e homens cuja situação de vida tampouco pode ser reduzida ao mero discurso que enunciam, à linguagem que são capazes de articular – outro território que seduz, em suas implicações, para posicionar o hífen entre o singular e o coletivo. A vida de cada um deles posicionava-se diante dos modelos teóricos como a coisa em si diante dos fatos da razão. A partir deles, no melhor dos casos com eles, e no pior, apesar deles, constroem-se as elaborações que constituem os diversos campos do conhecimento das ciências humanas e econômicas, cuja implicação nos dias de hoje não se resume à mera elaboração teórica, mas tem um profundo impacto na constituição de políticas que orientam os mecanismos do poder, o estabelecimento de diretrizes econômicas e a fixação de modos de funcionamento administrativos organizadores da vida humana.

Nosso desafio, nesse trabalho, foi o de estabelecer um campo de escuta com famílias de desempregados – um contexto que se constituísse como espaço de reflexão sobre os seus próprios modos de funcionar diante da situação de desemprego que os afligia. Para tanto, buscamos construir os enquadres de atendimento que fossem mais propícios à realização dessa finalidade. Esperávamos assim conservar o que nos parece ser uma característica central do trabalho psicanalítico, como formulado por Freud: a de se constituir, a um só tempo, como método de investigação e de intervenção.

A família é por si só um campo de interseção entre o real e o psíquico, uma tessitura que, em seu arranjo de parentesco e nos significados que atribui a cada um dos lugares que a compõem, sofre a determinação de uma história sociocultural na qual se estabelece e que a atravessa, ao mesmo tempo que é constituída na interação afetiva entre os membros. Toda família constitui um microcosmo fincado nas intermediações entre a esfera social e individual, o público e o privado, o real e a representação, o biológico e o cultural. E, além disso, o desemprego é um fenômeno da esfera do social e afeta o social, e era do nosso interesse não o reduzir a um sofrimento pessoal. A família, de algum modo, é violentada quando um de seus membros vê-se excluído da esfera do trabalho, e é a própria família um dos espaços privilegiados para a emergência de estratégias possíveis para o enfrentamento dessa situação. Partimos da hipótese de que a família podia oferecer-se como um espaço de elaboração diante da violência do real, que impedisse os seus membros de sucumbir a ela. Mas levamos em consideração também que o espaço familiar podia ser plenamente contaminado por essa violência e repetir em seu interior, em todas as situações do cotidiano familiar, a mesma violência executada em seu exterior, promovendo o pesadelo de legitimar o lugar da incapacidade para a execução de funções sociais de seus membros.

Mas querer investigar o impacto do desemprego nas dinâmicas familiares e as respostas que esse tecido de relações podia deixar surgir diante desse trauma deveria significar, antes de qualquer coisa, saber como estabelecer o melhor modo de contextualizar o atendimento e o acompanhamento das famílias com que trabalhamos. Claro que nós não podíamos exigir que essas famílias aceitassem, de antemão, o modelo clássico de trabalho psicanalítico, mesmo aquele desenvolvido dentro do campo específico da psicanálise da família. Porque elas, num primeiro momento, não demandavam psicanálise, não só porque não a conheciam, mas porque talvez ainda não tivessem construído para si a noção de que implicar-se na rede de relações familiares, tomando-as em consideração, dinamizando-as e sendo dinamizadas por esse movimento, pudesse promover um desdobramento identitário que as fortalecesse diante da imperativa tarefa de dar conta da difícil situação. Talvez o maior desafio a ser vencido em nossa investigação fosse o de conseguir estabelecer um contexto de atendimento eficaz para os propósitos que almejávamos alcançar. Esse contexto não era algo já dado, tendo que ser construído num processo que demandou muitas idas e voltas, até que conseguíssemos o estabelecimento de uma estrutura que se sustentasse com a necessária estabilidade, por um tempo adequado para fixar os laços que a pesquisa demandava, possibilitando uma troca de significações que produzisse, num movimento de mão dupla, por um lado alguma forma de elaboração do núcleo familiar que os fortalecesse e, a nós, avançar um pouco na compreensão das questões que nos inquietavam.

Num primeiro momento, acreditei que estar diante das famílias com minhas intenções de investigação e munida de minha experiência na clínica psicanalítica, bem como de um punhado de leituras sobre o fenômeno do desemprego, seria suficiente para acolher e propor algo de valia para cada uma delas. A realidade mostrou-me que não era bem assim. Em primeiro lugar, elas não queriam muito refletir sobre si ou, melhor dizendo, elas queriam refletir em busca de um trabalho, serem lançadas para uma situação de maior inserção social, na qual pudessem ter o que refletir. Diversas das famílias que tive a oportunidade de ver na primeira etapa de meu trabalho iniciavam o encontro me perguntando se eu teria algum emprego para oferecer. Logo de cara, eu os frustrava. Não, infelizmente, eu não tinha trabalho para lhes oferecer. Pelo menos, não aquele que eles tanto ansiavam. Eu queria era trabalhar com elas sobre elas. Mas essa minha expectativa marcava, antes de tudo, a enorme distância entre o que elas queriam e precisavam e o que eu podia oferecer. Imediatamente, então, eu passava a fazer parte, para eles, de um mundo abstrato e complexo que os deixava entregues a si sós. Eu disse a algumas das famílias: "A gente não tem condições de arrumar emprego, mas a gente vê que tem muitas famílias que estão sofrendo muito em função do desemprego. Então, é isso que a gente quer estar acompanhando, as pessoas que estão desempregadas, a situação familiar, e ver se, conversando, pensando junto, a gente pode ajudar de alguma forma".

Apesar de frustrá-las, eu sentia também que a minha tentativa de dirigir-me ao sofrimento que viviam fazia sentido para elas. Aprendi, então, que o desemprego significava, para cada uma dessas famílias, a explicitação de uma ferida real. Numa realidade tão carente, cheia de fraturas na história cultural, na biografia pessoal e na sociabilidade com o entorno – mesmo quando em atividade de trabalho –, a interrupção do precário salário mensal resultava numa urgência de fazer frente à situação que acabava por capturar a vida de cada um dos implicados por inteiro numa situação existencial na qual tudo era concreto. Nenhum dos membros das famílias com quem tive oportunidade de entrar em contato dizia "estou pensando que" ou "acho que". Todos falavam do que faziam, mesmo quando sentiam que não faziam nada. Viam televisão, mandavam currículos, cuidavam das crianças, passavam o dia em casa. Encerrados em si próprios e no território familiar, o trabalho psíquico parecia restringir-se a certa adaptação para ocupar uma vida violentamente contraída. O real parecia ser uma prisão, e os sujeitos demitidos não o eram apenas de seu trabalho, mas também de si próprios, de sua condição humana, de seu ir e vir e de seu exercício reflexivo. Eles tinham que encontrar uma saída, e uma saída, nesse caso, não era metáfora de nada. Era conseguir um punhado de reais por mês que garantisse a sustentação do precário barraco onde viviam, da carcaça de frango que comiam, da reposição de móveis que a chuva estragava. Psicanálise, nessas condições, parecia algo muito distante, despropositado, quase um insulto. Pelo menos, aquela cristalizada pela prática dos consultórios. Nosso desafio era ver se, naquelas condições, tínhamos algo a oferecer, como psicanalistas, que fosse de real valia para essas famílias.

A partir da experiência nas entrevistas que realizei como fase inicial da pesquisa, alguns aspectos para a estruturação do trabalho de atendimento às famílias ficaram mais claros para mim. Ficou clara a importância de operar, de forma mais focada, sobre questões advindas do mundo do trabalho e suas ressonâncias nas dinâmicas familiares, aceitando o que fosse mais emergente para cada uma das famílias implicadas. Isso permitiu ir estabelecendo uma pauta de trabalho com cada família, demarcando, com cada uma delas, um tempo para a sua execução. Acreditamos que esse modo de operar, deixando mais claro o que pretendíamos alcançar e em quanto tempo, tornava os objetivos dos encontros mais claros para elas e, portanto, as famílias podiam se sentir mais implicadas. Nossa expectativa é que, agindo assim, poderíamos ir desdobrando aos poucos o trabalho com cada família. Fazemos referência à necessidade de trabalharmos em torno do que denominamos de focos emergentes porque a nossa experiência mostrou que, para cada situação, algumas questões assumiam uma premência tão grande que se tornava necessário legitimá-las como um núcleo ou eixo central do trabalho junto a essas famílias. Assim, por exemplo, nos oito casos que atendemos, um vértice específico sempre se destacou, e pareceu-nos que o trabalho em torno dele que poderíamos realizar era uma investigação mais ampla tanto sobre o lugar que o trabalho tinha na dinâmica familiar quanto o amálgama de construções que a família realizava em torno da identidade de cada um deles como trabalhador.

Nossa experiência nos expôs aos difíceis limites com que tivemos que lidar para oferecer algo assim como uma experiência de continência social às famílias, pautando-nos por um processo que trabalhasse com essas pessoas em contexto, ou seja, procurando referenciar demandas e situações pessoais ao contexto que viviam e auxiliá-las assim na elaboração de uma compreensão consciente do momento que atravessavam. No entanto, apesar da dificuldade da tarefa, a conclusão mais imediata do que pudemos depreender de nossa experiência com as pessoas com que trabalhamos é quanto uma atividade como esta pôde ser útil para elas. Como nosso trabalho deixou emergir, as pontes com uma tessitura social mais ampla ficavam, para essas pessoas, em suspensão, e espaços de reflexão sobre a condição deles, que servissem também como situações de encontro para a troca de informações, encaminhamentos, elaborações pessoais, articulações coletivas etc., tornavam-se importantes para mantê-los, por assim dizer, vinculados a um coletivo maior, encontrando uma escuta atenta e interessada que, de algum modo, mais do que auxiliá-los a elaborar um momento difícil, podia lhes permitir obter um sinal de que o coletivo maior preocupava-se com eles e seus destinos e não os deixava entregues a um destino nefasto.

Meu sonho mostra que nós e nossas situações somos tão complexos quanto o universo, as estrelas e o Delúbio Soares. E é para lidar com essa complexidade que a psicanálise ergue-se como uma ferramenta que, sabendo reconhecer os seus limites, identifica na complexidade a essência da humanidade em cada um de nós. Uma boa psicanálise nunca tenta dar conta dessa complexidade. Ao contrário, a põe em evidência, sem reduzi-la a uma mera ideação. A humanidade do ser humano, para a psicanálise, não é uma ideia, não é uma concepção, não é metafísica. A humanidade é uma materialidade organizada pelo entrelaçamento indissolúvel da natureza, do corpo e da História. Desumanizar, neste contexto, é separar natureza, corpo e História. Assim desfazemos a complexidade, mas perdemos a possibilidade de agilizar o sujeito que está implicado.

Referências

Adorno, T. W. (1986). Acerca de la relación entre sociología y psicología. In H. Jensen (Org.) *Teoria critica del sujeito*. Buenos Aires: Siglo XXI, pp. 36-83.

Freud, S. (1976a). Além do princípio do prazer, psicologia de grupo e outros trabalhos. In *Edição Standard das Obras Psicológicas Completas de S. Freud*, vol. XVIII. Rio de Janeiro: Imago.

Freud, S. (1976b). Conferências introdutórias sobre psicanálise. In *Edição Standard das Obras Psicológicas Completas de S. Freud*, vol. XVI. Rio de Janeiro: Imago, p. 376.

Freud, S. (1976c). Dois verbetes de enciclopédia: "psicanálise" e "teoria da libido". In *Edição Standard das Obras Psicológicas Completas de S. Freud*, vol. XVIII. Rio de Janeiro: Imago, pp. 285-312.

Freud, S. (1976d). Estudos sobre a histeria. In *Edição Standard das Obras Psicológicas Completas de S. Freud*, vol. II. Rio de Janeiro: Imago.

Freud, S. (1976e). O futuro de uma ilusão, O mal-estar na civilização e outros trabalhos. *Edição Standard das Obras Psicológicas Completas de S. Freud*, vol. XXI. Rio de Janeiro: Imago, pp. 75-171.

Freud, S. (1976f). A interpretação dos sonhos. *Edição Standard das Obras Psicológicas Completas de S. Freud* (Vol. 5). Rio de Janeiro: Imago.

Freud, S. (1976g). Recomendações aos médicos que exercem a psicanálise. *Edição Standard das Obras Psicológicas Completas de S. Freud* (vol. 12). Rio de Janeiro: Imago, pp. 147-159.

Gonçalves Filho, J. M. (1998). Humilhação social – um problema político em psicologia. *Revista Psicologia USP, 9*(2), 1998.

Herrmann, F. (2010). *Clinica psicanalítica: a arte da interpretação.* São Paulo: Casa do Psicólogo.

Joseph, B. (1992). *Equilíbrio psíquico e mudança psíquica: artigos selecionados de Betty Joseph.* Rio de Janeiro: Imago.

Mandelbaum, B. (2004). *O desemprego em situação: esboços de estruturação de uma clínica social.* São Paulo: IP/USP. Recuperado de: http://www.teses.usp.br/teses/disponiveis/47/47134/tde-12012007-162027/pt-br.php

Mezan, R. (1985). *Freud pensador da cultura.* São Paulo: Brasiliense.

Ricœur, P. (2002). *Del texto a la acción. Ensayos de hermenêutica II.* Ciudad de Mexico: Fondo de Cultura Económica.

Mandelbaum, B. (2004). *O desemprego em situação: esboços de estruturação de uma clínica social*. São Paulo: IP/USP. Recuperado de http://www.teses.usp.br/teses/disponiveis/47/47134/tde-12012011-163027/pt-br.php

Mezan, R. (1985). *Freud, pensador da cultura*. São Paulo: Brasiliense.

Ricoeur, P. (2002). *Del texto a la acción. Ensayos de hermenéutica II*. Ciudad de México: Fondo de Cultura Económica.

2. O que pode a psicanálise frente à violência social que atinge a infância

Cassandra Pereira França

> *Hubo un siglo en el qual se desplegaron todas las esperanzas: desde la propuesta de acabar con la miseria hasta la de expulsar los demonios psíquicos que favorecen la destrucción humana, desde la ilusión de generar una infancia libre de temores hasta la de constituir una vejez sin deterioro, casi inmortal. . . . Hubo un siglo cuyo legado aún no hemos recogido totalmente porque su balance no hay concluido.*[1]
>
> Bleichmar (2006, p. 245)

A psicanálise esteve presente nas grandes controvérsias de um século que a viu crescer e expandir-se. Com a virada do milênio, enquanto uns celebravam o centenário do livro *A interpretação dos*

---

1 Houve um século no qual se fortaleceram todas as esperanças: desde a proposta de acabar com a miséria até a de expulsar os demônios psíquicos que favorecem a destruição humana; desde a ilusão de gerar uma infância livre de temores até a de constituir uma velhice sem deterioração, quase imortal... Houve um século cujo legado ainda não reunimos totalmente porque seu balanço ainda não foi concluído.

sonhos, que denunciava uma das maiores feridas narcísicas do ser humano, qual seja, a de que ele não é dono sequer de seu próprio inconsciente, outros se apressavam em fortalecer as campanhas para a condenação da psicanálise a uma condição terminal. Se, ao longo de sua extensa obra, Sigmund Freud lutou para criar o conceito de "realidade psíquica" – que representava a ruptura epistemológica fundamental e necessária para permitir à ciência psicanalítica demarcar o campo da subjetividade humana, enfrentando, assim, o desafio de compreender o modo como a "realidade psíquica", carregada de desejos, se apropriava da "realidade externa",[2] dando respostas a esta por meio de organizações psíquicas neuróticas, *borderlines* ou psicóticas –, agora o desafio com que a psicanálise se defronta é exatamente o oposto: reconhecer os efeitos permanentes da "realidade externa" sobre a nossa "realidade psíquica", nossa identidade e nosso pensamento.[3]

Um século se passou. Ficou comprovado que a técnica psicanalítica é, de fato, um potente meio de tratamento por meio do autoconhecimento; mas também ficou evidenciada a laboriosa tarefa que a psicanálise deve empreender para sobreviver enquanto ciência. Entretanto, se queremos garantir uma certa margem de esperança na lida com esse desafio, que, se aceito, demandará fôlego, é preciso dar curso ao balanço a que Bleichmar se referiu na epígrafe que encima este texto. O legado de Freud não se limitou às ideias

---

2 Bóschan (2002) lembra que, paradoxalmente, "quando Freud propôs o conceito de 'realidade psíquica', a 'realidade externa' aparecia como sólida e inquestionável, o que é bem diferente do que acontece hoje em dia, pois esta evoca questionamentos tão ou mais complexos do que aqueles que se dirigiam, a princípio, à realidade psíquica" (p. 19).

3 Um bom exemplo da dívida contraída pela psicanálise, por demorar a se despregar da prioridade do mundo interno, foi o reconhecimento tardio da incidência real da violência familiar ou do Estado, fontes de ataques ao pensamento ou à percepção da criança ou, ainda, à construção de sua identidade pessoal ou de seu aparelho psíquico.

sobre o psiquismo humano tão brilhantemente por ele enunciadas: seu exemplo de humildade e de "imaginação teórica"[4] tem de ser nosso apoio para que possamos revisar suas ideias e atualizá-las. Este é o desafio feito a cada um de nós, psicanalistas: a conquista de um ideal que talvez nem alcancemos, mas em cuja direção começaremos a caminhar. Propomos que o façamos, estabelecendo, como contraponto desafiador a nossas premissas psicanalíticas, o provérbio árabe que afirma que "os homens se parecem mais com seu tempo do que com seus pais".

O impacto da violência social na clínica infantil

Se partirmos do pressuposto de que é preciso estabelecer os modos como os conceitos nucleares da psicanálise são afetados pela dialética modernidade/pós-modernidade, a fim de identificarmos conceitos e dogmas que devem ser revisados ou eliminados, temos de reconhecer que estamos no lugar ideal, privilegiado, dentro da universidade, assumindo uma das três tarefas consideradas como impossíveis por Freud: estamos tentando educar. Nesse exercício docente, somos constantemente confrontados pelos mais diversos questionamentos dos alunos sobre a eficácia da psicanálise diante da realidade social em que é convocada a dar sua contribuição.

---

4 Mezan (2000) assinala que Freud escreveu a Ferenczi em 1915: "O senhor também pertence ao tipo produtivo e deve ter observado em si mesmo o mecanismo da produção: a sucessão da fantasia audazmente desvairada e da crítica impiedosamente realista" (pp. 128-129). Na sequência da carta, Freud acrescenta o comentário sobre quanto a "fantasia desvairada" é, de fato, um requisito necessário a toda criação, seja ela técnica, científica, artística ou filosófica, uma vez que é a condição indispensável para poder desprender-se do já estabelecido e partir em busca do novo. Na opinião de Mezan, quem era seguramente dotado, em grau superlativo, dessa faculdade de "imaginação teórica" era o próprio Freud.

Apresentarei, neste momento, algumas reflexões que me levam a crer que devemos, sim, apostar no potencial de eficácia da psicanálise para ajudar na elaboração do alto teor de angústia mobilizado nas crianças pela explosão da violência social nas grandes capitais do país.

Na Supervisão em Clínica Infantil no Serviço de Psicologia Aplicada (SPA), na clínica social da Universidade Federal de Minas Gerais (UFMG), de uns dez anos para cá, não temos mais demandas de tratamento motivadas basicamente por quadros sintomáticos de enurese, encoprese, dificuldades alimentares ou outras do gênero. Essas queixas desapareceram, ou melhor, tornaram-se secundárias, pois o que passamos a ter é a clínica viva da violência social. Crianças que expõem, a partir de suas brincadeiras ou dos *raps* que "cantarolam", a dureza da vida; que nos apresentam seus corpos castigados por marcas de cigarro, de lâmpada, quando não de alguma violência sexual. Crianças que são testemunhas de assassinatos, muitas vezes até do próprio pai ou da mãe. Realidade que lhes tira o chão e as palavras e que também impacta, radicalmente, aqueles que estão começando a construir um sonho profissional de acolher e de trabalhar para diminuir as angústias do ser humano. A impotência diante de uma realidade tão cruel tira dos supervisionandos, aparentemente, todo o referencial clínico que vinham construindo. Ficam tomados por uma mistura de estupor e compaixão que aumenta, mais ainda, as inúmeras dificuldades que habitam o universo da clínica infantil.

Vejamos duas breves vinhetas clínicas que tanto podem ilustrar o que estou descrevendo quanto mostrar a riqueza do estágio supervisionado como espaço *princeps* onde as abstratas teorias apresentadas em sala de aula se materializam e dão sentido ao conjunto do aprendizado assimilado durante o curso. O primeiro deles é o de uma menina de 3 anos de idade, cuja mãe havia sofrido queimaduras de primeiro grau em todo o corpo enquanto cozinhava. Socorrida pelos vizinhos, a mãe chegou ao hospital ainda com vida, mas veio a falecer no dia seguinte. A menina, a que tudo tinha assistido, pois estava ao lado da mãe, foi para um dos abrigos do município, que solicitou o início do processo psicoterápico. Ao entrar na sala lúdica, contou, imediatamente, que sua mamãe tinha morrido, representando com os bonecos como aquilo havia acontecido: *A mãe estava fazendo a comidinha para a filha e conversando brava com o pai! Ele foi gritando, gritando, que ia ser bom pra ela o mesmo remédio que ela passava na filhinha quando o mosquito picava. Correu na prateleira, pegou o remédio (álcool) jogou tudo na mamãe e empurrou ela no fogão.* A versão dessa história escabrosa se repetia, incessantemente, sessão após sessão, pedindo uma significação que fosse capaz de dar alguma contenção a essa vivência traumática. A terapeuta, aturdida e penalizada pela triste narrativa da menina, não conseguia encontrar palavras que pudessem romper a compulsão à repetição. Aliás, não sabia o que fazer com aquele relato: seria apenas uma montagem fantasística de um romance familiar, ou uma descrição realística de uma cena de assassinato? Enquanto elaborávamos uma compreensão desse material, demonstrando aos alunos como as tópicas psíquicas não estavam constituídas e que, por isso mesmo, o recalque ainda não se apresentava como defesa fundamental, (impedindo as lembranças de veicularem livremente na consciência), um dia, repentinamente, a garotinha disse: *Agora, o papai sumiu!* Quando a terapeuta foi procurar saber o que havia se passado, descobriu que a menina tinha sido ouvida numa delegacia, onde repetira aquele conteúdo que não parava de se reapresentar em seu psiquismo. Tal "depoimento", somado ao dos vizinhos, criou evidências que levaram à prisão do pai. Naquele momento, vimos a violência reaparecer novamente em cena: mas, então, protagonizada pelos aparelhos do Estado que, no afã de buscar a verdade por detrás dos fatos, envolveu uma criança numa ação que levou à prisão de seu pai – fato que, com certeza, irá trazer-lhe muita culpa futuramente.[5]

O acompanhamento desse material clínico possibilitou-nos descortinar o destino do traumatismo num aparelho psíquico em constituição: o modo como ele vai se encapsulando, sem qualquer ligação com outras representações. Portanto, sem chances de sofrer os desígnios destas: a ação do recalcamento, a viabilidade de retorno ao sistema Pré-consciente/Consciente, uma vinculação mais direta à angústia e uma possível elaboração psíquica. Todavia, o fato de o tempo de duração desse tratamento ter sido curto, por volta de um ano, levou-nos apenas a uma série de indagações, que giravam em torno das possibilidades de infiltração daquele conteúdo traumático na construção do romance familiar, da sobreposição dos eventos traumáticos (uma vez que a menina acabou perdendo a mãe e o pai) e do impacto que o traumatismo teria sobre os registros mnêmicos daquela criança. Indagações que serviram para mostrar-nos quanto o conceito de traumatismo, apesar de ter estado presente no campo teórico psicanalítico por mais de cem anos, ainda oferece desafios surpreendentes para a teoria da técnica psicanalítica.

Em um segundo historial clínico, foi possível assistir à instalação de uma defesa psíquica muito eficaz, a *Verleugnung* (a recusa), que acabou garantindo a possibilidade de o conteúdo traumático permanecer encapsulado no psiquismo, mesmo que ao alto preço da impossibilidade de ser reintegrado às outras experiências vivenciadas. Dessa vez, tratava-se de uma criança que, aos 4 anos de idade, havia testemunhado a mãe, que estava drogada, agredir

5 Não sabemos qual foi, de fato, o real desfecho dessa prisão. Em nossa clínica social, não possuímos um serviço de apoio jurídico ou assistencial, de modo que as histórias, incompletas, nos chegam apenas por meio dos relatos dos acompanhantes do abrigo que recebe a criança.

o seu bebê com tal violência que o levou a óbito. No começo dos atendimentos, as lembranças cruas da cena traumática apareciam do mesmo modo escancarado do caso anterior. Mas o tempo mais prolongado de análise deixava-nos a impressão de que o material havia obtido um nível de representação capaz de levá-lo aos destinos do recalcamento. Tudo parecia estar se acomodando, a menina estava menos angustiada, quando surgiu um fato novo: a Justiça queria ouvir a criança. Temerosos daquilo que poderia advir dessa intervenção, expedimos relatórios e laudos que contraindicavam a oitiva. De nada adiantou, a criança teve de ser levada a depor, e, pior ainda, diante da mãe. Imaginávamos a montagem de uma cena que julgávamos ser traumática demais: repetir diante dos operadores da Lei aquela mesma narrativa, que poderia fazê-la sentir-se a grande responsável pela condenação da mãe. Mas, para nossa surpresa, soubemos, depois, que a menina, na hora do depoimento, lançou mão de um recurso psíquico que a nossa aflição não nos permitira antever: simplesmente negou, com veemência, ter visto qualquer cena da mãe agredindo o bebê. Ou seja, juridicamente, fez uso do seu direito de nada dizer. Entretanto, algo nos deixou extremamente intrigados: nos anos subsequentes da análise, a tal cena traumática ou qualquer derivação dela jamais voltou a reaparecer em suas produções. Assim, forçosamente, o tempo acabou por levar-nos à aceitação daquilo que se passara: uma defesa radical, denominada por Freud de *Verleugnung* ("recusa", "desmentido"), foi o recurso providencial que parece ter operado nesse caso, colocando o episódio traumático numa condição de enclave psíquico, separado e incomunicável.

Casos como esses que acabamos de descrever invadiram o cotidiano da nossa clínica social e nos levam a crer que, mais do que nunca, precisamos preparar os alunos para desenvolver pesquisas clínicas que possam apontar direções de intervenção e interpretação psicanalíticas que ajudem os conteúdos traumáticos a alcançar um estatuto digno de entrar no circuito psíquico representacional. Mas, enquanto os estudos sobre o manejo clínico do traumatismo na infância ainda são incipientes, só nos resta continuar persistindo no acompanhamento de tratamentos que possam nos ajudar a verificar quais são as intervenções psicanalíticas mais apropriadas e eficazes. Para tanto, façamos um breve apanhado do alicerce que sustenta a plataforma de onde fazemos essas observações.

O traumatismo nos moldes psicanalíticos

A teoria do traumatismo esteve presente no nascimento da psicanálise, correlacionada diretamente à teoria da sedução e, apesar de Freud logo ter renunciado ao que julgou ser a grande descoberta que esclareceria a gênese da histeria, seu interesse pelo assunto do traumatismo manteve-se aliado, fortemente, ao modelo físico e médico da noção de trauma como uma efração, ou seja, uma força que rompe uma estrutura do corpo do sujeito. Assim, na época dos seus estudos com Charcot, o traumatismo era entendido como uma excitação provinda do exterior, capaz de provocar uma falha na função de paraexcitação do aparelho psíquico, ou seja, uma ruptura em uma barreira (um escudo protetor) que, em outros momentos, havia sido eficaz para neutralizar o estímulo excessivo. Esse ponto de vista colocava no centro das atenções a noção de neurose traumática, que eram as neuroses surgidas a partir de grandes acidentes, como os ferroviários. Mas, aos poucos, a atenção de Freud para o conceito de traumatismo se deslocou para a importância das fantasias sexuais infantis e só voltou a reaparecer nesse foco em textos fundamentais da reformulação metapsicológica da virada dos anos de 1920, com *Além do princípio do prazer* (1920) e *Inibição, sintoma e angústia* (1926).

Esse intervalo tão prolongado traz em si uma interessante questão: "Mas, por que, perguntamos, este conceito tão útil e apreciado numa época ficou banido durante tanto tempo da literatura psicanalítica e da prática terapêutica?" (Uchitel, 2000, p. 136) Para muitos autores, a resposta estaria sintetizada na carta 69 (datada de 21 de setembro de 1897), em que Freud faz a famosa declaração "Não acredito mais em minha neurótica", e que corresponderia à grande controvérsia então instalada: trauma *versus* fantasia, realidade externa *versus* realidade psíquica. Para Uchitel (2000), essa declaração revela a vivência de "fracasso terapêutico" que Freud estava experimentando com o abandono da análise por alguns pacientes e a dificuldade em concluir um único caso. Além desses motivos, do ponto de vista teórico, muitas coisas não se encaixavam: a dedução feita a partir do trauma sexual das histéricas de que haveria um número grande de pais perversos, o fato de o inconsciente não distinguir entre verdade e ficção, fazendo com que as lembranças inconscientes não aparecessem com clareza nem nos delírios mais confusos – tudo isso parecia pedir uma revisão teórica que acabou ficando encubada por duas décadas.

Quando o conceito de trauma é introduzido em *Além do princípio do prazer*, a base da discussão será outra – "o devir causal e econômico do trauma":

> *O trauma também se constitui por uma defesa ineficaz – em especial ante as excitações pulsionais internas – que impede o psiquismo de reagir e funcionar segundo o princípio do prazer, segundo as tópicas e os processos primários e secundários. O caráter traumático reside, nesse texto, na ruptura da capa de proteção contra as excitações, provocada pelo excesso; no fracasso da ligação; mas também na falta de preparação ou produção*

> *da angústia, que faz do susto, da surpresa e do perigo de morte uma condição também essencial para o trauma. (Uchitel, 2000, p. 138)*

Nas especulações teóricas a que Freud se lançou nesse texto, vimos seu esforço em fazer a derivação de um conceito físico para um conceito psíquico, tentando dar um contorno para o campo do traumatismo psíquico e valorizando o elemento "susto" (*Schreck*), ou seja, o estado de não preparação em que o sujeito se vê frente à situação traumática. Em outras palavras, Freud define o trauma como um acontecimento surpreendente, de grande intensidade e que, por não conseguir se integrar no sistema psíquico, retorna de modo intermitente e repetindo os mesmos destinos da cena traumática, ou, ainda, aparecendo em sonhos traumáticos. Portanto, o que está em jogo no trauma é a própria ligação, uma vez que ele "fica fora da dinâmica do recalcamento, não se localiza em um lugar similar ao da inscrição recalcada que assegura sua ligação, localidade e temporalidade no inconsciente" (Uchitel, 2000, p. 138).

Mesmo após o conceito de trauma psíquico ter percorrido toda a história do desenvolvimento teórico freudiano, ao longo da qual sofreu uma evolução considerável, ainda temos dificuldade em saber como abordá-lo com as estratégias de manejo clínico disponibilizadas pela psicanálise. No entanto, quando discutimos minuciosamente casos clínicos em que a presença de traumatismos é incontestável, observamos a clivagem como uma defesa sempre operante, acompanhada de movimentos psíquicos de se negar o que se vê.

A clivagem do ego e a instalação da Verleugnung

Quando Freud, em 1938, descreveu a clivagem do Ego, buscava realçar um processo que, em vez de tentar criar uma formação de compromisso entre duas representações opostas e inconciliáveis (como acontece na formação dos sintomas), procurava mantê-las, simultaneamente, sem que entre elas se estabelecesse qualquer relação dialética. Sabemos quanto os procedimentos dissociativos costumam agir como expedientes de atribuição de sentido e organização do caos interior mediante a produção de dualismos, que tanto podem ser constitutivos do aparelho psíquico (como os processos de repressão ou recalcamento) quanto patológicos (como as clivagens), que, além de impedirem o recalque, evitam a instalação do conflito psíquico e sua possível elaboração.

Na mesma década em que Freud trabalhava a temática da clivagem, Ferenczi, em seu artigo póstumo "Reflexões sobre o trauma" (1934/2011), registrava a ideia da clivagem da personalidade como uma forma de tornar o trauma inexistente, uma "falsificação otimista" que teria como objetivo fazer o sujeito retornar à tranquilidade anterior. Nesse sentido, a clivagem, que pode ter extensões variáveis e diferentes graus de profundidade, encarregar-se-ia de não permitir o acesso ao psiquismo de partes insuportáveis da experiência traumática.

Sem dúvida alguma, os processos de clivagem são incomparáveis em sua eficácia na criação de barreiras e segregação de porções da realidade (objetiva e subjetiva), mantendo-as lado a lado. Aliás, tudo leva a crer que a clivagem seja um dos recursos psíquicos mais profícuos para lidar com o inadmissível da experiência humana. Mas, para que essa função esteja resguardada quando um traumatismo invade o psiquismo e faz com que o sujeito depare com duas realidades que não podem coexistir, uma defesa possante precisará garantir a clivagem intrassistêmica do ego. Essa defesa é a *Verleugnung* (a recusa, o desmentido), que se encarregará de impedir o sujeito de reconhecer a realidade da percepção traumatizante, ao quebrar os elos necessários para a recolocação daquele evento na cadeia associativa do processo temporal e processual do psiquismo.

Assim, como assinala Figueiredo (2003),

> *o que se recusa não é uma dada percepção, mas o que vem ou viria depois dela, seja como uma outra percepção que a primeira torna possível, uma possibilidade de simbolização, uma conclusão lógica aparentemente necessária ou uma lembrança que a percepção pode reativar. (p. 60)*

Portanto, não se trata, por exemplo, de negar o que se viu no seu sentido próprio, mas de impedir que o psiquismo faça inferências a partir daquilo que foi visto.[6]

Não resta dúvida, no entanto, de que, embora esse expediente (de deixar o conteúdo traumático encapsulado) seja profícuo e vantajoso para diminuir a dor, ele traz consequências nefastas para o desenvolvimento identificatório da criança, uma vez que fica vetado ao episódio traumatizante a possibilidade de se transformar em uma experiência subjetiva, metabolizável, capaz de ser integrada com o restante das vivências psíquicas, levando-o a ser condenado ao destino de uma "alma penada": vagar eternamente, sem qualquer ligação – apenas assombrando, repetidamente, o psiquismo.

---

6 Nos casos aqui citados, a *Verleugnung* impediria aquelas crianças de deduzirem que aqueles atos perpetrados pelos pais os tivessem transformado em assassinos.

Há sempre o risco da identificação com o agressor

Há, contudo, um outro território em que cenas de violência contra outras pessoas ou até mesmo contra a própria criança se infiltram com grande facilidade e que vem a ser o ponto mais preocupante, uma vez que evidencia o risco do crescimento da violência de modo exponencial: o das construções identificatórias. A clínica com crianças vítimas de traumatismo tem nos mostrado, ao longo dos anos de supervisão de casos clínicos no SPA/UFMG, uma de suas facetas mais cruéis: a identificação com o agressor como um dos efeitos dos processos de clivagem necessários para que a criança continue dedicando obediência e amor àqueles adultos violentos, porque, afinal, eles são provedores de seu sustento físico e emocional.

Dentre os discípulos freudianos, Ferenczi (1934) foi o que mais se preocupou em tentar compreender as manifestações transferenciais de extrema submissão ao processo analítico. A partir da observação de fenômenos clínicos, foi-lhe possível observar como os pacientes violentados haviam se tornado reféns da repetição traumática que impregnava o psiquismo de passividade e levava-os a colocar o analista no lugar de agente original do trauma. Assim, esses pacientes, apesar de serem extremamente obedientes e demonstrarem aceitar suas interpretações, costumavam surpreendê-lo com explosões de raiva, durante as quais o acusavam de ser insensível e cruel. Estranhando tais reações, uma vez que sua técnica o levava a ser muito acolhedor e a valorizar extremamente os afetos transferenciais, Ferenczi concluiu que encenavam a experiência original de violência, só que, então, a violência provinha de um objeto agressor internalizado, que continuava a atacar a partir do interior do psiquismo. Em suas conclusões, Ferenczi postulou que a identificação com o agressor ocorre quando o medo da criança diante da autoridade e da força do adulto chega ao ponto de provocar uma perda de consciência que paralisa as reações normais de repulsa ou resistência à agressão e impossibilita o recurso a qualquer tipo de defesa contra o desprazer. Nesses casos, a solução encontrada pelo psiquismo é tornar o agressor intrapsíquico.

Ao fazer com que o agressor deixe de ser um outro, externo, e passe a ser um habitante do mundo interno, este fica submetido ao processo primário, modelado segundo o princípio do prazer. Tal processo resulta, sem dúvida alguma, na minimização da ameaça externa, porém acaba provocando a clivagem do próprio ego. Assim, a identificação com o agressor parece instalar no psiquismo duas figuras representantes da cena da agressão: a criança maltratada, que representa o ego fragilizado, e o agressor, atuando de forma semelhante ao superego sádico. Os resultados que advêm da interação entre essas duas figuras psíquicas podem configurar diferentes arranjos.

Se, por um lado, o psiquismo não puder suportar a parte que representa o agressor, esse fragmento será projetado para o mundo externo – movimento que propicia ou facilita encontros nos quais o objeto irá "encarnar" essa projeção, sendo levado a agir como um sádico. Assim, novamente diante do agressor, só restará ao indivíduo a submissão e a obediência: a reedição da cena traumática na qual, originalmente, foi obrigado a se calar para garantir sua sobrevivência. Nesse arranjo da identificação com o agressor, entendemos que o ego, mesmo submetido e maltratado, é preservado em alguma medida – o que facilita a intervenção clínica.

Outra configuração possível da identificação com o agressor se dá quando a parte violentada e frágil é considerada insuportável e, então, é projetada para o exterior. O resultado é que esse indivíduo tentará destruir o que projetou no mundo externo, agindo, ele próprio, de forma violenta, mimetizando o comportamento daquele que o agrediu, geralmente contra alguém que considera semelhante a si mesmo quando era submetido à agressão. O sadismo e a agressividade dirigidos ao meio externo são bastante evidentes, mas a face complementar masoquista também pode ser inferida, já que o indivíduo passa a agredir, no outro, justamente a projeção de seu ego infantil maltratado. Nesse arranjo, a projeção do próprio ego acarreta graves prejuízos a esse indivíduo, especialmente no que se refere a uma perda de contato com o seu mundo interno e com a realidade circundante (Mendes, 2011). Nesse sentido, concordamos com Uchitel (2001) quando afirma que a criança identificada com o agressor "é triplamente vítima: por não ter mais o objeto idealizado que perde, por ser objeto de agressão e por converter-se ele mesmo em agressor" (p. 124). Assim, a reprodução da violência pelas crianças, se não for contida a tempo, pode acabar desaguando em condutas transgressoras e delinquentes na adolescência.[7]

A psicanálise pode ajudar a deter a roda-viva da violência social?

Houve um tempo em que se acreditava que a eficácia da ajuda da psicanálise frente às questões sociais viria do poder transformador de um processo analítico que, retirando o sujeito de suas questões narcísicas, pudesse ajudá-lo a lidar com a alteridade e com a necessidade de construir uma sociedade em que fosse possível conviver melhor com as diferenças. Essa esperança, matizada pela utopia, logo levou a psicanálise a perceber que precisava cruzar as fronteiras da clínica individual e atingir outros campos de aplicação, quer fosse disseminando seu saber para fomentar

7 Infelizmente, sabemos que, uma vez dentro do circuito da atuação violenta, cairá na marginalidade e, mesmo que seja detido pelo sistema estatal, suas chances de reintegração à sociedade são baixas, pois o nosso sistema de "confinamento" prisional é desastroso e dificilmente gera uma processo reeducativo.

pesquisas e projetos sociais, quer, ainda, fortalecendo outras práticas profissionais.

Sem dúvida alguma, a universidade teve um papel fundamental na implantação da psicanálise no campo social, o que se deu a partir da docência de textos freudianos, que, ao apresentarem uma análise da vida social (como *Totem e tabu*, *O futuro de uma ilusão*, *O mal-estar na cultura*, *Moisés e o monoteísmo*), acabaram descortinando horizontes de interdisciplinaridade, calcados na riqueza advinda da possibilidade de entrecruzamento de conceitos da metapsicologia freudiana com as mais variadas problemáticas enquistadas em nossa cultura. Aliás, a herança da fertilidade da "imaginação teórica" de Freud pode ser constatada ao se fazer um inventário da diversidade dos temas de pesquisas psicanalíticas empreendidas nos programas de pós-graduação das universidades brasileiras.

A psicanálise vem conseguindo garantir sua inserção entre as disciplinas que abrem o diálogo com vários outros campos do saber, situação que possibilita, a inúmeros professores universitários, o encontro do tom e da modulação com que podem diagramar essa interação. De nossa parte, optamos por oferecer aos alunos, por meio de disciplinas teóricas e estágio supervisionado, o conhecimento de como a análise infantil pode ser uma medida profilática poderosa, com boas chances de ajudar a dar vazão aos níveis exacerbados de sadismo que encontramos no psiquismo das crianças expostas a violências cotidianas ou a situações traumáticas. Esse alerta proveio de Melanie Klein, com quem aprendemos que o mundo interno da criança é naturalmente habitado por destrutividade, culpa e angústia – alimentadas pelo ataque interno da pulsão de morte. Exatamente por isso, a análise de crianças deve sempre criar condições para que seja dada vazão aos elevados níveis de sadismo que se concentram em seu psiquismo desde tenra idade, de modo a diminuir o risco de uma possível organização psíquica perversa. Winnicott ensinou-nos a valorizar o ambiente externo, mostrando como as "necessidades" da criança precisam ser acolhidas e respondidas pela mãe-ambiente para que se garanta a integridade do seu *self*. Também dele é a percepção de que, se a criança passa por um processo de privação emocional ou por uma experiência marcante de abandono quando ainda não tiver diferenciado o eu e o não eu, pode surgir em seu psiquismo, como consequência, o desenvolvimento de tendências antissociais.[8]

Ainda dentro da ênfase teórica de como o aparelho psíquico está sempre aberto ao real e submetido a traumatismos, lembremos, também, quão úteis são as conceituações da escola laplancheana, que atribuem a constituição do aparelho psíquico infantil à "implantação" de um conjunto de inscrições transmitidas pelo adulto ao psiquismo incipiente do bebê. Segundo mostram, quando há uma sobrecarga de sexualidade e sadismo, por parte do adulto, sobre o corpo ou o psiquismo da criança, ocorre uma "intromissão": "enquanto a implantação produz um traumatismo necessário para o crescimento psíquico, a intromissão pelo adulto de significantes enigmáticos no psiquismo infantil produz um curto-circuito intraduzível e imetabolizável" (Gueller & Souza, 2008, p. 116).

Dentro do tema que ora discutimos, podemos afirmar, com justa convicção, que a psicanálise muito pode fazer para ajudar as crianças a não terem de seguir, necessariamente, o caminho da identificação com o agressor. O conjunto das condições facilitadoras de uma via regressiva oferecida pelo *setting* analítico, por meio das funções objetais primárias de *holding*, *handling*, continência e *rêverie*, que criam as condições ideais para a instalação

---

8 O interesse de Winnicott pelo tema levou-o a elaborar uma teoria da adolescência e de seus conflitos com a lei, que possibilita, inclusive, a proposição de políticas de prevenção à delinquência.

da neurose de transferência, têm potencial para inaugurar outras trilhas identificatórias que podem enriquecer as opções de construção da identidade do sujeito. Nesse sentido, encontramos na obra da psicanalista argentina Silvia Bleichmar proposições fecundas que levam em conta a possibilidade de uma recomposição das determinações na vida dos seres humanos, o que se daria por meio do surgimento de neogêneses que comprovam como precisamos retomar a discussão da ideia de um determinismo forte que, a partir de um pré-formado, enclausura o devir do sujeito. Nas palavras de Bleichmar (2005):

> *Neogênese quer dizer produção de algo novo que não está em cada um dos elementos, mas sim nas possibilidades de articulação de novas pontes simbólicas e sua combinatória, possibilidades estas que não se pode dizer que antecedem o fenômeno produzido, mas que são potencializadas principalmente através das condições do processo analítico. (Bleichmar, 2005, p. 63)*

Acreditando, como crê Bleichmar, que existem possibilidades de neogênese psíquica, podemos retomar a nossa pergunta inicial, "Pode a psicanálise ajudar a deter a roda-viva da violência social?", e arriscar uma resposta afirmativa, pois valorizamos o potencial teórico que, se bem aplicado no momento ideal, pode agir como uma medida profilática tanto para a exacerbação do sadismo quanto para o impedimento da reprodução infinita de crianças identificadas com seus agressores. No entanto, não resta dúvida de que essa é apenas uma ajuda limitada diante da complexidade da temática da violência social em nossa cultura.

Um balanço do método clínico quando a criança é o sujeito da análise

No campo clínico, as faíscas do "curto-circuito intraduzível e imetabolizável", a que antes nos referimos, infelizmente, não tardam a serem enxergados pelos nossos alunos. Do ponto de vista didático, o ideal mesmo seria que começassem seu estágio em Clínica Infantil no atendimento de casos de manejo técnico mais fácil, que os preparasse para que, anos depois, pudessem aceitar casos mais difíceis. Entretanto, não temos mais essa opção! Assim, aprisionados na complexidade dessa clínica do traumático, eles logo aprendem que a repetição compulsiva é uma busca desesperada por um sentido capaz de transformar essa vivência traumática; e que a função do analista será a de responder a essa busca de sentido, ou seja, autorizar o acesso a outras formas de simbolização e de significação que desatem as simbolizações "falsas" ou "ilegítimas" (chamemos assim), ou as simbolizações que não conseguiram inserir-se nas cadeias psíquicas. Porém, se a única maneira de operar sobre as representações é por intermédio da linguagem, a interpretação será o único elemento à nossa disposição para transformar as redes de representações que produzem a situação patógena. Portanto, logo chega o momento em que o estagiário precisa arriscar-se a formular intervenções gradativas que possam prepará-lo para proferir uma interpretação. Momento difícil para o aprendiz de analista de crianças, pois ele terá receio de ferir o pequeno paciente se, acaso, no intuito de tentar romper a compulsão à repetição, ele ousar perguntar, por exemplo, para aquela garotinha que perdeu a mãe: *O que tem a ver o sumiço do papai com aquilo horrível que aconteceu com a mamãe?* Temos de admitir que aquém do temor de proferir uma interpretação, há uma premissa muito arraigada em todos nós de que criança tem de ser poupada de sofrimento e, por isso mesmo, não devemos falar com ela sobre assuntos tristes.

No entanto, é bom não nos esquecermos de que a interpretação dá marcações para as manobras clínicas que precisam, aos poucos, ser implementadas. Portanto, mesmo que a garotinha nada respondesse naquele momento, a pergunta teria servido pelo menos para nortear a escuta do analista na vigilância eterna do destino do conteúdo traumático.

Por tudo dito até o momento, é fácil deduzir que concordamos plenamente com a assertiva de que é a clínica psicanalítica com crianças aquela que melhor instrumentaliza a psicanálise para lidar com casos em que há uma predominância de "representações desarticuladas, fraturadas e falhas" (Bleichmar, 2005, p. 41). Entretanto, diante do peso com que apresentamos o assunto neste artigo, não seria surpreendente se um aluno perguntasse "à queima-roupa": "Mas, afinal, professora, vale a pena trabalhar com psicanálise de crianças?" Eu, então, responderia: mil vezes, sim! Primeiro, porque as crianças são extremamente didáticas: elas não apenas apresentam com clareza os conceitos da psicanálise como dão um *feedback* imediato ao aprendiz de analista acerca da pertinência de seu manejo clínico naquele momento. Segundo, porque o fato de atendermos crianças pequenas ajuda-nos a observar os tempos de constituição das tópicas psíquicas, a fundação do recalcamento originário, a construção do aparelho simbólico. Terceiro, a clínica de crianças protege-nos de dogmatismos teóricos, pois a riqueza da construção do aparelho psíquico do sujeito leva-nos a visitar as produções de autores de várias correntes psicanalíticas. Além do mais, se levarmos em conta que na clínica infantil é sempre preciso inventar estratégias singulares para manter o processo psicanalítico, vislumbraremos uma quarta vantagem: quem tem prática clínica com crianças atende pacientes adultos "com um pé nas costas", como diz o ditado popular, pois o rebaixamento da censura nas crianças deixa-nos assistir "de camarote" a toda a força dramática irrefreável do inconsciente, permitindo-nos arriscar interpretações mais profundas. Enfim, eu poderia dar até "dezessete" (!) bons motivos para que "apanhemos" da clínica infantil, mas não vou ficar aqui, mil e uma noites, como se fora Sheherazade, contando histórias que ilustrem quão gratificante é essa especialidade, mesmo quando os atendimentos cuidam de crianças maltratadas e violentadas e que precisam, de modo avassalador, do nosso aparato psíquico para se reestruturarem. Afinal, o ganho secundário nesses casos advém do fato de que a problemática da violência convoca o estudo sistemático de vetores valorosos na historicização psíquica: a ideia de verdade, a construção da memória, a importância da realidade e sua relação com o discurso, a confiabilidade nos laços sociais, as categorias do pensável e do impensável. Mas nada disso precisaria ser dito se nos lembrássemos, a todo momento, de que, por trás dos questionamentos singelos de uma criança, sempre está o que é essencial na vida.

Referências

Bleichmar, S. (2005). *Clínica psicanalítica e neogênese.* São Paulo: Annablume.

Bleichmar, S. (2006). *Paradojas de la sexualidad masculina.* Buenos Aires: Paidós.

Boschán, P. J. (2002). Y ahora qué? Reflexiones sobre la realidad y el tiempo. In H. Ferrari & S. Z. Filc (Orgs.), *Desafios al psicoanálisis em el siglo XXI: salud mental, sexualidad y realidad social* (pp. 17-26). Buenos Aires: Editorial Polemos.

Lipovetsky, G. (2005). *A era do vazio: ensaios sobre o individualismo contemporâneo.* Barueri: Manole.

Ferenczi, S. (2011a). Confusão de língua entre os adultos e a criança (A linguagem da ternura e da paixão). In S. Ferenczi, *Obras Completas: Psicanálise IV* (pp. 97-106). São Paulo: Martins Fontes. (Trabalho original publicado em 1933[1932]).

Ferenczi, S. (2011b). Reflexões sobre o trauma. In S. Ferenczi, *Obras Completas: Psicanálise IV* (pp. 125-135). São Paulo: Martins Fontes. (Trabalho original publicado em 1934[1931-1932]).

Figueiredo, L. C. (2003). *Psicanálise*: elementos para a clínica contemporânea. São Paulo: Escuta.

Freud, S. (1980a). A negativa. In S. Freud, *Edição Standard Brasileiras das Obras Psicológicas Completas de Sigmund Freud* (Vol. 19). Rio de Janeiro: Imago Editora. (Trabalho original publicado em 1925).

Freud, S. (1980b). A divisão do ego no processo de defesa. In S. Freud, *Edição Standard Brasileiras das Obras Psicológicas Completas de Sigmund Freud* (Vol.23). Rio de Janeiro: Imago Editora. (Trabalho original publicado em 1940[1938]).

Gueller, A. S., & Souza, A. S. L. (2008). *Psicanálise com crianças: perspectivas teórico-clínicas*. São Paulo: Casa do Psicólogo.

Laplanche, J., & Pontalis J. B. (1975). *Vocabulário da psicanálise*(2a ed.). Santos: Martins Fontes.

Mendes, A. P. (2011). *A identificação com o agressor: interfaces conceituais e suas implicações para o estudo da violência sexual infantil*. Dissertação de Mestrado, Departamento de Psicologia da Faculdade de Filosofia e Ciências Humanas da Universidade Federal de Minas Gerais, Belo Horizonte.

Mezan, R. (2000). *Freud: a conquista do proibido*. São Paulo: Ateliê Editorial.

Uchitel, M. (2000). Em busca de uma clínica para o traumático. In X. Fuks & X. Ferraz (Orgs.), *A clínica conta histórias* (pp. 135-50). São Paulo: Escuta.

Uchitel, M. (2001) *Neurose traumática: uma revisão crítica do conceito de trauma*. São Paulo: Casa do Psicólogo.

3. O que pode a psicanálise com a obesidade infantil

Joana de Vilhena Novaes

Junia de Vilhena

Maria Ines Bittencourt

A obesidade infantil é uma das doenças mais preocupantes atualmente, com dados epidemiológicos alarmantes, e, paradoxalmente, o estudo de seus fatores psicológicos é escasso, podendo se vincular a características específicas do brincar. É nossa proposta refletir acerca de estratégias de intervenção eficientes no acolhimento desse tipo de queixa infantil e demanda familiar, tomando como eixo de nossa reflexão a importância do brincar criativo no desenvolvimento psíquico saudável, tendo como base teórica as contribuições de Winnicott sobre o viver criativo, a transicionalidade e o brincar.

Este trabalho objetiva também levantar algumas hipóteses no tocante à excessiva presença da mãe em determinados casos de obesidade infantil, contrastando com a literatura tradicional que aponta a mãe da criança obesa como ausente. A presença intrusiva da mãe dificultaria o estabelecimento das condições necessárias para o desenvolvimento de um brincar criativo, mediante o qual a criança poderia buscar soluções viáveis para lidar com questões referentes ao processo de emagrecimento.

Finalmente, busca-se com o caso aqui apresentado apontar novas possibilidades de intervenção/assessoramento em espaços não tradicionais da clínica psicanalítica, objetivando ampliar os recursos disponíveis para o atendimento a crianças obesas. A ideia surgiu a partir de uma pesquisa realizada no Laboratório Interdisciplinar de Pesquisa e Intervenção Social (LIPIS), da Pontifícia Universidade Católica do Rio de Janeiro (PUC-Rio), acerca da ampliação do atendimento a pacientes com obesidade infantil.

O mote inicial para essa pesquisa deu-se a partir de um número crescente de mães que buscavam, no Núcleo de Doenças da Beleza, atendimento para os seus filhos. Vale ressaltar que, embora ancoradas em um vasto repertório de conhecimento acerca do que constitui uma alimentação saudável (amplamente divulgado pela mídia) e que, igualmente, desejassem interromper o que identificavam ser um distúrbio na alimentação de seus filhos, havia, contudo, a percepção de não haver adequação suficiente das práticas vigentes ao público infantil. Um dos parâmetros relatados referia-se à baixa adesão ao protocolo de exercícios, bem como à abordagem dos profissionais na prescrição de uma dietética voltada para a perda e controle do peso.

Soma-se a isso o caráter de urgência presente na demanda por uma intervenção eficiente, de modo que os prejuízos emocionais causados pela obesidade cessassem. Conforme mencionado em pesquisas anteriores (Novaes, 2006, 2010, 2012), a gordura é, na atualidade, a forma mais representativa de feiura e que tem como um dos seus efeitos mais nefastos a exclusão socialmente validada! Não é, igualmente, negligenciado pelo saber comum ou tampouco pela literatura especializada o grau de crueldade presente nas zombarias infantis o que, portanto, nos faz concluir sobre a necessidade de pensarmos em dispositivos clínicos, bem como em estratégias de intervenção terapêutica precoce a fim de minorar os danos psíquicos causados diante da exposição do sujeito a esse tipo de situação traumática.

Isto posto, tomaremos como ponto de partida a premissa de que a obesidade provoca efeitos psicológicos na criança, podendo, inclusive, deixar marcas indeléveis ao longo de toda sua existência. A dificuldade nos esportes, apelidos, zombarias dos amigos, vergonha de se desnudar perante os outros promovem sentimentos de inferioridade e desprezo por si mesmo (Schwartz & Puhl, 2003). O ambiente da academia de ginástica aparece, nesse sentido, como causador de inibição, gerando comportamentos defensivos frente ao medo de sofrer novas experiências de discriminação e estigmatização.

E foi, conforme mencionado anteriormente, ancorado na afirmação acerca de todas as zombarias, constrangimentos e preconceitos que a criança obesa sofre que surgiu o mote para esse estudo. Em síntese, nosso objetivo tem como foco pesquisar formas adequadas de abordagem e manejo para a adesão bem-sucedida a uma dieta e todo o protocolo corporal que envolve o processo de emagrecimento.

E se, afinal, tornou-se um lugar-comum afirmar que o abandono gradativo da infância dar-se-á pela capacidade que o sujeito tem de suportar o princípio de realidade, quais seriam as estratégias necessárias para transformar em algo mais lúdico e tolerável as privações e a disciplina necessárias à perda de peso?

O que apresentaremos a seguir representa as primeiras reflexões despertadas por um estudo de campo recentemente empreendido, cujo objetivo é a observação de crianças obesas em academias de ginástica da zona Sul carioca. Algumas notas sobre Felipe, um menino de 8 anos levado pela mãe a frequentar uma academia nessa região, talvez sejam um ponto de partida para esclarecer a nossa questão.

O texto que se segue é o "diário de campo" de uma das autoras referente à pesquisa que vem sendo realizada. Optamos por mantê-lo em sua forma original, com a intenção de conduzir o leitor aos sentimentos experimentados por sua escrita.

Observando Felipe, a professora e sua mãe

A primeira vez que vi Felipe na academia foi na sala de cardio, com um grupo de mais seis crianças; ele era o que estava mais acima do peso. Enquanto os demais, guiados pelas instruções de uma *personal trainer*, pareciam atender ao seu comando, Felipe parecia alheio a tudo, parcialmente desintegrado do grupo, demonstrando maior dificuldade de adesão às atividades e bem mais interessado em seu universo particular – o jogo eletrônico que tinha em mãos.

Seu desinteresse não me pareceu traduzir qualquer apatia ou um quadro de inibição particularmente grave e que demandasse cuidados especiais. Ao contrário, Felipe era a mais perfeita tradução dos milhares de sujeitos contemporâneos, cabisbaixos e ensimesmados, com sua atenção voltada para o universo virtual, promovido por algum dos inúmeros *gadgets* aos quais qualquer criança tem acesso hoje em dia.

Tentando olhar aquela situação de uma perspectiva infantil, pareceu-me óbvio que, para fazê-lo interromper algo prazeroso e voltar a sua atenção alhures, seria necessário uma motivação suficientemente forte, o que com certeza não parecia configurar as palavras de ordem empregadas pela professora: *Vamos lá Felipe, você é o único que ainda não começou, não quer emagrecer?*

Primeira cena – Na sequência, ouço Felipe retrucar: *Quero, o que é pra fazer, tia?* Para em seguida entrar numa discussão com ela:

Professora: *Todos já começaram o circuito, Felipe, só falta você, seus colegas estão na bicicleta, no* transport, climber, *elíptico e a você cabe então subir na esteira. Comece a andar até completar o tempo definido aqui no painel.*

Surge, então, a primeira das indagações de Felipe, subvertendo a lógica adulta: *Andar pra onde?*

Professora: *Pra frente, se quiser olha a televisão!*

Felipe: *Por quê? De costas é bem mais legal! Esta esteira não leva a nenhum lugar irado, tia!*

Professora: *Levará você a perder peso, Felipe, igual aos seus colegas. Anda, Felipe, sobe logo e anda direito que já está atrasado.*

Felipe: *Muda de fase quando passa para a* bike?

Professora: *Com o tempo você ganhará uma vida nova, um corpo novo, não tá se achando gordinho?*

Felipe: *Tô, mas não tem desafio – é legal quando tem tesouro ou quando a gente ganha várias vidas.*

Professora: *Como não tem, Felipe? Olha lá como o Pedro e o Henrique estão cansados, se ganharem condicionamento rapidinho poderão frequentar a aula* cross training *que você também queria participar, mas tá sem fôlego por causa do excesso de peso.*

Felipe: *Mas é só na quinta, hoje é segunda, ganha alguma coisa hoje?*

Professora: *Você quer ser o único a não participar, Felipe?*

Felipe: *Eles vão lá pra casa depois jogar Playstation comigo e vamos no Outback depois*[demonstrando ter uma vida social com os meninos fora dali].

Depois de praticamente metade da aula gasta nessa argumentação, Felipe cedeu ao pedido da professora, sem, no entanto, estar convencido de que, embora maçante, aquela atividade lhe faria algum bem que justificasse tolerar todo aquele desconforto.

Desce, então, e vai ao encontro de sua mãe, que o espera no café e ostenta um ar atento e bastante zeloso. Chama atenção o tom carinhoso que usa ao falar com o filho.

Mãe: *Bipe, como foi a sua aula, curtiu? Em conjunto sempre é mais animado, né? Achei muito bacana terem aberto essa turma para criança, filho, agora a gente pode malhar junto! Senta aqui na mesa e vamos almoçar, pois não vai dar tempo de ir em casa e combinei da van te pegar agora aqui.*

Felipe: *Chata.*

Mãe: *Olha só, Bipe, o que a nutricionista falou? Que é importante que você se exercite e que não tenha uma vida tão sedentária e que o exercício vai te fazer perder o que precisa mais rápido! Ela estimou que em quatro meses você perde o que precisa para entrar na faixa de peso dos meninos da sua idade. Você outro dia não tava todo envergonhado de tirar o quimono na aula de jiu-jitsu? Então, meu amor...*

Felipe: *O que a gente vai almoçar?*

Mãe: *Olha só, tava querendo experimentar este cardápio* light *para crianças, a mamãe divide com você: tem suco verde, tem franguinho com legumes, tem até tapioca que você adora com ricota, orégano e tomate, que tal?*

Felipe: *Arghhhhhhh, tudo ruim, quero* x-burguer*!*

Mãe: *Mas, meu amor, você não chegou outro dia mesmo chorando da escola porque queria ir pra natação, mas não quis cair na piscina com medo dos meninos te chamarem de baleia? Querido, a mamãe te ajuda, faz a dieta contigo, podemos malhar juntos, você quer, fica menos chato assim?*

Felipe: *Mas eu não vou poder comer hambúrguer e aquela batatinha frita que a vovó faz nunca mais?*

Mãe: *Nunca mais, não, Felipe, só por um tempo, até você voltar a não sentir vergonha do seu corpo. Na vida a gente tem que aturar coisa chata, Felipe, para poder aproveitar mais adiante. Já imaginou poder fazer todas as aulas com os seus amigos?*

Felipe: *Ia ser muito irado, mas é muito longe, comer é bom agora!*

Mãe: *Daqui a pouco você acostuma, meu amor, no início é chato e parece muito difícil, mas depois você vai ver, começará até a sentir falta, pega o jeito. Além do mais, eu venho com você, assim criamos esse compromisso juntos, o que você acha?*

Felipe: *Acostumo nada, você disse isso há duas semanas atrás e continuo achando chato, não sinto a menor falta, só venho porque você me obriga, preferia ficar jogando Playstation. E aquele pastel integral que você come depois do treino é horrível.*

Mãe: *Pois é, Felipe, mas sou a sua mãe e estou dizendo que é preciso que você se cuide, senão vai ter um problema de saúde mais sério e isso eu não vou permitir. Então estamos conversados, você vem mesmo não gostando, ou você acha que eu vou ao trabalho todo dia porque gosto?*

Felipe: *Mas você é adulto.*

Mãe: *E você está crescendo! Precisa ir se acostumando a tolerar as coisas desagradáveis, Felipe. . .nem tudo tem uma recompensa imediata, filho, mas, olha, prometo que estarei sempre aqui para te ajudar a lembrar qual é a recompensa irada no final, mesmo que o final demore a chegar, ok? Pra tempos difíceis tem a mãe, filho, estamos juntos, mesmo sendo chato e você não gostando da comida do café aqui da academia. Acompanhado a chatice diminui, já que você parece estar convencido de que nunca irá gostar de fazer nenhum exercício – o que te parece esse argumento?*

Felipe: *Tá bom, divide aí a salada comigo então, pô! Pelo menos tá tocando a real, isso aqui é muito chaàaaaaaaaato, mãe!*

Mãe: *Então fazemos logo, para nos livrarmos logo, o que você acha?*

Felipe: *É, pode ser... mas no final de semana então a gente pode ir no shopping depois daqui?*

Mãe: *Ok, mas vamos de bike, filho, vou deixar o carro em casa – assim fazemos exercício.*

Havia naquela situação uma genuína preocupação da mãe do menino não só com a sua saúde, mas, adicionalmente, com o que supunha ser o sofrimento psíquico condicionado aos que padecem do quadro clínico de obesidade (exclusão, preconceito, traumas). Como transformar o processo de emagrecimento de Felipe, no qual sua mãe se engajou ativamente, emprestando, inclusive, o seu desejo, como instrumento auxiliar na motivação do menino, em algo mais lúdico e menos sofrido para o seu filho?

Algum tempo depois, chegando ao parque aquático da academia, encontro Felipe, de roupão, sentado no banco, numa atitude que me pareceu de hesitação enquanto avaliava os riscos de expor o seu corpo diante dos outros meninos que já estavam dentro da água para a aula de natação. Felipe pareceu-me mais magro, certamente um indicador de que alguma adesão estava conseguindo ter à dieta.

Entretanto, o que ali se seguiu me fez creditar o seu maciço emagrecimento posterior ao diferencial da abordagem utilizada pelo professor responsável pela aula. Ao perceber a hesitação do menino e, sensivelmente, intuir o objeto do qual Felipe se esquivava (a situação humilhante de um possível *bullying*), o professor de natação propôs uma grande caça ao tesouro, na qual todos os meninos convertiam-se em grandes tubarões-martelo, de modo que todos voltassem a sua atenção para um outro objeto externo que não Felipe. A iniciativa astuta resumia-se à tarefa de premiar quem primeiro encontrasse os pequenos tesouros espalhados no fundo da piscina olímpica. Assim que ouviu o convite, Felipe aderiu à atividade mergulhando furiosa e animadamente na piscina convertida num local de grandes desafios e onde os donos dos olhares até então persecutórios e críticos a escrutinar seu corpo assumiram uma função outra, qual seja, a de competidores, em pé de igualdade, na busca pelo tesouro.

Revisitando a obesidade infantil: sobre a importância do brincar criativo

Embora estudos demonstrem que a obesidade é causada por múltiplos fatores, há poucas pesquisas que tratam dos aspectos psicológicos envolvidos em sua etiologia, predominando a ênfase nas causas orgânicas da doença (genéticas, biológicas e funcionais) e os efeitos que ela acarreta na vida das pessoas. Assim, apesar do aumento do impacto global da obesidade na saúde pública, não há acompanhamento na mesma proporção por investigações sobre esse problema, principalmente no que se refere à magnitude dessa epidemia em pessoas jovens e crianças.

A Organização Mundial da Saúde (OMS) aponta a obesidade como um dos maiores problemas de saúde pública no mundo. A projeção é que, em 2025, cerca de 2,3 bilhões de adultos estejam com sobrepeso e mais de 700 milhões, obesos. O número de crianças com sobrepeso e obesidade no mundo pode chegar a 75 milhões, caso nada seja feito.

No Brasil, de acordo com últimos dados da Associação Brasileira para o Estudo da Obesidade e da Síndrome Metabólica (ABESO), aproximadamente 50% dos brasileiros são obesos ou estão acima do peso (Fisberg, 2005).

Ao comparar as estatísticas dos anos de 1974/1975 e 1989, notou-se um aumento de sobrepeso e obesidade de 53%, e, caso esse ritmo permaneça, Coutinho (1999) prevê que na primeira metade do terceiro milênio todos os brasileiros poderão se tornar obesos. Com relação às crianças, segundo dados publicados na Pesquisa Nacional sobre Saúde e Nutrição (PNSN), há uma prevalência de 7% de obesidade nos meninos e 15% nas meninas brasileiras (Taddei, 1993).

Em determinadas localidades, os índices inspiram preocupação: na Bahia há 9,3% de crianças com sobrepeso e 4,4% com obesidade (Oliveira, Cerqueira & Oliveira, 2003); em São Paulo há 2,5% de obesidade em crianças menores de 10 anos entre as classes econômicas menos favorecidas, e 10,6% na mais favorecida (Monteiro, Mondini, Souza & Popkin, 1995); na cidade de Recife o sobrepeso e a obesidade atingem cerca de 30% das crianças e adolescentes (Balaban & Silva, 2001).

Fisberg (2005) afirma que são fatores determinantes para a obesidade infantil: peso gestacional, desmame precoce, introdução inadequada de alimentos complementares, emprego de fórmulas lácteas inadequadamente preparadas, distúrbios do comportamento alimentar, má relação familiar.

Em vista do alarmante aumento da prevalência dessa doença, de suas graves consequências e da escassez de pesquisas referentes aos aspectos psicológicos nela envolvidos, buscou-se, primeiramente, fazer um levantamento do que a literatura sobre a temática refere no tocante ao funcionamento psicodinâmico de crianças obesas, destacando-se a ligação emocional entre mãe e filho, de modo a contribuir para uma abordagem dessa patologia que seja ao mesmo tempo mais ampla e mais precisa.

Spada (2005) afirma que a obesidade exógena pode ser decorrente de dificuldades afetivas que vêm do vínculo mãe/filho. Como essas dificuldades são impedidas de serem transformadas, mais bem elaboradas, contidas, simbolizadas e representadas na mente, elas são manifestadas por meio do corpo. A atitude de ingerir alimentos como consequência de uma privação ambiental também foi salientada por Christoffel e Forsyth (1989) e por Felliti (1993). Winnicott (1964/1982) enfatiza as seguintes situações em que a presença da mãe é necessária e as condições em que ela deve ocorrer:

1) nas necessidades psicológicas e emocionais da criança por meio do atendimento às necessidades físicas, a mãe deve aparecer como pessoa viva nessa situação;
2) na apresentação do mundo ao bebê: com o conhecido processo de ilusão (a criança crê que pode criar o seio quando está com fome), para que ele acredite que o mundo pode conter o que é querido e necessário, dando-lhe esperança de que há uma relação viva entre a realidade interior e a exterior, entre a

capacidade criadora inata, primária, e o mundo compartilhado por todos;

3) na introdução ao princípio de realidade (desilusão, na terminologia winnicottiana): após ter iludido seu bebê, de maneira gradual, a mãe o leva a aceitar que, mesmo que o mundo forneça algo parecido com aquilo que ele busca e que pode ser criado, não o fará de maneira automática, nem na hora exata em que ele sente o desejo.

Dias (2003) afirma que nenhuma criança é capaz de se tornar uma pessoa real se não estiver sob os cuidados de um ambiente que ofereça sustentação e facilite os processos de amadurecimento emocional. Portanto, o que existe é o indivíduo em relação ao mundo externo; primeiramente, há a relação de um par corporal e, depois, entre unidades corporais. Por meio das brincadeiras, as crianças estabelecem uma forma de contato com o mundo interno e externo, com interação entre eles.

Desse modo, Winnicott (1964/1982) afirma que se a criança brinca sozinha ou acompanhada, é sinal de que não há nenhum problema aparentemente grave, já que o brincar, possibilitado por um ambiente razoavelmente bom e estável, revela que ela é capaz de desenvolver um modo de vida pessoal e se transformar em um ser humano integral.

Portanto, é de grande relevância para a vida da criança e seu futuro que ela saiba e consiga brincar. Para tanto, é necessário que ela se identifique com um lar e com um ambiente emocional adequados e estáveis. É preciso que os pais deem amor a seus filhos, que os vejam como pessoas totais para que eles desenvolvam uma personalidade rica e equilibrada, para que consigam se adaptar ao mundo. Contudo, mesmo quando as experiências iniciais são boas, aquilo que foi conquistado precisa ser consolidado no decorrer do tempo.

Pensando nas formas possíveis de brincar, Winnicott (1964/1982) ressalta que, além do brincar por prazer, as crianças brincam para dominar suas angústias, ou seja, para controlar as ideias ou impulsos. Quando há ameaça de um excesso de angústia, o brincar se torna compulsivo ou repetitivo, ou, ainda, a criança busca exageradamente os prazeres da brincadeira.

Assim, se a angústia é muito grande, o brincar deixa de ser uma atividade simbólica ligada a uma expressão do viver criativo (e, portanto, situada na esfera do SER) e acaba se transformando em pura exploração da gratificação sensorial, e não em uma atitude propriamente feliz. Nesse caso, as únicas maneiras de relação com o exterior são o fazer e o ter, como o ato de comprar, consumir e comer como formas de preencher o vazio angustiante, o sentimento de solidão e, dessa forma, acalmar a sensação de ansiedade intolerável, como sinaliza Abadi (1995/1998).

Nesse mesmo sentido, McDougall (1984/1999) afirma que para preencher a falta da mãe introjetada que cuida, o obeso busca no mundo externo um substituto, como o objeto de adição (comida). Assim, todo afeto ameaçador será descarregado no comportamento aditivo. Contudo, como essa falta não é reparada, dá-se início a uma busca compulsiva desse objeto; portanto, a solução do obeso está relacionada a um duplo projeto narcísico: reparar um ego danificado e manter a ilusão de onipotência por meio da comida.

Por outro lado, a criança que se identifica com um lar e ambiente emocional bom e estável apresenta desenvolvimento emocional saudável, ou seja, consegue brincar de maneira construtiva e ter uma atitude feliz. Com isso, ela adquire experiência mediante a brincadeira, sua personalidade se desenvolve e se enriquece por meio das invenções do brincar; ela aumenta sua capacidade de enriquecer o mundo real pela possibilidade de simbolizar e conviver socialmente.

Dito de outra forma, o brincar, que se origina nas experiências do bebê com o objeto transicional, utilizado por ele como substituto durante a ausência da mãe, proporciona uma organização inicial para estabelecer as relações emocionais e propicia o desenvolvimento de contatos sociais, um sentimento de que pertence ao mundo (Winnicott, 1971/1975). Desse modo, o brincar auxilia no processo de unificação e integração social da personalidade, ou seja, serve como ligação entre a relação do indivíduo com a realidade interior e a relação com a realidade externa ou compartilhada (Winnicott, 1964/1982).

Se a mãe está ausente por um período longo demais, o objeto transicional perde seu valor e sua função para o bebê, impedindo que se constitua posteriormente um espaço de transicionalidade – situado entre o mundo interno e a realidade externa – onde poderá acontecer a simbolização. Consequentemente, a criança parte para atividades excitantes, pois se perdeu a área intermediária de contato afetivo. Essa situação se agrava ainda mais quando a criança se sente abandonada e se torna incapaz de brincar, de ser afetuosa ou aceitar uma afeição, acabando por apresentar dificuldades de simbolizar e de criar.

Franco (2003) assinala que o verdadeiro brincar infantil não é um brincar fingido, artificial e sem implicações, mas sim uma preocupação e um compromisso com os elementos da brincadeira, reiterando a afirmação de Winnicott (1971/1975) de que é no brincar, e somente no brincar, que o ser humano pode ser criativo. É por meio da criatividade que a criança descobre o eu – *self*. Isso ocorre porque, ao vivenciar o espaço transicional, ela consegue fazer uso de determinado objeto de maneira pessoal. O brincar, ou seja, a aceitação de símbolos, possibilita à criança experimentar aquilo que está presente em sua íntima realidade psíquica pessoal, base do crescente sentimento de identidade. A possibilidade de se sentir real é o que permite ao indivíduo adquirir, ao longo da vida, um mundo interior original e pessoal, que represente seu estilo de ser pessoal (Safra, 2005).

Assim, os indivíduos que não puderam ter experiências que lhes dessem um sentido para o *self* não sentem que podem ter fecundidade no mundo, que podem ter uma ação e transformá-lo de forma pessoal. Eles vivem uma impotência básica, uma castração do ser.

Dessa maneira, nota-se que é de suma importância o papel do ambiente que circunda a criança, formado pelas figuras parentais e outras pessoas de seu convívio. É esse ambiente que oferece possibilidades para a criança desenvolver seu *self*, passar do período da ilusão para o da desilusão, fazer uso de objetos transicionais e de brincadeiras como forma de entrar em contato com o ambiente e consigo mesma.

Mãe de menos ou mãe demais?

Os estudos sobre crianças obesas parecem convergir na afirmação de que estas expressam certo grau de passividade e pouca espontaneidade. São igualmente descritas como sedentárias, pouco estimuladas em relação ao brincar e com vida cultural empobrecida. Pesquisas realizadas anteriormente (Ades & Kerbauy, 2002; Banis, Varni & Wallander, 1988) descrevem as crianças obesas com características como: dependência, passividade e baixa autoestima, além de sinais de timidez, insegurança, vergonha e a crença de que são diferentes, o que as leva a desenvolver sentimentos de incapacidade e desmotivação.

Em relação ao ambiente familiar, as mesmas pesquisas informam que essas crianças apresentaram vontade de ser independentes, porém com incapacidade para se desvencilhar do objeto de dependência que não era satisfatório para elas (posto que não supria suas necessidades). Dessa forma, sentiam-se inseguras, sozinhas e desprovidas de apoio.

Supõe-se que as experiências de deficiência das funções exercidas pela mãe acabaram por levar a prejuízos na transicionalidade e, consequentemente, na capacidade de simbolização, com apego ao objeto concreto, no caso o alimento, e com comprometimento da criatividade e do brincar espontâneo. O brincar dessas crianças, segundo consta nas pesquisas mencionadas, se mostrou mais como uma possibilidade de dramatização da angústia que permanece presente do que como área de experimentação.

Portanto, o brincar das crianças obesas, dentro da perspectiva dos autores pesquisados, não parece ir além da função catártica e, assim, não cria espaço para a experiência cultural.

De acordo com as proposições de Fisberg (2005), as raízes psicológicas da obesidade infantil remetem às falhas estruturais da relação mãe/filho. Desse modo, podemos dizer que a raiz mais primitiva das dificuldades das crianças encontrar-se-ia na fase de dependência absoluta (Winnicott, 1958/2000). Assim, não tendo havido suficiente provisão de ilusão, torna-se extremamente assustadora a experiência de desilusão/separação – o que resulta em prejuízo da adaptabilidade da criança, do conhecimento de seu mundo interno, do desenvolvimento de seu sentido de *self* e da expressão de sua criatividade (Winnicott, 1971/1975).

Segundo os autores supracitados, apesar da insuficiente provisão ambiental, as crianças apresentando distúrbios de alimentação conseguiram atingir o estágio de dependência relativa, desenvolvendo a capacidade de simbolização, porém de uma maneira insipiente e incompleta. Sendo assim, poucos recursos secundários seriam usados e desenvolvidos. Essas crianças agiriam no mundo movidas pela pulsão, com pouca intermediação do pensamento (*acting-out*), o que acarretaria ansiedade, intenso sentimento de culpa e crença de que merecem punição e castigo pela expressão dos impulsos. O que, moto contínuo, faz com que essas crianças se sintam inseguras, inferiores e não pertencentes ao meio familiar.

E quanto ao caso da criança que observamos? Felipe nos parece ter uma relação de outra ordem com a mãe?[1] Ele é uma criança que demonstra ter uma capacidade de brincar razoavelmente preservada. Nesse caso, o que notamos é que a necessidade de privação e adiamento do prazer parecem não encontrar a motivação necessária no projeto de um corpo magro, de modo que a criança, mesmo sofrendo por ser gorda, não possui motivação suficiente para que seja feita a transição do princípio de prazer para o princípio de realidade.

Diante desse caso, pensamos que, paralelamente a situações de obesidade causadas por insuficiência de provisões ambientais, poderíamos supor também a ocorrência de uma situação inversa: o excesso de mimos manifestados na dificuldade da mãe de se separar do bebê e introduzi-lo no princípio de realidade, mantendo-o em estado de excessiva gratificação e dependência de tal fonte. É neste ponto que gostaríamos de nos deter, propondo uma outra possibilidade como causa da obesidade infantil – a presença de uma mãe "excessivamente boa" parafraseando o conceito winnicottiano da "mãe suficientemente boa". É no paradoxo falta/presença da mãe suficientemente boa que reside a possibilidade da

1 Que demonstra ter exercido uma boa preocupação materna primária e um *holding* adequado, capaz de prover as necessidades do infante e criar um ambiente de ilusão necessário ao bom desenvolvimento emocional do seu aparelho psíquico.

criança crescer: confiando na sua capacidade crescente de autonomia porque sabe que se necessário poderá contar com o auxílio da mãe. Se a mãe não tiver a capacidade de se separar, confiando na autonomia nascente da criança, o crescimento ficará comprometido. Crianças nessa situação se tornam incapazes de tolerar frustrações, exigindo sempre a satisfação imediata.

Por conseguinte, e seguindo a mesma lógica nas duas situações, propõe-se aqui que as crianças obesas tanto na situação de carência de cuidados precoces como na situação de excesso, buscariam fazer uso de um objeto que preenchesse a lacuna afetiva experienciada no processo de ilusão-desilusão, sendo o objeto escolhido o alimento que substitui simbolicamente o brinquedo.

Em relação ao papel que a mãe assumiu na alimentação das crianças, Foucault (1977/1987) teceu valiosas considerações acerca do que se convencionou chamar de economia dos prazeres. O alimento, assim como o sexo, era controlado por razões que se ordenavam em consonância com interesses da época.

Na contemporaneidade, esse controle e normatização das práticas ilustra, principalmente, o dito excesso de comer. Curiosamente, o alimento tomou um lugar central, atributo antes relacionado às práticas sexuais. Sendo assim, a dietética pode se colocar em um lugar importante para discutirmos o dito excesso do comer presente na obesidade infantil. O que se aponta nesse cenário é um "impasse" na relação com o outro, pautada por meio de limites controladores do uso dos prazeres.

Como bem nos lembra Jurandir Freire Costa (2008), foi mediante a universalização de novos valores e, igualmente, da convicção de que o Estado era mais importante que a família que os antigos dispositivos buscaram orientar os sujeitos para novos fins. O autor destaca que os atos político-científicos de outrora persistem na contemporaneidade como terapêuticas que instituem uma vigilância na família. Nesse sentido, essa vigilância familiar apontaria para a incapacidade de cuidar de seus próprios filhos, o que já podia ser observado e teve suas raízes históricas, na medicina higiênica do Brasil colonial – já nessa época, as mães que não cuidavam bem dos filhos e não obedeciam aos ditos da higiene eram consideradas faltosas e irresponsáveis.

Seguindo em sua descrição, ressalta que o cotidiano da mulher fora regulado por meio do aleitamento materno, instituído como um modo de diminuir a mortalidade infantil: a mãe que não amamentava seu filho e descumpria o "figurino higiênico" era taxada como um ser que contrariava as leis da natureza. Segundo o psicanalista, era necessário que um modelo de "mãe amorosa" surgisse, restituindo-a no "universo disciplinar" (Costa, 2008, p. 72).

Concluindo

Na cultura contemporânea, o corpo magro assumiu uma proeminência que vai além da legítima preocupação com a saúde, mas esbarra na sedução constante das ofertas de produtos de consumo alimentar. O problema da obesidade infantil exige, portanto, que todas as suas possíveis variáveis sejam consideradas.

No atual estado de corpolatria, a lipofobia não poupa nem os mais novos, dos quais também parece estar sendo exigido o que Courtine (1995) chamou de "pastoral do suor". No fenômeno de moralização da beleza, disciplina e tenacidade são as bases do comportamento normativo e, assim, às crianças também é exigido enquadramento nos ditames atuais de magreza.

Observamos, todavia, haver disponibilidade para um brincar promotor de saúde, e que futuros programas de intervenção poderiam apoiar-se nessa abertura. Como pensar nessas estratégias é um desafio. "Você pode emagrecer brincando", parece ser a mensagem!

Diante das considerações acerca do conhecimento psicodinâmico da criança obesa, destaca-se, na literatura, a abrangência do trabalho psicoterapêutico envolvendo essa patologia, tendo relevo o foco na recuperação da capacidade criativa, compreendida como possibilidade de estar no mundo, conferindo não somente o sentimento de realidade como também a capacidade de articular as experiências vividas em símbolos do *self*. Ou seja, por meio da potencialização da capacidade criativa, promovemos e sofisticamos, cada vez mais, a capacidade de simbolização do sujeito.

É o trabalho de introdução desses símbolos no espaço potencial ou transicional, local de junção da experiência de ser, que irá inscrever o *self* do indivíduo no campo cultural. O trabalho terapêutico implicaria a construção de uma relação que permita o reconhecimento de si e do outro, por meio da possibilidade de brincar e criar.

De alguma forma, no caso observado, o chamado para uma atividade lúdica provocou uma mudança subjetiva no menino, reposicionando-o no mapa da classe. O olhar diferenciado, lançado pelo professor, foi capaz de atribuir a Felipe um lugar de inclusão, de quem agora participa da brincadeira e é capaz, inclusive, de atribuir um sentido diferente às suas idas à academia – suportando melhor a referida chatice da dieta, pois, parafraseando o próprio no diálogo com sua mãe: adulto trabalha, criança brinca! Cabe a nós aqui complementar essa fala, lembrando que, quando o trabalho psíquico ou físico é extenuante, embora necessário, a dimensão lúdica e de humor é salvadora, sendo a melhor estratégia para enfrentarmos períodos de grande transformação.

Acredita-se ser possível o diálogo entre os modos de pensar o controle alimentar por meio da dietética, da psicanálise e das práticas de saúde, principalmente no que se refere às condições para se conduzir intervenções capazes de levar em consideração o sujeito em questão e sua relação com o desejo. O campo apresenta-se fértil para a pesquisa frente à complexidade da problemática e aos limites desta investigação.

Referências

Abadi, S. (1998). Transições: o modelo terapêutico de D. W. Winnicott. (L. Y. Massuh, Trad.) São Paulo: Casa do Psicólogo. (Publicado originalmente em 1995).

Ades, L. & Kerbauy, R. R. (2002). Obesidade: realidades e indagações. *Psicol. USP* [online], *13*(1), 197-216.

Balaban, G. & Silva, G. A. P. da (2001). Prevalência de sobrepeso e obesidade em crianças e adolescentes de uma escola da rede privada de Recife. Rio de Janeiro, *J. Pediatr.*, *77*(2), 96-100.

Banis, H. T., Varni, J. W., & Wallander, J. L. (1988). Psychological and social adjustment of obese children and their families. *Child Care Health & Development*, 14, 157-173.

Christoffel, K. K., & Forsyth, B. W. C. (1989). Mirror image of environmental deprivation: severe childhood obesity of psychological origin. *Child Abuse and Neglect*, 13, 249-256.

Costa, J. F. (2008). *O vestígio e a aura.* Rio de Janeiro: Garamond.

Courtine, J. J. (1995). Os Stakhanovistas do Narcisismo: Body-building e puritanismo ostentatório na cultura americana do corpo. In D. B. de Sant'Anna (Org.). *Políticas do corpo: elementos para uma história das práticas corporais.* São Paulo: Estação Liberdade.

Coutinho, W. (1999). Consenso latino-americano de obesidade. Arquivos Brasileiros de Endocrinologia e Metabologia, *43*(1), 21-67.

Dias, E. O. (2003). A teoria do amadurecimento de D. W. Winnicott. Rio de Janeiro: Imago.

Felitti, V. J. (1993). Childhood Sexual Abuse, Depression, and Family Dysfunction in Adult Obese Patients. *Southern Medical Journal, 86*, 732-736. Fisberg, M. (2005). Primeiras palavras: uma introdução ao problema do peso excessivo. In M. Fisberg (Org.), *Atualização em obesidade na infância e adolescência* (pp. 1-10). São Paulo: Atheneu.

Foucault, M. (1987) *Vigiar e Punir: nascimento da prisão.* Trad. Lígia M. Ponde Vassalo. Petrópolis: Vozes. (Trabalho original publicado em 1977).

Franco, S. G. (2003). O brincar e a experiência analítica. *Ágora, 6*(1), 45-59.

McDougall, J. (1999). *Psicanalistas de hoje.* São Paulo: Via Lettera. (Publicado originalmente em 1984).

Monteiro, C. A., Mondini, L., Souza, A. L., & Popkin, B. M. (1995). The nutrition transition in Brazil. *European Journal of Clinical Nutrition, 49*, 105-113.

Novaes, J.V., Vilhena, J., Mendes Rosa. C., & Maia. M.V.C.M. (2014). Todos comem mas só eu sou gorda? Reflexão clínica sobre adolescência, corpo e relações familiares. In C. F. Gomes, & S. C. Vermelho (Orgs.), *Estética e saúde: a transmutação do corpo* (pp. 68-94). Vila Velha: Opção Ed.

Novaes, J. V. (2006). *O intolerável peso da feiura: sobre as mulheres e seus corpos*. Rio de Janeiro: Garamond/PUC.

Novaes, J. V. (2010). *Com que corpo eu vou? Sociabilidades e usos do corpo nas mulheres das camadas altas e populares*. Rio de Janeiro: Pallas/PUC.

Novaes, J. V. (2012). Você tem fome de quê? Sobre a clínica da obesidade em um hospital público. In J. Vilhena & J. V. Novaes (Orgs.), *Corpo para que te quero?* Usos, abusos e desusos. Curitiba: Ed. Appris/PUC.

Oliveira, A. M. A., Cerqueira, E. M. M., Oliveira, A. C. (2003). Prevalência de sobrepeso e obesidade infantil na cidade de Feira de Santana-BA: detecção na família x diagnóstico clínico. *Jornal de Pediatria*, Rio de Janeiro, *79*(4), 325-328.

Safra, G. (2005). *A face estética do self: teoria e clínica*. São Paulo: Unimarco.

Shwartz, M. B. & Puhl, R. (2003). Childhood obesity: a societal problem to solve. *Obesity Reviews, 4*, 57-71.

Spada, P. V. (2005). *Obesidade infantil: aspectos emocionais e vínculo mãe/filho*. Rio de Janeiro: Revinter.

Taddei, J. A. A. (1993). Epidemiologia da obesidade na infância. *Pediatria Moderna*, São Paulo, *29*(2), 111-115.

Winnicott, D. W. (1975). *O brincar e a realidade* (J. O. A. Abreu, Trad.). Rio de Janeiro: Imago. (Trabalho original publicado em 1971)

Winnicott, D. W. (1982). *A criança e o seu mundo* (6. ed., A. Cabral, Trad.). Rio de Janeiro: Livros Técnicos e Científicos. (Trabalho original publicado em 1964)

Winnicott, D. W. (2000). *Da pediatria à psicanálise* (D. Bogolometz, Trad.). Rio de Janeiro: Imago. (Trabalho original publicado em 1958)

4. O que pode a psicanálise em instituições de saúde[1]

José Juliano Cedaro

Sigmund Freud definiu a ciência que havia inventado, junto com Joseph Breuer no final do século XIX, como um método para a investigação científica de processos mentais inconscientes. Além disso, seria também um procedimento para tratar pessoas portadoras de sofrimentos neuróticos e um arcabouço de conhecimentos psicológicos, construídos por meio de tal metodologia e suas técnicas, tendo nelas a principal fonte de informações, permitindo a elaboração contínua de teorias, teses e hipóteses sobre a psique humana (Freud, 1923/2011b).

Definindo a psicanálise como, primordialmente, um procedimento investigativo acerca de processos mentais alheios ou para além da consciência, Freud indicava que a então nova disciplina científica fora criada pelo interesse em responder a inúmeras

1 Este texto é fruto de uma pesquisa intitulada "Psicanálise sem divã: o método e a ética psicanalítica em instituições de saúde", realizada como parte de atividades de estágio de pós-doutorado no Instituto de Psicologia da Universidade de São Paulo (IPUSP), com financiamento de bolsa pela Coordenação de Aperfeiçoamento de Pessoal de Nível Superior (CAPES).

questões que intrigam a humanidade a respeito da psique. Como ela é constituída? Como é construída? Quais são as leis que regem o seu funcionamento? Quais as implicações no universo das relações interpessoais?

Contudo, a psicanálise foi aos poucos se restringindo aos consultórios, com regras estabelecidas no sentido de tornar a prática psicanalítica exclusiva de tal ambiente (Herrmann, 1992, 2001). Fora de tal espaço, qualquer intervenção que se sustentasse nos fundamentos psicanalíticos passava a ser vista de forma pejorativa, como uma aplicação indevida da psicanálise. Fabio Herrmann (1979) afirma que esse pensar contraria o objetivo inicial da psicanálise de tentar entender a realidade humana, reduzindo-a a uma discussão epistemológica ou a mais uma modalidade psicoterápica.

Muitos psicanalistas, por outro lado, optaram por pensar a psicanálise para além dos muros da clínica clássica. Jacques Lacan, num texto de 1964 intitulado "Ato de fundação", aponta para a dualidade entre o que chamou de *psicanálise pura* e *psicanálise aplicada*, sendo a primeira implicada pela *práxis* e pela doutrina desse saber. A psicanálise aplicada, por sua vez, seria remetida à terapêutica e à clínica.

Em um escrito anterior, Lacan também discute as variações e as variantes da psicanálise, no qual afirma não haver um tratamento -padrão quando se refere à ciência criada por Freud, pois ela "não é uma terapêutica como as outras" (Lacan, 1955/1998b, p. 326). Na realidade seria marcada pelo que se espera do profissional por parte de quem busca a análise. Aos iniciados no exercício técnico da psicanálise, completa Lacan, haveria uma preocupação inquietante "com a pureza nos meios e fins" (Lacan, 1955/1998b, p. 326).

Psicanalistas contemporâneos, inspirados ou não em Lacan, procuram levar a psicanálise para além do espaço do consultório clássico. Nesse contexto se incluem ações em diversas instituições, sobretudo no campo da saúde, nas quais há trabalhos clínicos que têm a psicanálise como fundamento epistemológico. Muitas vezes, recebem nomes como "clínica ampliada", "psicanálise ampliada", "psicoterapias de inspiração/orientação psicanalítica".

Fabio Herrmann - numa leitura psicanalítica não diretamente referenciada à Lacan - talvez seja o autor brasileiro mais conhecido a discutir a psicanálise fora dos consultórios, possuindo uma vasta obra que tem como cerne discussões a respeito de trabalhos psicanalíticos sem o usufruto do divã (1979, 1991, 2003). Sustentado na teoria dos campos (criada por ele) e no intuito de fomentar uma prática de clínica extensa, traz como propósito resgatar o interesse no cotidiano pela psicanálise.

> *Houve tempo, não muito distante, em que a reputação da clínica extensa se equilibrava precariamente entre o heroísmo e o escândalo. Fosse no próprio consultório, fosse na comunidade e em suas instituições, a busca de nova moldura clínica sabia a subversão: devíamos louvar a coragem de quem ousava experimentar, ou censurá-lo pela profanação do* setting*? (Herrmann, 2006, p. 57)*

De tal forma, pretendia recuperar o método psicanalítico como elemento crítico acerca da construção do real, de modo a torná-la viável fora da "moldura" analítica clássica. Afirma Herrmann (1979): "É indispensável . . . que tal busca se venha cumprir no local apropriado, no cotidiano, pois é aí que o desejo humano edifica o mundo das relações que temos por nossa realidade" (p. 2).

A partir dessas indagações, sobretudo trazida por autores embasados em Freud e Lacan, faço uma discussão sobre a atuação de psicanalistas (ou profissionais orientados psicanaliticamente) em instituições de saúde, com ênfase nas unidades hospitalares e nos Centros de Atenção Psicossocial (CAPS).

A psicanálise sem o divã[2]

> *A psicanálise é uma disciplina singular, em que se combinam um novo tipo de pesquisa das neuroses e um método de tratamento com base nos resultados daquele. Desde já enfatizo que ela não é fruto da especulação, mas da experiência, e, portanto, é inacabada enquanto teoria. Mediante suas próprias inquirições, cada qual pode se persuadir da correção ou incorreção das teses nela presentes, e contribuir para seu desenvolvimento.*
>
> Freud (1913/2010b, p. 269).

O exercício ou a tentativa de praticar/usufruir da psicanálise fora do seu *setting* clássico é bastante antigo dentro da história institucional dessa ciência fundada por Sigmund Freud. Ele próprio estimulou o sonho de se criar meios de disponibilizá-la a serviço de todos e não apenas no tratamento individual de pacientes neuróticos. Destacam-se textos de cunho educacional e voltados para questões da sexualidade humana, escritos por Freud na segunda metade da primeira década do século XX, como a carta aberta, em 1907, ao dr. Fürst ("O esclarecimento sexual das crianças") e o artigo, no ano seguinte, intitulado "Moral sexual 'civilizada' e doença nervosa moderna".

Naquela época, Freud acreditava haver uma razão proporcional do aumento da neurose em função do excesso de repressão

2 Este subtítulo é uma referência a um volume especial do *Jornal de Psicanálise*, *30*(55/56), jan. 1997.

sexual exercida pela sociedade. Imaginava que se pais, babás e professores pudessem ser instruídos para fornecerem uma educação sexual mais assertiva, teríamos uma sociedade menos neurótica.

Muitos pós-freudianos tentaram, em vão, aplicar essas ideias, ignorando o fato de Freud ter retificado e reformulado, em vários textos, algumas afirmações a favor da possibilidade de uma aplicação da psicanálise à educação. Na realidade, conforme defendem Maud Mannoni (1977) e Catherine Millot (1987), houve uma desilusão freudiana com a possibilidade – aparentemente frutífera – de um casamento entre ambas. Embora, num discurso paternal, ao elogiar a caçula Anna Freud, tenha afirmado numa conferência estar "rico de esperanças para o futuro, que talvez seja o trabalho mais relevante da psicanálise. Falo de sua aplicação à pedagogia, à educação da próxima geração" (Freud, 1933/2010f, p. 307), mais adiante declara, nesse mesmo trabalho:

> *A percepção de que a maioria das crianças passa por uma fase neurótica no seu desenvolvimento traz consigo o gérmen de uma questão higiênica. Pode-se perguntar se não seria adequado, como uma medida de prevenção para a saúde, auxiliar uma criança com uma análise... tal como hoje em dia vacinamos crianças saudáveis. . . . Para a grande maioria dos nossos contemporâneos, o projeto mesmo já seria um enorme ultraje, e, ante a postura da maioria dos pais em relação à análise, atualmente devemos abandonar toda a esperança de executá-lo. Uma tal profilaxia da doença nervosa, que provavelmente seria muito eficaz, também pressupõe uma constituição inteiramente outra da sociedade. A senha para que a psicanálise seja aplica-*

> *da à educação deve ser hoje buscada em outro lugar. (Freud, 1933/2010f, p. 310)*

A desilusão de Freud diante da impossibilidade de estender ou conjugar a psicanálise à educação não significou o fim do sonho de torná-la mais ampla, a serviço das massas. Um exemplo disso pode ser encontrado na obra "A questão da análise leiga", escrita em defesa de Theodor Reik, acusado de charlatanismo por exercer psicanálise não sendo médico. Afirma Freud (1926/1976c):

> *Como uma "psicologia profunda", uma teoria do inconsciente mental, pode tornar-se indispensável para todas as ciências ligadas com a evolução da civilização humana e todas suas instituições como a arte, a religião e a ordem social. Em minha opinião ela já proporcionou, a essas ciências, considerável ajuda na solução de seus problemas. Mas essas são pequenas contribuições em confronto com o que poderia ser alcançado se historiadores da civilização, psicólogos da religião, filólogos e assim por diante concordassem em manejar o novo instrumento de pesquisa que está a seu serviço. O emprego da análise para o tratamento das neuroses é apenas uma de suas aplicações; o futuro talvez mostre que não é a mais importante. (pp. 280-1)*

No V Congresso Internacional Psicanalítico, realizado em setembro de 1918 na capital húngara, Freud discutiu a (im)possibilidade de a psicanálise ser utilizada como método de tratamento a serviço de muitos. Naquele pronunciamento, defendeu a ideia de que o Estado deveria oferecer gratuitamente à parte da população com carências econômicas atendimento psicológico por meio de profissionais "analiticamente preparados". Mostrava-se esperançoso com o dia em que o poder público compreenderia a urgência desse dever, uma vez que as neuroses afetariam a saúde pública tanto quanto a tuberculose.

Em 1919, publicou o artigo com as ideias defendidas no citado congresso, intitulado "Caminhos da terapia psicanalítica". Esse trabalho teria sido escrito em Budapeste, pouco antes do evento realizado naquela cidade, no período em que Freud se hospedou na casa de Anton von Freund, conforme assinala o editor inglês das obras freudianas (Strachey, 1969/1976). Nesse artigo, Freud enfatiza os "métodos ativos" sobre os quais havia se pronunciado em 1910, no Congresso de Nuremberg, possivelmente fruto de sua parceria com Sándor Ferenczi (Haynal, 1995). Também se mostrava visivelmente empolgado com a dedicação de seu anfitrião, von Freund, em levar os benefícios da psicanálise para as massas.

Menciona, ao final do trabalho, que em função da omissão do Estado, a "caridade privada" poderia assumir o papel de oferecer ajuda psicológica aos pobres (Freud, 1919/2010e).

Ferenczi era o entusiasta das abordagens ativas, mas Anton von Freund, seu compatriota, procurava levar a psicanálise para as massas. Este era um empresário bem-sucedido e se empenhou em angariar fundos, mesmo durante a Primeira Grande Guerra, com o intuito de fundar e custear o instituto de psicanálise de Budapeste, cuja missão seria praticar, ensinar e oferecer atendimentos psicanalíticos acessíveis ao povo, numa clínica ambulatorial. Freud faz tal relato ao escrever uma nota em homenagem póstuma a von Freund, falecido prematuramente em janeiro de 1920 – "poucos dias após completar quarenta anos de idade" (Freud, 1920/2011a, p. 315).

Com a contrarrevolução húngara de 1919, seguida da morte de von Freund, o ambulatório para atendimentos das massas em

Viena malogrou. Entretanto, segundo escreve Freud no referido epitáfio, Max Eitingon, poucas semanas após a morte do anfitrião-mor do V Congresso Internacional Psicanalítico, fundou "a primeira policlínica psicanalítica" na cidade de Berlim, revelando haver continuadores para uma pessoa "insubstituível e inesquecível" (Freud, 1920/2011a, p. 318). Seria este um marco histórico para o desafio esboçado no artigo "Caminhos da terapia psicanalítica", de que haveria a tarefa de "adaptar o método psicanalítico às novas condições". Porém, forçados a uma alquimia ao reverso: "fundir o puro ouro da análise com o cobre da sugestão direta" (Freud, 1919/2010e, p. 292).

Havia, então, um dilema para Freud: não restringir a psicanálise ao tratamento individual, sobretudo limitado a poucas pessoas que podiam arcar com seus serviços. Por outro lado, havia também o receio de que as adaptações para poder tratar/analisar as massas pudesse roubar sua pureza e, talvez, obrigar ao retorno das técnicas sugestivas da pré-história psicanalítica. Segundo Aaron Esman (1998), trata-se de um embaraço que ainda se reflete na contemporaneidade. De tal maneira, muitos textos foram escritos no intuito de discutir os riscos, vantagens ou absurdos de uma empreitada desta. E, caso tais proposições ganhem a conotação de "psicanálise aplicada", a reação tende a ser "objeto de julgamentos mais contrastantes" (Roudinesco & Plon, 1998, p. 608).

Freud deixava transparecer, no parágrafo final de seu artigo sobre as linhas de progresso da psicanálise – corolário da ideia de haver uma psicoterapia para o povo, a convicção de que, quaisquer que sejam os meios criados nesse sentido, os ingredientes da "psicanálise rigorosa e não tendenciosa" devem estar presentes (Freud, 1919/2010e, p. 292). Lembrando também que, em 1912, quando escrevia as recomendações aos médicos que decidiram praticar a psicanálise, mencionou a existência de uma mistura de "um quê de análise com uma parte de influência por sugestão, para alcançar êxitos visíveis em tempo mais curto". Exemplifica essa prática em instituições e acrescenta que, embora não se contrapusesse, podia contestar se tal método era "o da verdadeira psicanálise" (Freud, 1912/2010a, pp. 159-160).

Fora disso, haveria tão e somente *intenções tendenciosas* e *experiências sem limites* que arrastam o paciente para fora da análise, fruto da crença leiga de que todo fenômeno neurótico possa ser curado (Freud, 1933/2010g); ou, a condução da psicanálise para uma *Weltanschauung*, isto é, "uma construção intelectual que, a partir de uma hipótese geral, soluciona de forma unitária todos os problemas de nossa existência, na qual, portanto, nenhuma questão fica aberta, e tudo que nos concerne tem seu lugar definido" (Freud, 1933/2010g, p. 312).

Se havia a preocupação freudiana quanto à possibilidade do ouro puro da psicanálise se fundir ao cobre de outra técnica, a alquimia às avessas, havia também a preocupação com o risco de o método psicanalítico virar uma panaceia, como a pedra filosofal almejada pelos alquimistas – o avesso do avesso.

De tal maneira, sobrevém a indagação: o que é a *psicanálise estrita*, mencionada por Freud? Ou ainda: como manter a *pureza dos meios e dos fins* fora do *setting*, referida por Lacan em 1955? Quais são os meios e quais são os fins em psicanálise?

Tomando as palavras de Alexandre Stevens (2003, p. 16), ao descrever a prática da psicanálise "entre muitos", numa instituição belga de saúde: "Como passar da psicanálise pura à psicanálise aplicada sem, com isto, comprometer a psicanálise?"

As terminologias *psicanálise pura* e *psicanálise aplicada*, introduzidas por Lacan no linguajar psicanalítico na década de 1960, muitas vezes se confunde com outra concepção dual lacaniana, inaugurada na mesma década, que são *psicanálise em intensão* e *psicanálise em extensão*. De forma sucinta, pode-se começar a distinguir as quatro concepções afirmando que a *psicanálise em intensão* é uma dimensão da psicanálise pura, pois trata da relação tensionada (para dentro) entre analista e analisando. É a experiência psicanalítica em si. Além dessa dimensão da "intensão", a *psicanálise pura* também engloba a discussão crítica do arcabouço teórico da doutrina psicanalítica e a formação do analista.

A *psicanálise em extensão* (para fora) abarca tanto a psicanálise pura quanto a psicanálise aplicada, pois trata da sua "presentificação no mundo", implicando a formação e a transmissão da práxis psicanalítica e também consistindo "na relação de aplicação da psicanálise a campos clínicos conexos . . . podendo ser incluída aí a clínica institucional e o campo da saúde mental, por exemplo" (Elia, Costa, & Pinto, 2005, p. 131).

Imbricando as ideias de Lacan ao sonho de Freud e de Anton von Freund de criar uma psicoterapia para o povo, que não seja uma panaceia e que, ao mesmo tempo, possa ser fiel à psicanálise, teríamos exemplos de aplicação da psicanálise em clínicas institucionais, com a prática *extensa* (*entre muitos/vários, feita por muitos*) integrada à prática *intensa* (análise individual). "Nesse trabalho 'entre vários' – na instituição – o analista deve privilegiar a articulação proposta por Lacan entre 'psicanálise em intensão' (trabalho com cada sujeito) e 'psicanálise em extensão' (trabalho na instituição)" (Rinaldi, 2005, p. 103).

O que há ou poderia haver em comum entre as psicanálises pura/aplicada, intensa/extensa? Onde estará a estrita psicanálise, a qual Freud pede que não se perca ao adaptá-la às novas condições?

Para Lacan (1966/1998d), a psicanálise só poder ser aplicada, em sentido estrito, como um tratamento em que há um sujeito que fala e outro que ouve. "O *método psicanalítico* dá a palavra ao sujeito, leva em conta o efeito de falta introduzido pela linguagem e permite que essa falta fundamentalmente inconsciente seja mantida" (Sauret, 2003, p. 98). Luciano Elia e Kátia Santos, num artigo intitulado "Bem-dizer de uma experiência", discutem a aplicação da clínica psicanalítica em uma instituição de saúde mental. Nesse artigo, também afirmam que as intervenções dos analistas implicam "dar a palavra" aos sujeitos. "No duplo sentido de fornecer palavras e dar ao sujeito a possibilidade de usá-las" (Elia & Santos, 2005, p. 119).

Tomando os CAPS como exemplo, talvez o modelo brasileiro mais próximo à proposição de Freud e von Freund em que o Estado ofereça ajuda psicológica ao povo, encontramos no artigo de Doris Rinaldi "Clínica e política: a direção do tratamento psicanalítico no campo da saúde mental" a menção de que a atuação do psicanalista em instituições como essas não deve ocorrer pela simples transposição do "consultório privado", pois há de considerar a natureza dos CAPS e da clínica que ali se desenvolve, nem sempre psicanalítica, salienta-se.

> *As instituições de cuidados, como os CAPS, têm a função social de responder a determinados fenômenos clínicos, acolhendo-os e colocando-os sob proteção. Essa função, ainda que esteja articulada a uma função terapêutica, não pode se resumir a ela. . . . Essa distinção só é possível tendo a clínica como ponto de referência, uma vez que ela permite saber o motivo que levou os sujeitos à instituição. (Rinaldi, 2005, pp. 103-104)*

No que se refere ao ato de escuta, que pode revelar o motivo de o sujeito procurar uma instituição de saúde mental (CAPS, ambulatório ou clínica-escola) não se trata, obviamente, da simples troca de palavras, como uma conversa corriqueira. Isso poderia ser feito por qualquer profissional. O diferencial é que o psicanalista, num consultório particular, numa instituição, ou numa praça pública, escuta o sujeito a partir do seu inconsciente e o ajuda a tomar em consideração os desejos desvelados em seu discurso e a se responsabilizar por suas escolhas. Neste ponto está a ética da psicanálise: o desejo do analista, que deve ser orientado no sentido de favorecer o aparecimento do sujeito na relação.

> *O método mantém a ética da psicanálise enquanto ela preservar essa falta como causa do desejo... e enquanto ela der a prova de sua articulação ao discurso analítico. . . . O método psicanalítico é, no fundo, constituído daquilo que, pela experiência da análise, é transponível fora dela, sem romper o laço com o discurso analítico. Uma concepção do sujeito como falante e dividido, a hipótese do inconsciente como fundamento de todo fato psíquico, o que implica verbalização (entrevista), escuta, a análise, transferência, intervenção (ainda que a imposta pela consequência do encontro). (Sauret, 2003, p. 98)*

Se o paciente/analisando é o sujeito, é quem conduz o tratamento, o analista deve saber que sua ação para com ele escapa-lhe. Não deve se iludir com a possibilidade doutrinária do discurso de um saber. Nesse sentido, mesmo o analista que atue em uma instituição do cuidado, não se orienta pelo "bem do paciente" ou em nome de uma caridade. "A política do psicanalista se funda na relação do desejo com a falta-a-ser que é a sua causa" significando "que ele deve situar mais pela sua falta-a-ser que por seu ser" (Rinaldi,

2005, pp. 102-103). Em outras palavras, o que guia o analista, a sua ética, também é o desejo, mas o desejo da ordem do possível.

A psicanálise estrita (pura ou aplicada) está, portanto, na manutenção da sua ética, pois "qualquer tratamento, mesmo recheado de conhecimentos psicanalíticos, não é mais do que uma psicoterapia", se o seu rigor ético não for mantido (Lacan, 1955/1998b, p. 326). E o que mantém o rigor ético da psicanálise, fazendo dela uma terapêutica diferente às outras?

O método é a resposta! É do método que surge a técnica primeira, a regra de ouro: a associação livre. "O princípio que dá ao dispositivo freudiano sua lógica e sua ética... ou seja, o modo pelo qual se dá a mais completa e possível entrega do sujeito à palavra, que assim se despoja de suas *qualidades*..." (Elia & Santos, 2005, p. 121).

Temos, na essência da psicanálise, o seu método interpretativo. A estrita psicanálise é o seu método, pois garante o lugar privilegiado de escuta do sujeito do inconsciente, de onde possa derivar idiossincrasias: o sujeito da diferença, despojado de suas qualidades. O método que sustenta a psicanálise na condição de um procedimento terapêutico como os outros, mas "sem dúvida, o mais poderoso. E é justo e natural que seja assim, pois é também o mais trabalhoso e demorado; não deve ser aplicado em casos leves" (Freud, 1933/2010f, p. 316).

Freud (1913/2010c, 1933/2010f) afirmou que o procedimento terapêutico, que é oriundo ao método, tem como funcionalidade tratar distúrbios neuróticos - especificamente neuroses transferenciais. Lacan, por exemplo, incluiu os psicóticos. Ampliou-se a aplicação, mas o método se sustentou, pois é por intermédio do método que adquirimos as concepções sobre inconsciente e pulsões, além das estratégias técnicas, como o manejo do campo transferencial. Se o método for mudado, teremos outra coisa: outra abordagem, outra terapêutica, mas não psicanálise.

Uma *psicanálise ampliada*, para permanecer psicanálise, precisa manter o método. Tendo-o como referência, como norte das ações, independente da moldura usada ou do *setting* estabelecido, estará sustentando a ética psicanalítica. Com isso, terá seus limites e não correrá o risco de virar uma panaceia. Também não perderá sua pureza, pois se os seus *meios* forem mantidos, os *fins* também serão.

E quais são os fins da psicanálise?

Recuperar, manter ou fomentar a autonomia do sujeito. Mas isso só pode acontecer a quem se conhece, desvelando-se como imagem e símbolo. A quem pôde assumir a posição de sujeito cindido, responsabilizando-se nessa posição. É o inverso da alienação, é o comprometimento com a condição, pois "na posição de sujeito somos sempre responsáveis" (Lacan, 1956/1998c, p. 873). Em função disso, a psicanálise não é uma terapêutica como as outras, porque ela compromete o sujeito em seu sofrimento, ao mesmo tempo que o desvela.

Tratando da psicanálise em situações extramuros da clínica clássica, em especial nas instituições de saúde, a concepção de comprometimento do sujeito em seu sofrimento é algo fundamental. Trata-se de um diferencial entre discursos que, muitas vezes, procuram desresponsabilizar o paciente pela sua dor e pelo seu sofrimento, seja num hospital geral, em unidades de atenção básica ou de assistência psicossocial. Não se está dizendo que um conselho ou um remédio são inúteis ou desnecessários, mas ressalta-se a singularidade discursiva psicanalítica em fazer emergir o sujeito e comprometê-lo em sua posição, inclusive na posição de *paciente*, isto é, aquele que padece. Registra-se, contudo, não se tratar de uma responsabilização moral, e sim "a implicação do sujeito naquilo de que ele se queixa" (Rinaldi, 2005, p. 96).

Implicar o sujeito na queixa, na sua dor e sofrimento, é convidá-lo a assumir as rédeas de seu destino, posicionando-se perante as vicissitudes do porvir. Mesmo uma pessoa interditada judicialmente ou avaliada como psicótica, na clínica psicanalítica é convidada a se conhecer pelo que se reflete no espelho de suas memórias e sonhos. E nesse ponto subsiste a importância da psicanálise onde quer que ela esteja, pois, como filha das ideias do Iluminismo, busca a autonomia do sujeito, e não a promessa de cura ou bem-estar eterno. De tal maneira, está na contracorrente das leis do mercado vigente, que vendem felicidade *prêt-à-porter*, muitas vezes empacotada em caixas de psicotrópicos.

A finalidade da psicanálise é o desvelamento do desejo e o comprometimento do sujeito em sua posição, de maneira que isso possa, quiçá, promover autonomia. O caminho para atingir esses objetivos é atravessado necessariamente pela associação livre: suporte para a operação do seu método. Contudo, deve-se acrescentar que a condição *sine qua non* para o método funcionar é o estabelecimento do campo transferencial na relação intersubjetiva das pessoas envolvidas no processo analítico, pois o sujeito do inconsciente só pode se revelar por meio das representações afetivas que o paciente/analisando investe no analista.

Em 1913, ao apresentar novas recomendações sobre as técnicas da psicanálise, Freud afirma que o processo analítico inicia "apenas depois que se estabeleceu no paciente uma transferência produtiva, um *rapport* apropriado" (Freud, 1913/2010c, p. 187), pois as forças que resistem ao tratamento e oferecem benefícios em favor da manutenção da doença ou dos sintomas revelam-se via conteúdos transferenciais, quando o paciente reedita sentimentos da tenra infância. Nas palavras de Joel Birman (1991): "A mesma *cena fantasmática* do passado" (p. 174). Uma grande vantagem, na opinião de Freud (1940/1975b, p. 203), trazida pelo ambiente artificial da clínica psicanalítica, que resgata a memória da vida original do paciente: "o paciente produz perante nós, com clareza plástica, uma parte importante da história da sua vida, da qual, de outra maneira, ter-nos-ia provavelmente fornecido apenas um relato insuficiente. Ele a representa diante de nós, por assim dizer, em vez de apenas nos contar".

Nesse campo, mais uma vez aparece a singularidade da psicanálise, pois como bem salientou Clavreul (1983), a clínica psicanalítica começa com as manifestações transferenciais, que é o lugar onde as clínicas baseadas no discurso médico se detêm. Tal questão se destaca porque o manejar da transferência implica muito mais que considerar o ambiente que se cria por força inerente ao método, permitindo reedições e reproduções de embates das forças psíquicas que sustentam a estrutura do sujeito.

A ética psicanalítica também provoca o profissional a "deixar de fora" seus sentimentos, mesmo que seja o anseio de cuidar/proteger, ou a necessidade de ser caridoso – algo muito frequente em instituições de saúde. É preciso, seguindo esse raciocínio, conhecer as próprias resistências internas e as reações possíveis perante alguém que sofre e clama por ajuda. De tal maneira, o analista pode funcionar, conforme recomendava Freud, como um espelho que não mostra nada – "senão o que lhe é mostrado" (Freud, 1912/2010a, p. 159).

Dito isso, chega-se a mais um ponto em que a psicanálise ampliada para instituições de saúde deve sustentar para continuar sendo *psicanálise*: quem optar por fazer uso de seu método deve, antes de tal feito, ser analisado – isto é: submeter-se a ele, como a qualquer psicanalista. Talvez seja a melhor vacina para que o rigor ético psicanalítico seja mantido e não se faça da psicanálise apenas "uma terapia a mais", mesmo recheada com os seus conteúdos teóricos, conforme alertou Lacan (1955/1998b).

Segundo Birman (1991), o analista deve ser capaz de circular, tranquilamente, em seu próprio inconsciente, sem que isso desencadeie resistências em relação ao que o analisando lhe provoca. Essa preocupação aparece nos escritos freudianos, quando faz recomendações a quem for exercer a psicanálise. Em 1912, por exemplo, afirmou que – antes de assumir a posição/lugar de analista – é preciso se submeter a "uma purificação psicanalítica" para que se possa ficar ciente dos complexos internos que podem "perturbar a apreensão do que é oferecido pelo analisando" (Freud, 1912/2010a, p. 157).

Ainda sobre tal questão, Birman (1991) acrescenta:

> *pretendendo vir a ser suporte de um processo intersubjetivo, ele [o analista] deve passar por esta experiência através da própria análise. Assim, tendo desmistificado o lugar de um código interpretativo racional no processo analítico, Freud constata que, para que alguém possa ser analista, não basta conhecer a teoria psicanalítica. (p. 208)*

Não basta conhecer. É preciso saber se inserir no campo psicanalítico e aprender a navegar diante da lógica absurda do inconsciente, que ora pode se revelar, mas ora pode também se esconder diante dos olhos e ouvidos no analista, seja no *setting* clássico, seja numa clínica extensa.

A psicanálise em instituições de saúde

A prática clínica de psicanalistas em instituições de saúde ocorre há várias décadas. No Brasil, registram-se alguns momentos importantes, como a reforma psiquiátrica e a implantação da *psicologia hospitalar*, que é um serviço peculiar do país. Contudo, com o passar dos anos, encontramos também esses profissionais, psicanaliticamente orientados, atuando na rede de atenção primária, com destaque à Estratégia Saúde da Família.

No que tange à reforma psiquiátrica brasileira, Fernando Tenório (2001, 2002) e Sônia Leite (2006) mostram a presença da psicanálise, ainda na década de 1970, no primeiro período das grandes mudanças na política para a saúde mental, quando começaram a acontecer movimentos pela desinternação de pacientes e a busca de novas alternativas para os tratamentos a serem ofertados pelo sistema de saúde. Nesse contexto, o discurso psicanalítico foi sendo inserido, incorporando-se ao processo de mudanças. "A *reforma* . . . expressa dentre outras coisas a entrada da psicanálise no campo psiquiátrico. Esta entrada tem sido denominada *difusão* da psicanálise, assinalando com isso a presença do discurso psicanalítico neste contexto" (Leite, 2006, p. 204).

Em 2001 foi promulgada uma lei específica para as políticas públicas de saúde mental, e em função dessa ação foram implantados os CAPS. Uma das alternativas para reduzir as internações psiquiátricas e mudar a lógica hospitalocêntrica que havia tempos vinha funcionando como engodo científico, ao estilo Simão Bacamarte, para trancafiar "desajustados". Com a nova política, profissionais das mais diversas áreas conquistaram um campo de atuação, lançando mão de suas ferramentas metodológicas para poder ajudar pessoas com psicopatologias, entre os quais se encontram psicanalistas ou psicoterapeutas inspirados na psicanálise (Ribeiro, 2005, Figueiredo, 2005).

Em relação à prática psicanalítica em unidades hospitalares, registram-se ações nesse sentido desde a década de 1950, com destaque ao setor de traumatologia do Hospital das Clínicas da Universidade de São Paulo (Romano, 1997). Entretanto, até o final da década de 1980 e início dos anos de 1990, são raras as publicações que discutem a participação de psicanalistas nessas instituições. Em tal período, as obras acerca da atuação psicológica em hospitais são predominadas por textos fundamentados, epistemologicamente, na filosofia humanista-existencialista, pois essa vertente da psicologia se ajustou muito bem às unidades hospitalares brasileiras, a ponto de o termo e da especialidade "psicologia hospitalar" terem prevalecido sobre o que seria uma concepção mais ampla e mais pertinente: psicologia da saúde.

A psicologia da saúde foi incorporada à literatura apenas nos momentos finais do século XX, designando a atuação de psicólogos em unidades sanitárias, em todos os níveis de complexidade, indo da atenção primária a setores de terapia intensiva. Assim, a psicologia hospitalar passou a ser uma vertente do trabalho dos psicólogos da saúde, e não uma forma predominante de atuação (Castro & Bornholdt, 2004). Em outras palavras, podemos dizer que, da mesma maneira que as políticas públicas de saúde, as prioridades iniciais da psicologia no Brasil se basearam em uma lógica hospitalocêntrica.

A psicanálise, por sua vez, também enfrentou impasses e dilemas para poder se inserir nos espaços das unidades hospitalares, porém, de ordem distinta aos da psicologia. Entre os psicanalistas uma pergunta frequente era: "como inserir a teoria clínica psicanalítica em uma prática hospitalar; . . . de que forma articular a teoria freudiana da cultura ao mal-estar no hospital?" (Alberti & Almeida, 2005, p. 55)

Para poderem discutir essa questão, Sônia Alberti e Consuelo Almeida (2005) apresentam três tempos da inserção da psicanálise no hospital: 1) *entre a psicologia e psicanálise – um ideal?*; 2) *da psicologia à psicanálise – que articulação?*; 3) *um modelo clínico*. O primeiro tempo, na década de 1970, fora marcado pela submissão à clínica médica e pela indefinição de como deveriam ser as ações e o lugar da psicanálise no hospital, uma vez que predominava a tese do consultório como *habitat* restrito para o psicanalista. No segundo momento, nos anos de 1980 e início dos anos de 1990, houve uma tentativa infrutífera de articular psicologia e psicanálise. Por outro lado, pôde-se ver florir, nessas instituições, clínicas sustentadas na psicanálise, apesar de uma falta de solidez e pouca continuidade dos trabalhos. Por fim, o terceiro tempo, que tem início na metade da última década do século XX, registrou a estruturação de um modelo clínico de atendimento psicanalítico em unidades hospitalares. Sobre tal conquista, acrescentam as autoras: "o trabalho da psicanálise no hospital deixa de ser uma psicologia que se quer ciência humana para, partindo de um conceito de sujeito sem qualidades, garantir a este a possibilidade de se pôr a trabalho" (Alberti & Almeida, 2005, p. 67).

Marisa Moura (2000), apresentando a experiência do trabalho psicanalítico num hospital de Belo Horizonte, também traz à discussão esses impasses e dilemas do psicanalista atuando em instituições hospitalares, sobretudo porque ali prevalece o discurso médico. Segundo a autora, a presença da psicanálise (no hospital) gera a oportunidade para outros discursos. Sua inserção num ambiente que não lhe é habitual traz a ênfase da diferença, pois a ética do analista é de outra ordem, abrindo espaço para a escuta do desejo, mesmo frente ao desamparo e ao sofrimento.

São questões importantes, discutidas por pioneiros que introduziram a psicanálise em instituições de saúde no Brasil, principalmente nas unidades hospitalares e nos centros de atenção psicossocial, campos escolhidos para discutir o exercício psicanalítico sem o uso do divã. A referência a essa mobília decorre do fato de ela ter se tornado um emblema da moldura/enquadramento psicanalítico, assim como por ocupar um lugar de destaque no imaginário popular a respeito desse tipo de trabalho.

Para Antonio Quinet (2002), o divã é mais do que um mobiliário símbolo da psicanálise; trata-se do significante do psicanalista para o Outro social, fazendo com que seja "qualificado de herdeiro de Freud" (p. 35). Este mesmo autor afirma que Lacan rompe com o *setting* analítico ao estabelecer a associação livre como regra única a ser imposta ao analisando, embora, por outro lado, tenha promulgado que é preciso buscar o fundamento ético para qualquer instrumento técnico. Sendo assim, o uso do divã incluir-se-ia nessa discussão.

Discutir o usufruto da psicanálise em instituições de saúde inclui a questão do não uso desse mobiliário, mas vai além. Há diversos outros impasses e dilemas da ética psicanalítica em espaços terapêuticos nos quais os discursos do cuidado, da caridade e da medicalização tendem a ser declamados. Portanto, essas instituições estão sustentadas em discursos distintos dos da psicanálise, pois esses lugares são geridos a partir de políticas públicas de saúde e elas possuem como missão o oferecimento de amparo e soluções dos problemas dessa ordem. São "referências" para as pessoas padecentes de diversas morbidades, constituindo lugares de esperança, onde os pacientes podem encontrar respostas e soluções para os problemas que os afligem.

O discurso adotado é o do saber, da verdade absoluta e da certeza sobre os caminhos a serem seguidos perante o sofrimento.

Para que isso aconteça, transmitem-se aos pacientes concepções não só sobre a doença, mas também acerca do autoconceito que devem ter como usuários de um serviço ou portadores de uma moléstia. Um dos efeitos colaterais desse discurso é "ensinar" os pacientes a se identificarem por meio das designações nosográficas usadas para catalogar e caracterizar o sofrimento. Nos corredores dos CAPS, por exemplo, é frequente ouvir "Sou F32.1!". De imediato, um interlocutor pode emendar: "O doutor disse que o meu CID é F32.9. Deve ser mais grave!". Nos hospitais, virou clichê as queixas sobre pessoas sendo referidas a partir da sigla de uma patologia ou do número de um leito.

Trata-se da ética dessas instituições e, como tal, corresponde a um guia, a um procedimento útil e necessário para o sistema e para quem depende dos seus serviços. Essa postura ajuda a lidar com a angústia perante lutos e incertezas – ou pelo menos tenta promover o abafamento do desespero. Para o psicanalista, tal postura é o avesso da sua ética.

Perante essa dicotomia, surgem algumas indagações: qual o lugar de um psicanalista nos hospitais e nos CAPS? Como manter a ética psicanalítica perante as demandas institucionais? Qual o desejo do analista inserido nessas instituições?

Lacan (1960/1997) afirma que a prática da psicanálise é, em última instância, operada pelo desejo do analista. Recorrendo a uma anáfora, explica-se essa assertiva lacaniana dizendo que o desejo do analista é pelo insurgir do desejo do analisando, pois a análise pode acontecer somente com a vazão do desejo inconsciente do ser que fala. Por isso, a ética da psicanálise é pelo acolhimento e não pelo atendimento às demandas. Significa renúncia à sugestão e ao impulso de tentar educar ou orientar, uma vez que tais posturas inibem qualquer anseio do paciente a expor seu desejar. Inibem o encontro do sujeito com o peculiar e o singular do seu próprio desejo.

Com base nessas assertivas, Quinet (2003) defende que o princípio ético fundamental do psicanalista é a abstinência, pois só haverá análise "na medida em que a demanda e o desejo do analisante se mantêm insatisfeitos" (p. 99). Implica ao analista pôr em suspenso o próprio desejo e quaisquer interesses pessoais para se colocar como *objeto causa do desejo*, fazendo-se semblante de objeto *a*. Sendo assim, é preciso conter o afã de conduzir o paciente à cura, ao bem-estar ou à qualidade de vida. Mesmo sendo o sujeito supostamente sabedor para o paciente, o analista abdica dessa posição de detentor e de fonte do saber e da verdade. Sabe e deixa transparecer que não é, jamais, o caminho para a felicidade.

Em nome dessa orientação ética, Lacan (1951/1998a, p. 225) alertava para não almejar demasiadamente o *bem* do paciente. Esse seria um erro comum do analista, sobre o qual Freud teria alertado ao se referir à paixão por curar pessoas, no final do famoso artigo sobre o amor transferencial: "a comunidade humana tem tão pouca necessidade do *furor sanandi* [furor de curar] quanto de qualquer outro fanatismo" (Freud, 1915/2010d, p. 227). Ainda sobre essa questão, Lacan (1959/1997, p. 35) veio acrescentar que "não há outro bem senão o que pode servir para pagar o preço do acesso ao desejo".

Numa instituição de saúde, as demandas se dirigem exatamente para a busca da cura ou do bem-estar, e isso é impossível de ser exigido da psicanálise. Por outro lado, subsiste nesse ponto o diferencial da ética psicanalítica a se oferecer, pois ela não se direciona para uma terapêutica ou uma técnica, mas para o sujeito e suas faltas. A psicanálise não existe para responder ou explicar, mas para buscar – sempre.

Nuria Muñoz (2010, p. 88), escrevendo sobre o tratamento de psicóticos na rede de atenção à saúde mental, afirma que é preciso "inventar cotidianamente estratégias de cuidado individualizadas" e que qualquer prática "normativa ou universal" é descartada. O mesmo raciocínio é exposto por Terezinha Costa (2009) que, ao discutir o desejo do analista que atende crianças, enfatiza: "a psicanálise propõe uma ética que se formula em princípios que não são universais, e sim estritamente singulares, visto que a radicalidade do inconsciente faz com que a ética psicanalítica seja irredutível à de qualquer outro campo do saber" (p. 97).

Em outras palavras, podemos dizer que, se uma mesma aspirina ou uma técnica fisioterápica podem servir para muitos, uma análise só pode servir individualmente, pois como o desejo, a dor que o paciente sente só é dele. Não é normal e nem tampouco anormal. Não é mais, nem menos. Além disso, o *bendizer* da ética psicanalítica está sustentado no ato da escuta, que pode levar o paciente a mudar de posição em relação aos sintomas, o que é diferente de se livrar deles ou ficar curado.

Sendo assim, a clínica da psicanálise é um lugar, talvez o único, onde não se é obrigado a confessar para expiar os pecados ou ter que obedecer (ou fingir que obedece) a determinados tratamentos e regimes. Trata-se, portanto, do diferencial psicanalítico, que possibilita o acolhimento de medos e desejos, bem como qualquer outra manifestação da lógica do absurdo do inconsciente, dentro de um método (e suas técnicas derivadas), sustentado pelo compromisso de rigor ético em escutar, sem a intermediação do discurso moral vigente.

De tal maneira, a atuação de psicanalistas em instituições lembra a carta de Freud (1998) ao pastor Oskar Pfister, em 25 de novembro de 1928, quando afirmou querer proteger a psicanálise dos médicos e dos religiosos. O grupo profissional com o qual sonhava como sendo os herdeiros que reivindicariam a psicanálise para si seria formado por *capelães profanos* (*Weltlichen Seelsorgern*), não necessariamente vinculados à medicina e muito menos ao sacerdócio. Esses pastores profanos não rotulariam de "indisciplinados" e "resistentes" quem não consegue tomar os remédios prescritos ou se abster de açúcares ou de nicotina, por exemplo.

Numa instituição de saúde, muitos se ocupam de funções como se fossem pais/mães dos pacientes, dizendo *como* e *até quando/onde* devem se cuidar. Pode ser eficaz, e até mesmo demandado pelos usuários do serviço, mas a psicanálise não se coloca nessa posição, pois entende que é a única forma de ajudar o paciente a se conhecer, a se comprometer com o seu sofrimento e a decidir sobre destinos da própria vida. E, numa instituição de saúde (seja um dispositivo de cuidados psicossociais, ou uma unidade hospitalar), a questão da suportabilidade das agruras da vida se apresenta de maneira bastante intensa em face das especificidades de atuação desses equipamentos.

Algumas considerações

"Psicanálise é assim: sendo arte, é ciência; querendo imitar a ciência, vira rotina." Essa frase, presente num texto de Fabio Herrmann sobre a clínica extensa (2005, p. 26), oferece uma bela dimensão do que é a psicanálise em instituições de saúde. Enquanto procura inovar, não se bastando dentro de seus cânones e sendo subversiva em relação a si mesma e para fora de seus muros, faz de seu saber, guiado pela sua ética e pelo seu método, uma arte. Entretanto, limitando-se ao enquadramento do seu *setting* clássico ou obrigada a se adaptar, como se fosse mais uma especialidade dentro de uma instituição, precisando comprovar resultados e números, em relatórios estatísticos, perde sua ousadia. Perde a capacidade de aguentar e colaborar na luta contra as mazelas humanas e a implicar cada sujeito nas escolhas perante as agruras inerentes ao viver.

Sustentada na busca pela verdade, a psicanálise gera um mal-estar social pela sua simples existência. A vida coletiva alude, desde a infância, à existência de segredos e mentiras, sempre entressachados nas relações humanas. Na realidade, possuir segredos e, por vezes, estar obrigado a sustentar inverdades é uma condição incontornável para que cada pessoa tenha sua individualidade e também possa conviver comunitariamente.

Um destaque a respeito disso é que o termo "personalidade", muito usado entre as psicologias, tem como origem etimológica o vocábulo grego "persona" (προσωπικότητα), cuja procedência seria o nome da máscara no teatro para representar as emoções a serem expostas pelos atores. Modificado na passagem dos tempos, transformou-se em significante para se referir às individualidades, mas não deixa de apontar para a máscara necessária como condição para a vida social.

Submeter-se à análise é de alguma forma tirar a máscara, romper com os mitos individuais do sujeito, jogando luz sobre o obscuro e, assim, revelar a verdade. Dessa forma, não há outra posição da psicanálise que não seja a de estar na contracorrente, pois a disciplina inaugurada por Freud se estabeleceu como um lugar onde a verdade do sujeito será desvelada: a verdade do desejo. Salienta-se que, na sociedade contemporânea focada no virtual, na aparência e na necessidade de sensações efêmeras, estimulam-se dependências: de atenção, afeto ou de remédios potentes para abafar as dores da alma. A psicanálise fica, então, ainda mais numa posição discursiva dissonante ao *status quo*.

Numa instituição de tratamento de saúde, essas questões ficam expostas ao extremo. Dentre aquelas focalizadas neste trabalho, o hospital se defronta com o horror perante a morte. No CAPS, temos a questão da loucura. Ambos, consciência da morte e a insanidade, fenômenos da vida, sobretudo da existência humana, envolvem a sociedade ocidental numa espécie de fantasia coletiva, fazendo com que os sujeitos contemporâneos sejam empurrados para longe dos seus medos, como se eles pudessem nunca ser percebidos e deixassem, ilusoriamente, de existirem.

Nos CAPS – mesmo com a missão de acolher e tratar pessoas com problemas mentais graves –, é comum observar a dificuldade em lidar com a loucura, ou mesmo com as *esquisitices* humanas. Recorre-se a pleonasmos, sob a aura de discurso científico, e, assim, o louco, o paciente, são transformados em usuários, portadores de transtornos mentais, entendendo-se que esses termos seriam uma forma mais branda e "saudável" de se referir a eles. Nos hospitais – onde é preciso saber a causa do adoecer e oferecer prognósticos (quando possível) –, cotidianamente os embates psíquicos podem ser vistos perante a necessidade de lidar com a carne exposta, com a irreversibilidade de algumas patologias e com a inexorabilidade da morte.

Nesses contextos, são frequentes os mecanismos de defesa psíquicos que afloram a cada situação, a cada momento inusitado ou rotineiro, tanto nos pacientes quanto na equipe. Um exemplo disso, no hospital, é quando os profissionais acham que um paciente é impossível de ser curado, e passam a referir-se a ele como "desenganado". Ou seja: quem não pode ou não se possa enganar; sobre quem não devem se iludir quanto à capacidade de curá-lo, mesmo com todos os talentos profissionais e os avanços de suas ciências.

Para Ana Cristina Figueiredo (1997), estar desenganado seria o inverso do trabalho da psicanálise, pois ela desengana o sujeito para ele poder viver. Começa pela própria relação com o analista, que será destituído do lugar de suposto saber, o qual também não pode se enganar com aquilo que irá oferecer ao analisando, pois ele precisa trocar suas certezas pela dúvida e o vazio: "a cura numa análise desengana o sujeito até onde ele suporta ser desenganado" (p. 162).

Lacan, na "Proposição de 9 de outubro de 1967" (Lacan, 2003b) e no Seminário 17 (Lacan, 1970/1992), afirma que o discurso do analista é feito pela verdade do bendizer. Portanto, onde quer que esteja a essência psicanalítica, com seu método em ação, o saber deve estar articulado à verdade. Essa proposição de Lacan, ao apresentar a teoria dos quatro discursos, retoma Freud em "Análise terminável e interminável", quando é enfatizado que a psicanálise existe pelo amor à verdade, pelo reconhecimento da realidade e recusando qualquer forma de embuste. Sua missão é de ajudar a revelar (ou desvelar) a verdade sobre e para o sujeito. "Não devemos esquecer que o relacionamento analítico se baseia no amor à verdade – isto é, no reconhecimento da realidade – que isso exclui qualquer tipo de impostura ou engano" (Freud, 1937/1975a, p. 282).

O analista, portanto, opera no inesperado e deve suportar isso, apontando para além do bem-estar, sendo essa a sua subversão. Seria esse o desejo a sustentá-lo entre vários, numa psicanálise em extensão ou numa clínica extensa, respectivamente, nos termos lacanianos ou herrmannianos. Não é um desejo puro; não é sua vontade pessoal. Está atrelado ao compromisso ético de fazer e manter a circulação da palavra, mesmo se for num lugar que, declaradamente ou sub-repticiamente, imponha o silêncio.

Trata-se de uma ética pública para além do consultório, para além do divã. Uma ética que traz a missão de colocar a palavra para trabalhar, tomando sempre em consideração as perguntas que não querem se calar e estando na luta, intermitente, para oferecer espaço de fala a quem precisa. Em outras palavras, é dar à palavra a quem quer falar, em condições que possa se entender e, assim, estender a concepção de que não há verdades definitivas, absolutas e únicas.

A psicanálise tem o papel de ser um discurso distinto, pois tenta recuperar o humano do humano, apesar da dor e do sofrimento instalados. No avesso do discurso médico, tenta fazer adentrar algo do singular, dentro da lógica universal. Sustenta um discurso que mostra a existência de que há muito mais entre o desejo de cada sujeito – e a necessidade de "promover o bem" – do que supõem os princípios filosóficos das políticas e programas de saúde. Ela ajuda a denunciar um abrandamento e um enfraquecimento do espírito da reforma da saúde, apontando uma crise política e epistemológica decorrente do discurso imperante do capital, levando não só os pacientes, mas, também, os profissionais a sofrerem.

De tal maneira, pensando as questões éticas da psicanálise discutidas neste trabalho como uma ciência e um serviço, ela teria uma dimensão humanista, capaz de colaborar para a construção de uma visão mais adequada às necessidades conjunturais da sociedade contemporânea. A ética da psicanálise ajudaria cada sujeito a se responsabilizar pelos seus desejos e demandas, a respeitar a alteridade e a se envolver com as suas dores e perdas.

Inserida numa instituição de cuidado à saúde, implica ter uma causa: lutar para que os pacientes tenham voz, numa missão muitas vezes na contramão do que é solicitado, explicitamente ou nas entrelinhas. Não é raro que se peça a elas para acalmar um paciente, que façam alguma coisa para que eles parem de chorar, de reclamar. Enfim, parar de falar. Espera-se que sejam "bons pacientes" e aprendam a aguardar em silêncio. Ou, que "fiquem bem", sendo isso possível ou não.

O psicanalista, nesse contexto, acaba ocupando o lugar do estranho, pois estará na contracorrente dos discursos que imperam nesses espaços. Para manter a ética psicanalítica, precisa atuar pela via do semblante e aprender a dialogar com esses outros discursos, de forma que haja uma articulação e uma implicação da psicanálise sem perder suas especificidades e sua essência.

Referências

Alberti, S., & Almeida, C. (2005). Relatos sobre o nascimento de uma prática: psicanálise no hospital geral. In M. M. Lima, & S. Altoé (Orgs.), *Psicanálise, clínica e instituição* (pp. 55-71). Rio de Janeiro: Rio Ambiciosos.

Birman, J. (1991). *Freud e a interpretação psicanalítica.* Rio de Janeiro: Relumé-Dumará.

Castro, E. K., & Bornholdt, E. (2004). Psicologia da saúde × psicologia hospitalar: definições e possibilidades de inserção profissional. *Psicologia: ciência e profissão, 24*(3), 48-57.

Clavreul, J. (1983). *A ordem médica. Poder e impotência do discurso médico.* São Paulo: Brasiliense.

Costa, T. (2009). O desejo do analista e a clínica psicanalítica com crianças. *Psicanálise & Barroco em revista, 7*(2), 86-102.

Elia, L., & Santos, K. (2005). Bem-dizer de uma experiência. In M. M. Lima, & S. Altoé (Orgs.), *Psicanálise, clínica e instituição* (pp. 107-128). Rio de Janeiro: Rio Ambiciosos.

Elia, L., Costa, R., & Pinto, R. (2005). Sobre a inserção da psicanálise nas instituições de saúde mental. In M. M. Lima, & S. Altoé (Orgs.), *Psicanálise, clínica e instituição* (pp. 129-135). Rio de Janeiro: Rio Ambiciosos.

Esman, A. H. (1998). What is "applied" in "applied" psychoanalysis? *International Journal of Psycho-Analysis, 79*(4), 741-756.

Figueiredo, A. C. (1997). *Vastas confusões e tratamentos imperfeitos: a clínica psicanalítica no ambulatório público*. Rio de Janeiro: Relumé-Dumará.

Figueiredo, A. C. (2005). Uma proposta da psicanálise para o trabalho em equipe na atenção psicossocial. *Mental, 3*(5), 43-55.

Freud, S. (1975a). Análise terminável e interminável. In *Edição Standard Brasileira das Obras Psicológicas Completas de Sigmund Freud* (Vol. 23). Rio de Janeiro: Imago. (Trabalho originalmente publicado em 1937).

Freud, S. (1975b). Esboço de psicanálise. In *Edição Standard Brasileira das Obras Psicológicas Completas de Sigmund Freud* (Vol. 23). Rio de Janeiro: Imago. (Trabalho originalmente publicado em 1940).

Freud, S. (1976a). O esclarecimento sexual das crianças. In *Edição Standard Brasileira das Obras Psicológicas Completas de Sigmund Freud* (Vol. 9). Rio de Janeiro: Imago. (Trabalho originalmente publicado em 1907).

Freud, S. (1976b). Moral sexual "civilizada" e doença nervosa moderna. In *Edição Standard Brasileira das Obras Psicológicas Completas de Sigmund Freud* (Vol. 9). Rio de Janeiro: Imago. (Trabalho originalmente publicado em 1908).

Freud, S. (1976c). A questão da análise leiga. In *Edição Standard Brasileira das Obras Psicológicas Completas de Sigmund Freud* (Vol. 20). Rio de Janeiro: Imago. (Trabalho originalmente publicado em 1926).

Freud, S. (1998). *Cartas entre Freud e Pfister*. Viçosa: Ultimato.

Freud, S. (2010a). Recomendações ao médico que pratica a psicanálise. In *Obras Psicológicas de Sigmund Freud* (Vol. 10). São Paulo: Companhia das Letras. (Trabalho originalmente publicado em 1912).

Freud, S. (2010b). Princípios básicos da psicanálise. In *Obras Psicológicas de Sigmund Freud*. São Paulo: Companhia das Letras. (Trabalho originalmente publicado em 1913).

Freud, S. (2010c). O início do tratamento. In *Obras Psicológicas de Sigmund Freud*. São Paulo: Companhia das Letras. (Trabalho originalmente publicado em 1913).

Freud, S. (2010d). Observações sobre o amor de transferência. In *Obras Psicológicas de Sigmund Freud*. São Paulo: Companhia das Letras. (Trabalho originalmente publicado em 1915).

Freud, S. (2010e). Caminhos da terapia psicanalítica. In *Obras Psicológicas de Sigmund Freud*. São Paulo: Companhia das Letras (Trabalho originalmente publicado em 1919).

Freud, S. (2010f). Esclarecimentos, explicações e orientações (Conferência 34). In *Obras Psicológicas de Sigmund Freud*. São Paulo: Companhia das Letras. (Trabalho originalmente publicado em 1933).

Freud, S. (2010g). Acerca de uma visão de mundo (Conferência 35). In *Obras Psicológicas de Sigmund Freud*. São Paulo: Companhia das Letras. (Trabalho originalmente publicado em 1933).

Freud, S. (2011a). O Dr. Anton von Freund. In *Obras Psicológicas de Sigmund Freud*. São Paulo: Companhia das Letras. (Trabalho originalmente publicado em 1920).

Freud, S. (2011b). "Psicanálise" e "Teoria da libido". In *Obras Psicológicas de Sigmund Freud*. São Paulo: Companhia das Letras. (Trabalho originalmente publicado em 1923).

Haynal, A. (1995). *A técnica em questão: controvérsias em psicanálise - de Freud e Ferenczi a Michael Balint*. São Paulo: Casa do Psicólogo.

Herrmann, F. (1979). *Andaimes do real. Uma revisão crítica do método da Psicanálise*. São Paulo: Editora Pedagógica Universitária.

Herrmann, F. (1991). *Andaimes do real: o método da Psicanálise* (2a ed.). São Paulo: Editora Brasiliense.

Herrmann, F. (1992). *O divã a passeio. À procura da psicanálise onde não parece estar*. São Paulo: Brasiliense.

Herrmann, F. (2001). *Introdução à teoria dos campos*. São Paulo: Casa do Psicólogo.

Herrmann, F. (2003). *Clínica psicanalítica* (3a ed.). São Paulo: Casa do Psicólogo.

Herrmann, F. (2005). Clínica extensa. In M. L. Barone (Org.), *A psicanálise e a clínica extensa* (pp. 17-31). São Paulo: Casa do Psicólogo.

Herrmann, F. (2006). Morte e vida no hospital. *Jornal de Psicanálise, 39*(71), 57-64.

Lacan, J. (1992). *O Seminário 17: o avesso da psicanálise*. Rio de Janeiro: Zahar. (Trabalho originalmente publicado em 1970).

Lacan, J. (1997). *O Seminário 7: a ética da psicanálise*. Rio de Janeiro: Zahar. (Trabalho originalmente publicado em 1960).

Lacan, J. (1998a). Intervenção sobre a transferência. In *Escritos* (pp. 214-225). Rio de Janeiro: Zahar. (Trabalho originalmente publicado em 1951).

Lacan, J. (1998b). Variantes do tratamento-padrão. In *Escritos* (pp. 352-364). Rio de Janeiro: Zahar. (Trabalho originalmente publicado em 1955).

Lacan, J. (1998c). A ciência e a verdade. In *Escritos* (pp. 869-892). Rio de Janeiro: Zahar. (Trabalho originalmente publicado em 1956).

Lacan, J. (1998d). Juventude de Gide ou a letra e o desejo. In *Escritos* (pp. 749-775). Rio de Janeiro: Zahar. (Trabalho originalmente publicado em 1966).

Lacan, J. (2003a). Ato de fundação. In *Outros escritos* (pp. 235-247). Rio de Janeiro: Zahar. (Trabalho originalmente publicado em 1964).

Lacan, J. (2003b). Proposição de 9 de outubro de 1967. In *Outros escritos* (pp. 248-264). Rio de Janeiro: Zahar. (Trabalho originalmente publicado em 1967).

Leite, S. (2006). O psicanalista, seu desejo e a instituição de saúde mental. In L. Fontenele (Org.), *Psicanálise: teoria, clínica e conexões* (pp. 203-211). Fortaleza: Edições Livro Técnico.

Manonni, M. (1977). *Educação impossível.* São Paulo: Francisco Alves.

Millot, C. (1987). *Freud antipedagogo*. Rio de Janeiro: Zahar.

Moura, M. D. (2000). *Psicanálise e hospital* (2a ed.). Revinter: Rio de Janeiro.

Muñoz, N. M. (2010). Do amor à amizade na psicose: contribuições da psicanálise ao campo da saúde mental. *Revista Latinoamericana de Psicopatologia Fundamental, 3*(1), 87-101.

Quinet, A. (2002). *As 4 + 1 condições da análise* (9a ed.). Rio de Janeiro: Zahar.

Quinet, A. (2003). *A descoberta do inconsciente: do desejo ao sintoma*. Rio de Janeiro: Zahar.

Ribeiro, A. M. (2005). Uma reflexão psicanalítica acerca dos CAPS: alguns aspectos éticos, técnicos e políticos. *Psicologia USP, 16*(4), 33-56.

Rinaldi, D. (2005). Clínica e política: a direção do tratamento psicanalítico no campo da saúde mental. In M. M. Lima, & S. Altoé (Orgs.), *Psicanálise, clínica e instituição* (pp. 87-106). Rio de Janeiro: Rio Ambiciosos.

Romano, B. W. (1997). *O psicólogo clínico em hospitais: contribuição para o aperfeiçoamento do estado da arte no Brasil.* Tese de Livre Docência – Instituto de Psicologia, Universidade de São Paulo, São Paulo.

Roudinesco, E., & Plon, M. (1998). *Dicionário de psicanálise.* Rio de Janeiro: Zahar.

Sauret, M. (2003). A pesquisa clínica em psicanálise. *Psicologia USP, 14*(3), 89-104.

Stevens, A. (2003) A instituição: prática do ato. Carta de São Paulo. *Boletim da Escola Brasileira de Psicanálise, 10*(4).

Strachey, J. (1976). Nota preambular ao artigo "Linhas de progresso na terapia psicanalítica" de Sigmund Freud. In *Edição Standard Brasileira das Obras Psicológicas Completas de Sigmund Freud.* (Vol. 27). Rio de Janeiro: Imago. (Trabalho publicado originalmente em 1969).

Tenório, F. (2001). *A psicanálise e clínica da reforma psiquiátrica.* Rio de Janeiro: Marca D'água.

Tenório, F. (2002). Psicanálise e reforma psiquiátrica: trabalho necessário. In A. C. Figueiredo (Org.), *Psicanálise – pesquisa e clínica.* Rio de Janeiro: Edições Ipub/Cuca.

5. O que pode a psicanálise com relação à atenção psicossocial[1]

Karla Patrícia Holanda Martins

Raimundo Edmilson Pereira Silva Júnior

Rafael Correia Sales

Gabriela Medeiros Rodrigues Aguiar

Gardênia Holanda Marques

Este capítulo tem por objetivo analisar as contribuições da psicanálise para a produção científica nacional, entre os anos de 2000-2014, no âmbito da saúde coletiva, em particular para as práticas em saúde mental desenvolvidas na atenção secundária (Centros de Atenção Psicossocial - CAPS).

Os resultados que serão aqui parcialmente apresentados e discutidos representam um recorte da pesquisa "Estado do conhecimento das relações entre a psicanálise e a saúde coletiva", desenvolvida no Programa de Pós-Graduação da Universidade Federal do Ceará (UFC) e concluída no ano de 2016. O desejo de cartografar o campo em questão justifica-se pela importância em situarmos o lugar da psicanálise na fundação e na construção da *physis* da saúde coletiva, utilizando a expressão cunhada por Birman (1991). Objetivou-se construir, com esta investigação, alternativas à crítica

1 Fonte de financiamento: Conselho Nacional de Desenvolvimento Científico e Tecnológico (CNPq). Algumas questões discutidas no artigo de Martins, K. P. H, Marques, G. H, Martins, O. C., Sales, R. C., Silva Júnior, Maia, A. A., & Aguiar, G. M. R. (2018).

feita nos anos 1990 de que a psicanálise teria ficado afastada da discussão que sustentou a transformação dos paradigmas teórico-clínicos do campo da saúde mental brasileira; e, mais ainda, que sua forma de compreender o sofrimento humano e sua proposta de escuta clínica impedia o campo das práticas *psi* de avançar no protagonismo de uma clínica ampliada.

Desta feita, fez-se conveniente uma investigação acerca das contribuições da teoria psicanalítica à produção científica nacional no âmbito da saúde coletiva, e, em particular, da saúde mental nos últimos quinze anos, procurando evidenciar e refletir sobre os possíveis efeitos do discurso e das práticas inspiradas pela psicanálise nos referidos âmbitos, transversalizados pelas mudanças nos campos da reforma psiquiátrica e sanitária no Brasil, ocorridas após a implantação dos primeiros Centros de Atenção Psicossociais.

Ainda se acrescenta a necessidade ético-política de contraposição aos argumentos que responsabilizam a psicanálise pelos obstáculos e pelas limitações que a psicologia teria enfrentado na sua inserção nas instituições públicas de saúde. Em outras palavras, as dificuldades são pensadas em consequência da associação da psicologia a uma prática inspirada num modo de operar com o sofrimento humano, dita atávica, individualizante, descontextualizada e sem compromisso com o social. Caberia aqui uma discussão dos fundamentos epistemológicos de tais argumentos repetidos em coro em vários artigos acadêmicos sobre a inserção da psicologia na história do Sistema Único de Saúde (SUS), mas, neste fórum, apenas subscrevemos a nossa discordância e, em resposta, apresentaremos o que encontramos, nestes últimos anos, como testemunho do que pode a psicanálise nos efetivos trabalhos que vêm sendo realizados e nos esforços teóricos empreendidos pelos psicanalistas nas suas inserções institucionais. Em suma, por meio da pesquisa, procuramos nossa questão central: quais as questões colocadas pelos psicanalistas ao longo destes anos na interlocução com a área da saúde mental/coletiva e como eles responderam conceitualmente a essas questões tendo como referência sua articulação ético-clínica?

A psicanálise inaugurou, no final do século XIX, um novo paradigma para pensar a dinâmica e a tópica de funcionamento psíquico. Ao destacar o inconsciente como pilar conceitual de seu edifício metapsicológico, inaugurou, igualmente, uma nova forma de compreender o acontecer psíquico e seu adoecimento.

A extensão de alguns de seus conceitos traz consequências ao modo como concebemos a produção do conhecimento e das práticas norteadas pela compreensão do *pathos* humano. No campo das intervenções sobre o sofrimento psíquico, novidades se apresentam a partir de uma compreensão da ética do desejo fundada pelas condições do mal-estar na cultura.

Freud não funda apenas um novo paradigma de ciência, ele abdica de uma clínica do controle e da especialidade, sugerindo que a formação dos sintomas e seu consequente sofrimento operam a partir de uma lógica própria, em que indeterminação e desejo não excluem a dimensão da responsabilidade do sujeito. Essa orientação pressupõe, no sujeito, as condições para construir um saber legítimo sobre as suas formas de adoecimento.

Como propõe Birman (1991), o campo da saúde coletiva apresenta-se junto com o rompimento de paradigmas de tratamento baseados no naturalismo do saber médico, promovendo uma crítica sistemática à exclusão das ordens simbólicas e históricas que marcaram a legitimação do discurso médico e contrapondo-se a uma perspectiva universalizante. Ao se aliar a saberes que se construíram na contramão dessa perspectiva, pode convergir para uma perspectiva inovadora no campo da saúde. Foi a partir da reivindicação de inserção das ciências humanas no campo da saúde que a psicanálise pôde se aproximar do campo da saúde coletiva, antes lugar hegemônico de uma compreensão naturalista e higienista dos processos de saúde e doença.

Desse modo, o presente artigo objetiva apresentar a participação do *corpus* teórico da psicanálise e sua orientação ética para o campo da saúde coletiva no Brasil, mais especificamente para a saúde mental e suas novas orientações teóricas e clínicas, delimitadas na Reforma Psiquiátrica brasileira, em aliança com as diretrizes do SUS. Convém ressaltar que, embora este estudo não desconsidere as tensões relativas à aplicação da psicanálise, essa discussão não será, neste momento, o mote principal deste artigo.

O artigo será dividido em duas partes: na primeira delas, apresentaremos os dados mais gerais da pesquisa e, em seguida, iremos nos deter na análise das possíveis contribuições dadas pela psicanálise ao campo da saúde mental na atenção secundária.

Percurso metodológico

A presente pesquisa possui caráter bibliográfico e foi realizada nos moldes da metodologia estado da arte, também conhecida por estado do conhecimento. Segundo Ferreira (2002), o estado da arte é caracterizado por uma análise da produção científica acadêmica em determinado campo específico e delimitação temporal. Tem como objetivo caracterizar o conhecimento científico produzido e publicado em determinado campo de saber; distribuição das temáticas e publicações; natureza das contribuições teóricas e as prováveis problemáticas.

As pesquisas de levantamento e de avaliação do conhecimento, para além de apresentarem um caráter inventariante e descritivo da produção acadêmica e científica quanto à caracterização e divulgação da produção e publicação em termos quantitativos, oportunizam uma leitura qualitativa a partir da identificação de problemáticas e possíveis articulações antes não consideradas sem uma leitura macro de análise documental.

Portanto, tomando como objeto de estudo e fonte de pesquisa os títulos, resumos e palavras-chaves em detrimento de uma leitura na íntegra dos documentos, faz-se necessário ratificar os desafios e limites com que esta pesquisa tem se defrontado, frente à magnitude do universo da pesquisa, sem ignorar a relevância de estudos com esse perfil.

Desse modo, o delineamento metodológico iniciou-se a partir da lista dos programas de pós-graduação em psicologia das universidades brasileiras em 2012, fornecida pela coordenação da área de psicologia da Coordenação de Aperfeiçoamento de Pessoal de Nível Superior (CAPES). Foram identificados os programas de pós-graduação em psicologia no Brasil que apresentavam pelo menos uma linha de pesquisa em psicanálise e, seguindo-se este critério, treze (13) programas foram selecionados. Realizou-se a partir de então uma busca das referências das publicações disponibilizadas no currículo da Plataforma Lattes (CNPq) de cada docente associado a esses programas. Finalizada essa etapa, iniciamos a busca, a coleta e a análise dos resumos e palavras-chaves dos artigos publicados em periódicos nacionais e das dissertações de mestrado e teses de doutorado orientadas por esses docentes, objetivando identificar aquelas publicações acadêmicas que abrangiam o campo da psicanálise em interseção com os campos da saúde mental e/ou saúde coletiva.

A partir deste ponto, foram adotados critérios de inclusão e exclusão das produções catalogadas a partir dos seguintes aspectos: 1) ano das publicações, incluindo-se aquelas produzidas no período de 2000 a 2014; 2) título, resumo e palavras-chaves, considerando-se a articulação com a interface proposta por esta pesquisa a partir da leitura destes; 3) apenas produções em língua portuguesa; 4) identificação de resumo e palavras-chave, excluindo os trabalhos que não disponibilizassem ambos requisitos; 5) resenhas e entrevistas não puderam ser incluídas tendo em vista a ausência de resumo e palavras-chave, isto é, não se encaixando no perfil estipulado para a análise documental.

Para acessar os resumos e as palavras-chave dos trabalhos – não disponibilizados no currículo Lattes –, foram necessárias varreduras no Google Acadêmico, na plataforma Portal de Periódicos da CAPES, nas bases de dados Biblioteca Virtual de Saúde (BVS), nas bibliotecas virtuais dos programas de pós-graduação das universidades, no Portal Domínio Público e, eventualmente, em buscadores e diretórios como o Google.

Portanto, trabalhando com um constructo tão diversificado, foram encontrados alguns impasses no que diz respeito ao acesso às informações sobre a produção acadêmica no território nacional, como a ausência de resumos e documentos completos nos diretórios on-line, a falta de atualização contínua dos currículos Lattes (deixando de substituir títulos provisórios de dissertações e teses pelo título final ou corrigindo registro errôneo de nomes de orientandos, inserindo datas de publicação final ou registrando suas publicações por meio da ferramenta Digital Object Identifier da plataforma), e a restrição de acesso à produção científica de determinados periódicos ou mesmo em bibliotecas virtuais de algumas universidades, dentre outros obstáculos. Vale ressaltar que, a limitada circulação dos artigos, dissertações e teses configura-se como entrave para a ampla e devida divulgação do conhecimento acadêmico em território nacional, e, consequentemente, para o diálogo entre instituições, pesquisadores e a sociedade civil como um todo.

Em um primeiro momento de coleta dos dados, foram encontrados 74 docentes vinculados a treze universidades. Dentre estes, verificou-se como resultado um número total de 1.473 documentos, sendo 824 artigos, 492 dissertações de mestrado e 157 teses de doutorado. Os dados pertinentes à região Nordeste foram oriundos dos programas de pós-graduação em psicologia das seguintes universidades: Universidade Federal do Ceará (UFC), Universidade de Fortaleza (Unifor) e Universidade Católica de Pernambuco (Unicap). Já a região Norte foi representada pela Universidade Federal do Pará (UFPA). No Centro-Oeste, a Universidade de Brasília (UNB) foi também a única representante. No Sudeste, concentram-se a Universidade Federal do Rio de Janeiro (UFRJ), a Universidade Estadual do Rio de Janeiro (UERJ), a Pontifícia Universidade Católica do Rio de Janeiro (PUC-RJ), a Universidade Federal de Minas Gerais (UFMG), a Universidade Federal de Uberlândia (UFU), a Universidade Federal de São João del-Rei (UFSJ) e a Universidade de São Paulo (USP). No Sul, a Universidade Estadual de Maringá (UEM) foi a representante da pesquisa.

Em um segundo momento de análise, no qual foram aplicados os critérios anteriormente elencados, foi encontrado um total de 1.088 (100%) documentos analisados e considerados como pertinentes ao objetivo desta pesquisa. Destes, 572 eram artigos (52,6%), 373 dissertações de mestrado (34,3%) e 143 teses de doutorado (13,1%).

Além disso, as porcentagens da produção nacional e os referidos tipos de publicação encontram-se distribuídas da seguinte forma: na região Norte, 19 artigos (3,32%), 20 dissertações (2,72%) e 1 tese (0,69%); no Nordeste, 45 artigos (7,86%), 92 dissertações (12,55%) e 4 teses (2,79%); no Centro-Oeste, 13 artigos (2,27%), 7 dissertações (0,95%) e 2 teses (1,39%); no Sudeste, 494 artigos

(86,36%), 254 dissertações (34,65%) e 136 teses (95,10%); e, por fim, na região Sul, 1 artigo.

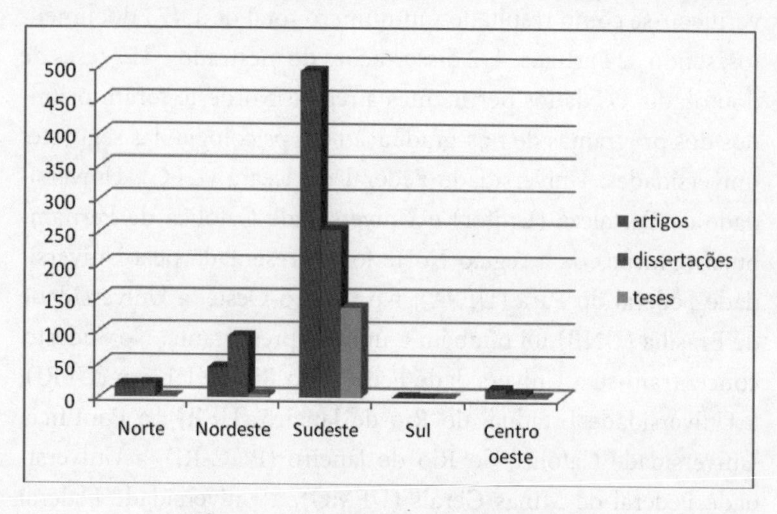

Gráfico 5.1 Número de publicações por região.

Partindo desse acervo, foram identificadas: 1) as produções científicas concluídas no período estabelecido e vinculadas aos programas de pós-graduação considerados pelo recorte da pesquisa; 2) a distribuição quantitativa dessas produções por estado e região brasileira; 3) a natureza dos trabalhos, ou seja, se partiram de uma intervenção ou se são trabalhos, eminentemente, teóricos; 4) dentre aqueles que partiram de intervenções, buscamos identificar a que equipamento de assistência sua produção era oriunda, se de hospitais, CAPS, CRAS, CREAS, dentre outros; e, por último, 5) as temáticas indicadas pelas palavras-chave dos trabalhos e a frequência de sua utilização nas cinco regiões estudadas.

Tabela 5.1 Principais palavras-chave encontradas nos documentos

Artigos				Dissertações			
Posição	Palavra-chave	Ocorrências	Total de ocorrências*	Posição	Palavra-chave	Ocorrências	Total de ocorrências*
1	Psicanálise	221	400	1	Psicanálise	141	400
2	Psicose	41	71	2	Psicose	28	71
3	Saúde mental	32	45	3	Corpo	19	52
4	Corpo	29	52	4	Sujeito	18	36
5	Reforma Psiquiátrica	29	36	5	Clínica	13	37
6	Adolescência	26	38	6	Melancolia	11	25
7	Psicopatologia	24	30	7	Saúde mental	11	45
8	Trauma	24	33	8	Toxicomania	11	19
9	Clínica	17	37	9	Diagnóstico	9	19
10	Violência	17	26	10	Subjetividade	9	21
11	Autismo	16	25	11	Transferência	9	23
Teses				**Total de documentos**			
Posição	Palavra-chave	Ocorrências	Total de ocorrências*	Posição	Palavra-chave	Total de ocorrências*	
1	Psicanálise	38	400	1	Psicanálise	400	
2	Clínica	7	37	2	Psicose	71	
3	Imaginário Coletivo	5	13	3	Corpo	52	
4	Violência	5	26	4	Saúde mental	52	
5	Adolescência	4	38	5	Adolescência	38	
6	Corpo	4	52	6	Clínica	37	
7	Psicologia	4	24	7	Sujeito	36	
8	Sexualidade	4	22	8	Reforma Psiquiátrica	36	
9	Clivagem	3	12	9	Trauma	33	
10	Gozo	3	26	10	Psicopatologia	30	
11	Maternidade	3	18	11	Gozo	26	

* Total de ocorrências da palavra-chave no somatório dos três tipos de documentos: artigos, dissertações e teses.

Diante do panorama geral encontrado na pesquisa, a análise dos trabalhos tem sido realizada partindo-se das seguintes categorias: 1) dispositivos clínicos (hospital, CAPS, CRAS, Creas, entre outros); 2) perspectiva teórica do estudo (Freud, Lacan, Winnicott, entre outros); 3) conceitos da psicanálise; 4) tipos de estudos (eminentemente teóricos ou teórico-práticos); 5) faixa etária dos sujeitos envolvidos no estudo (criança, adolescente, adulto, idoso); e 6) modelos de práticas em saúde mental (acompanhamento terapêutico, atenção psicossocial, oficina terapêutica, dentre outros).

Os resultados da pesquisa mais ampla ainda estão em análise. Como anteriormente anunciado, no âmbito deste artigo foi feito um pequeno recorte das produções relacionadas aos trabalhos desenvolvidos nos CAPS.

A pertinência da psicanálise nos CAPS

Com a reforma psiquiátrica brasileira e as propostas de novos modelos de assistência à saúde mental ao longo dos anos 1990, a psicanálise começa a consolidar seu percurso institucional na atenção secundária tendo como principais dispositivos os Centros de Atenção Psicossocial (CAPS). Rinaldi (2005) observa que esse aumento de psicanalistas nas instituições públicas de saúde teve como consequência para o psicanalista a mudança de seu tradicional *locus* de trabalho, do consultório privado "para um espaço em que ele está entre vários, ao lado tanto dos profissionais que fazem parte da equipe quanto dos sujeitos a quem se dirige o tratamento" (Rinaldi, 2005, p. 88).

Nesse novo campo, os analistas procuram encontrar formas de inserir o dispositivo analítico sem perder de vista suas especificidades. A produção analisada aponta as dificuldades e as limitações encontradas pelos psicanalistas para sustentar o desejo do analista e sua ética.

A seguir, apresentamos o recorte da pesquisa aqui realizada com a retomada panorâmica das produções e publicações - incluindo-se artigos, dissertações e teses - realizadas no Brasil nos últimos quinze anos, de 2000 a 2014, a partir da prática com orientação psicanalítica nos CAPS. Partimos, portanto, dos seguintes dados iniciais:

Tabela 5.2 Panorama quantitativo de produções bibliográficas

Região	Tipo de publicação			Total de publicações por região
	Artigos	Dissertações	Teses	
Nordeste	2	6	0	8
Norte	0	1	0	1
Centro-Oeste	0	0	0	0
Sudeste	38	24	2	64
Sul	0	0	0	0
Total: 40 31 2 73				

A partir dessa tabela, é possível localizar, no Sudeste, que há uma predominância da produção de 38 artigos, com significância de 52,05% dos documentos, seguido pelas 24 dissertações, com percentual de 32,87%, e pelas duas teses, ou seja, 2,73% das produções que partiram de uma prática em um CAPS ou da atenção secundária, ou que versam sobre esse serviço da atenção secundária. É possível também verificar que a região Sudeste destaca-se na produção caracterizada em questão com um acúmulo de 87,67% da produção nacional.

Em uma análise de ordem qualitativa, evidencia-se que a natureza dos trabalhos recai sobre o método de pesquisa teórico-clínico, ou seja, produções construídas que partiam diretamente de uma atuação nos CAPS.

Foram construídas três categorias de análise a partir do estudo qualitativo das 73 produções: 1) dispositivos clínicos e metodológicos de pesquisa; 2) objetos de estudo e intervenção; e 3) relações entre a psicanálise e a psiquiatria. A primeira categoria corresponde às estratégias de atuação ou à construção de uma prática profissional que embasaram a teorização do trabalho, como a utilização de casos clínicos, estudos de caso, supervisão institucional, oficinas terapêuticas, análise de prontuários, apresentação de paciente, acompanhamento terapêutico e residências terapêuticas. No segundo tópico, há a concentração de diferentes objetos de estudo como a toxicomania, a psicose, o autismo, a perversão e a histeria. Na terceira categoria, apresentam-se as contribuições, aproximações e divergências entre a prática psicanalítica e o fazer médico psiquiátrico, incluindo-se aqui temáticas como a clínica ampliada, a clínica do sujeito e a atenção psicossocial. Desse modo, encontram-se distribuídas as seguintes tabelas das categorias por tipo de produção encontrada:

Tabela 5.3 Tipos de dispositivos clínicos encontrados com relação ao tipo de publicação

Tipos de dispositivos clínicos	Tipo de publicação		
	Artigos	Dissertações	Teses
Casos clínicos	18	16	2
Práticas interdisciplinares	34	17	1
Supervisão clínica	4	1	0
Análise de prontuários	0	1	0
Oficinas terapêuticas	4	4	0
Apresentação de pacientes	0	1	0
Acompanhamento terapêutico	0	2	0
Residência terapêutica	2	0	0

Elegendo-se inicialmente a categoria "dispositivos clínicos", encontram-se as práticas interdisciplinares como a práxis mais pertinente a partir da qual esses estudos surgiram, presentificando-se em 41 produções, ou seja, com uma porcentagem de 56,16% da produção que versam sobre o CAPS no Brasil. Aliás, há uma forte relação com o vocábulo CAPS e com a "construção do caso clínico".

Evidencia-se aqui um esforço para a construção de novos dispositivos de trabalho clínico, mas também um esforço em direção à construção de um em diálogo com os demais profissionais da saúde atuantes na atenção secundária. Assim, desafia-se o nível teórico e retomam-se os conceitos fundamentais de inconsciente, sujeito e transferência na perspectiva de redesenhar, na dita clínica ampliada, o que tem sido batizado como "a clínica do sujeito".

Lacan postulou a respeito do conceito de psicanálise em extensão. Desse modo, ao analisar o referido banco de dados, é evidente a interrogação, recorrente na maioria dos trabalhos, sobre o lugar da psicanálise nas instituições, seus limites e suas possibilidades. O analista é convocado, portanto, dentre outras possibilidades, a atuar dirigindo sua escuta clínica ao advento do singular no sujeito, a apostar na construção do caso clínico como instrumento da prática, a participar de uma atuação prática na equipe interdisciplinar de profissionais e a dialogar com os demais envolvidos na definição dos projetos terapêuticos individuais.

Há uma preocupação recorrente com o esforço em não ceder ao inespecífico, como proposto em continuidade com o que já fora apontado por Figueiredo (1997): "O psicanalista não é especial. É específico. Só assim ele convém" (p. 168). E aqui se frisam as mais diversas interrogações e afirmações que lhe cabem, sejam elas da ordem de identificar e trazer às palavras o excludente em sua práxis, seja realizar uma aposta em uma intervenção que priorize a lógica do desejo em um tratamento multiprofissional.

Assim, quando o problema "sobre o lugar da psicanálise (e do psicanalista) nas instituições de saúde mental" é formulado, surgem dois eixos principais orientam a direção deste trabalho: refere-se à escuta do singular e a aposta, à construção de vias de acesso à produção subjetiva e ao advento do discurso que possibilite um reposicionamento doem um sujeito capaz de se posicionar frente ao seu tratamento. Como afirma Rinaldi (2005), sobre o analista, recai o desafio de suportar o intratável, e ele deve estar atento às sutilezas de uma escuta clínica sensível e encorajada diante do sofrimento psíquico do sujeito e de suas manifestações, considerando suas formações inconscientes.

A contrapartida do analista ao projeto terapêutico funciona como uma construção de uma intervenção terapêutica singular esboçada a partir da metodologia da "construção do caso clínico". Na distribuição das frequências, o caso clínico destaca-se em 36 produções, sendo analisado 49,31% da produção nacional. Desse modo, se faz pertinente uma interrogação acerca da relevância e da predileção por esse tipo de metodologia inserida na prática clínica. A escolha é justificada pelos autores por evidenciar o caráter singular dos processos de subjetivação e do sofrimento psíquico do paciente, trazendo à cena do tratamento o sujeito do inconsciente e seus efeitos, pontos importantes na construção e na direção do tratamento que possibilitaria colocar em jogo a responsabilização do sujeito.

Figueiredo (1997), pioneira das reflexões sobre as balizas conceituais do trabalho psicanalítico nos ambulatórios públicos, aponta a construção do caso clínico como uma das grandes contribuições que a psicanálise faz ao campo da saúde mental, descrevendo essa metodologia como:

*o (re)arranjo dos elementos do discurso do sujeito que "caem", se depositam com base em nossa inclinação para colhê-los, não ao pé do leito, mas ao pé da letra. Incluímos aí também as ações do sujeito, entendendo que são norteadas por uma determinada posição no discurso. Convém um aparte para esclarecermos que a fala (*parole*) tem a dimensão do enunciado (os ditos) e da enunciação (o dizer), que seria a "posição no discurso". Nunca é demasiado lembrar que o caso não é o sujeito, é uma construção com base nos elementos que recolhemos de seu discurso, que também nos permitem inferir sua posição subjetiva, isto é, se fazemos uma torção do sujeito ao discurso, podemos retomar sua localização baseando-nos nesses indicadores colhidos, do dito ao dizer. Aqui temos um método aplicável a diferentes contextos clínicos. (Figueiredo, 1997, p. 79)*

As produções analisadas parecem orientadas por essa perspectiva e sugerem "a construção do caso clínico" como uma importante contribuição da psicanálise para uma prática coletiva e para a construção e efetivação de uma clínica do sujeito.

Tabela 5.4 Objetos de estudo encontrados com relação ao tipo de publicação

Objetos de estudo	Tipo de publicação		
	Artigos	Dissertações	Teses
Psicose	17	18	0
Autismo	3	9	1
Toxicomania	2	4	0
Histeria	1	1	0
Hiperatividade	0	1	0
Perversão	0	1	0

Com relação à eleição dos objetos de estudo, demonstra-se a presença das relações (e das tensões) entre a psicanálise e a psiquiatria frente ao diagnóstico em saúde mental. As reflexões empreendidas, orientadas, em sua maioria, por pressupostos teóricos freudianos e lacanianos, demarcam as fronteiras que diferenciam os dois campos, recorrendo ao argumento da causalidade psíquica não fenomênica. Vê-se novamente afirmado, por meio dos pressupostos teóricos acima citados, que a ética de valorização do sujeito do desejo questiona as classificações universais da ciência moderna (Martins, 2009).

A parte mais expressiva da produção encontrada sobre os CAPS tem as psicoses como seu objeto de problematização: isso ocorre com pelo menos 34 publicações das 73 analisadas neste estudo, orientando discussões metapsicológicas e clínicas. Os trabalhos recorrem a Freud, mas, majoritariamente, retomam Lacan e suas reflexões sobre a psicanálise em extensão e questão do desejo do analista. Por exemplo, recorremos ao que propõe Pereira (2009):

> *Acreditar em um manejo e não em uma técnica é poder fazer entrar na experiência psicanalítica o conceito de desejo do analista como fundamento da experiência. O conceito de desejo do analista faz com que a psicanálise não se restrinja a um* setting, *subverte a questão de que haja algo anterior ao analista para que a psicanálise exista. (Pereira, 2009, p. 22)*

Outros conceitos se destacam, a saber: transferência, sujeito do inconsciente, delírio, Nome-do-Pai e ética psicanalítica. As produções baseiam-se principalmente em Freud e Lacan, mais especificamente em alguns textos. No caso de Freud, é frequente o uso do caso Schreber (Freud, 1912/1996a) e de "A dinâmica da transferência" (Freud, 1912/1996b). Em Lacan, há uma utilização recorrente nos seminários sobre a transferência (1961/1992), sobre as psicoses (1956/1985a) e sobre os quatro conceitos fundamentais da psicanálise (1964/1985b), além do texto "De uma questão preliminar a todo tratamento possível da psicose", publicado nos *Escritos*, (1958/1998b).

Há um número expressivo de publicações que trata das psicoses infantis e do autismo, tendo como plano de fundo a prática da psicanálise em Centros de Atenção Psicossocial Infanto-juvenil (CAPSi), e também de volume considerável de documentos sobre as toxicomanias e o trabalho realizado nos Centros de Atenção Psicossocial Álcool e Drogas (CAPS AD) campo onde as reflexões psicanalíticas têm avançado no decorrer dos últimos anos.

Tabela 5.5 Psicanálise e formas discursivas no campo da saúde mental com relação ao tipo de publicação

Psicanálise e formas discursivas no campo da saúde mental	Tipo de publicação		
	Artigos	Dissertações	Teses
Apoio matricial	1	0	0
Clínica ampliada	29	20	1
Clínica do sujeito	12	21	0
Relações entre a psiquiatria e a psicanálise	2	1	0
Poder e discurso nas relações de cuidado	1	0	0
Discurso do analista	1	2	0
Discurso do mestre	1	2	0
Política de saúde mental	18	10	1

As palavras-chave encontradas neste último eixo expressam uma preocupação dos trabalhos em apresentar, sob o ponto de vista da psicanálise, uma compreensão da clínica ampliada, no contexto da reforma psiquiátrica, diferenciando as relações de cuidado na medicina e na psicanálise e suas implicações para as políticas públicas de saúde mental.

Na perspectiva dos trabalhos analisados, a clínica ampliada visaria quebrar a lógica médico-normativa, promovendo uma lógica de trabalho afinada com os novos paradigmas da saúde coletiva.

O apoio matricial é destacado em algumas produções como uma estratégia de interlocução e ferramenta de produção de saber, colocando em rede os CAPS e as Unidades Básicas de Saúde (UBS). Essa estratégia é apresentada a partir das referências bibliográficas em saúde coletiva e são sublinhadas a corresponsabilização múltipla dos casos analisados e as demandas específicas da atenção básica, especialmente em relação à atenção em saúde mental. Ainda neste contexto, o Projeto Terapêutico Singular (PTS) recebe uma ênfase especial (explorada principalmente nos textos que versam sobre a política de saúde mental e clínica ampliada). O PTS é um dispositivo que tem como objetivo estabelecer uma intervenção para o usuário, lançando mão dos recursos da própria equipe de saúde, do território, da família e do próprio usuário. No citado projeto, os usuários deveriam participar de sua implementação como responsáveis pela promoção de sua própria saúde, uma vez que são dotados de possibilidades para lidarem com seus sofrimentos, problematizando a perspectiva da verdade e da centralização do saber.

Os trabalhos reconhecem também que a dimensão clínica é, por vezes, obstaculizada por uma clínica de reabilitação cidadã, na qual as marcas do desejo do inconsciente do sujeito são apagadas; é permitido também pontuar que, embora haja uma pluralidade de profissionais envolvidos no avanço da política de saúde mental defendendo a utilização dos "dispositivos clínicos", colocados na primeira categoria analisada anteriormente, ainda é presente a dissonância entre os discursos da medicina e da psicanálise, do sujeito e do cidadão. Desse modo, as produções ressaltam os limites do diálogo entre a possibilidade do trabalho da psicanálise, da medicina e da assistência social no contexto da saúde mental, embora considerando que a distinção de seus recortes metodológicos são distintos.

Considerações finais

No campo das intervenções sobre o sofrimento psíquico, novidades se apresentam a partir de uma compreensão da ética do desejo fundada na clínica do sujeito. Ao romper com os paradigmas de tratamento baseados no naturalismo do saber médico, o campo da saúde coletiva promoverá uma crítica sistemática à exclusão das ordens simbólicas e históricas que marcaram a legitimação do discurso médico, contrapondo-se a uma perspectiva universalizante. Fica estabelecido, a partir deste ponto, uma confluência importante com a psicanálise: ambos apostam na corresponsabilização do sujeito no seu processo de saúde-doença, possibilitando novas formas de tratamento, e o advento de uma perspectiva que coloca em relevo a singularidade.

Como o psicanalista inserido nesses espaços as receberá? A partir das produções analisadas, conclui-se que há um esforço em seguir o ensinamento freudiano de que a prática clínica e a teoria não devem ser separadas. Os autores utilizam-se, primordialmente, de suas experiências de trabalho. Em sua maioria, os textos são articulados a partir de uma compreensão freudiana e lacaniana das psicoses e, exprimem a forma como cada um lida, no seu cotidiano, com o modo como respondem às limitações institucionais e aos desafios clínicos de uma clínica institucional. Apontam, ainda, a possibilidade e a efetivação na sustentação da clínica psicanalítica na saúde mental como uma aposta na possibilidade da emergência do sujeito do inconsciente e nas consequências advindas desta.

O panorama do cenário traçado reforça a potência da psicanálise neste contexto; em relação ao quantitativo apresentado de trabalhos produzidos em todo o país com recorte psicanalítico, convém questionar a alegação de que a psicanálise dificulta a inserção da psicologia nos campos da saúde coletiva/mental. Tantos trabalhos pensando sobre uma prática e colaborando com as discussões não podem ser tomados como "limitação" e "obstáculo"! Se o forem, o que estaria em questão?

Referências

Birman, J. (1991). A physis da saúde coletiva. *Physis, 1*(1). Recuperado de http://www.scielo.br/scielo.php?script=sci_arttext&pid=S0103-73311991000100001&lng=en&nrm=iso

Brasil. Ministério da Saúde (2002). *Portaria GM n. 336, de 19 de fevereiro de 2002.* Diário Oficial da União.

Coelho, M. T. Á. D., & Almeida Filho, N. de. (1999). Normal-patológico, saúde-doença: revisitando Canguilhem. *Physis, 9*(1), 13-36. Recuperado de http://www.scielo.br/scielo.php?script=sci_arttext&pid=S0103-73311999000100002

Ferreira, N. S. A. F. (2002). As pesquisas denominadas "estado da arte". *Educação & Sociedade*, 23(79), 257-272. Recuperado de http://www.scielo.br/scielo.php?pid=s0101-73302002000300013&script=sci_abstract&tlng=pt.

Figueiredo, A. C. (1997). *Vastas confusões e atendimentos imperfeitos: a clínica psicanalítica no ambulatório público* (3a ed.). Rio de Janeiro: Relume-Dumará.

Figueiredo, A. C. (2004). A construção do caso clínico: uma contribuição da psicanálise à psicopatologia e à Saúde Mental. *Re-*

vista Latinoamericana de Psicopatologia Fundamental, VIII(1), 75-86.

Figueiredo, A. C., & Machado, O. M. R. (2000). O diagnóstico em psicanálise: do fenômeno à estrutura. *Ágora, III(2), 65-86.*

Freud, S. (1996a). Notas psicanalíticas sobre um relato autobiográfico de um caso de paranóia (Dementia Paranoides). In *Edição Brasileira das Obras Psicológicas Completas de Sigmund Freud* (Vol. 12). Rio de Janeiro: Imago. (Trabalho originalmente publicado em 1912).

Freud, S. (1996b). A dinâmica da transferência. In *Edição Brasileira das Obras Psicológicas Completas de Sigmund Freud* (Vol. 12). Rio de Janeiro: Imago. (Trabalho originalmente publicado em 1912).

Freud, S. (1996). Psicanálise e Psiquiatria. In *Edição Brasileira das Obras Psicológicas Completas de Sigmund Freud (Vol. 16). Rio de Janeiro: Imago. (Trabalho originalmente publicado em 1917).*

Freud, S. (2000). Linhas de progresso para uma terapia analítica. In *Edição Eletrônica Brasileira das Obras Psicológicas Completas de Sigmund Freud (vol. 17). Rio de Janeiro: Imago. (Trabalho originalmente publicado em 1919).*

Lacan, J. (1985a). *O seminário: as psicoses, livro 3*. Rio de Janeiro: Jorge Zahar Editor. (Trabalho originalmente publicado em 1956).

Lacan, J. (1985b). *O seminário: os quatro conceitos fundamentais da psicanálise, livro 11*. Rio de Janeiro: Jorge Zahar Editor. (Trabalho originalmente publicado em 1964).

Lacan, J. (1998a). Variantes do tratamento-padrão. In *Escritos* (pp. 325-64, V. Ribeiro, trad.). Rio de Janeiro: Jorge Zahar. (Trabalho originalmente publicado em 1955).

Lacan, J. (1998b). De uma questão preliminar a todo tratamento possível da psicose. In *Escritos* (pp. 537-590, V. Ribeiro, trad.). Rio de Janeiro: Jorge Zahar Editor. (Trabalho originalmente publicado em 1958).

Lacan, J. (1992). *O seminário: a transferência, livro 8*. Rio de Janeiro: Jorge Zahar Editor. (Trabalho originalmente publicado em 1961).

Martins, C. J. (2009). *Apresentação de pacientes: a clínica entre o espetáculo das imagens e o trânsito das palavras*. Dissertação de Mestrado – Curso de pós-graduação em Psicologia Social e Institucional, Universidade Federal do Rio Grande do Sul, Porto Alegre.

Martins, K. P. H, Marques, G. H, Martins, O. C., Sales, R. C., Silva Júnior, Maia, A. A., & Aguiar, G. M. R. (2018). Estado de conhecimento das relações entre a Psicanálise e a Saúde Mental: estudo sobre a produção acadêmica entre 2000-2014. In A. Lima, I. Germano, I., & C. Freire, *Sujeito e subjetividades contemporâneas: Estudos do Programa de Pós-Graduação em Psicologia da UFC* (pp. 77-114). Fortaleza: Imprensa Universitária UFC.

Pereira, M. D. (2009). *Onde está o sujeito? A transferência na psicanálise com muitos*. Dissertação de Mestrado – Curso de pós-graduação em Psicanálise, Universidade do Estado do Rio de Janeiro, Coordenação de Aperfeiçoamento de Pessoal de Nível Superior, Rio de Janeiro.

Rinaldi, D (2005). Clínica e política: a direção do tratamento psicanalítico no campo da saúde mental. In S. Altoé & M. M. Lima (Orgs.), *Psicanálise, clínica e instituição*. Rio de Janeiro: Rios Ambiciosos, pp. 87-106.

6. O que pode a psicanálise: uma discussão sobre limites

Lilian Miranda

Existirmos: a que será que se destina?
"Cajuína", Caetano Veloso (1979)

A existência, embora imposta a todos os seres vivos, tem seu sentido problematizado por poetas, filósofos e atores das mais distintas áreas, desde tempos remotos. Hoje, no campo da clínica psicanalítica, observamos que a demanda por tratamento é, frequentemente, expressa em relatos de sensação de vazio, esgotamento físico, pânico diante da vida, dentre outros estados em que os sujeitos parecem inebriados num jogo pendular marcado pelo excesso de exigências e pela falência de sentidos. A concretude e a finalidade do existir humano transformam-se em interrogações avassaladoras, acompanhadas de atuações destrutivas ou imobilismo inerte.

Trata-se do avesso daquilo que, segundo Winnicott (1971/1975), se configuraria como um estado saudável, necessariamente relacionado à capacidade do sujeito sentir a vida como algo a ser criado. Para o autor, ainda que o reconhecimento do outro e a interdição à onipotência sejam parte essencial do desenvolvimento emocional de cada indivíduo, sua saúde está relacionada à possibilidade de experimentar a própria existência como real e singular. Assim, a saúde se aproxima mais da sensação de que a "vida é digna de ser vivida" (p. 95), do que da submissão a regras de bem viver.

Para a psicanálise winnicottiana, todos nascemos com uma *tendência a continuar a ser*, o que, no presente texto, equivalemos com a *tendência a continuar a existir.*[1] No entanto, tal continuidade e a percepção dela são extremamente precárias e, no início da vida, absolutamente dependentes dos cuidados de um outro que consiga se identificar conosco. A sensação de existir é uma conquista trabalhosa, cujos sentidos são (re)construídos ao longo da vida (Winnicott, 1956/1978). O colapso dessa sensação pode resultar em movimentos de frenéticas tentativas de adaptação aos imperativos da aclamada felicidade capitalista, muitas vezes acompanhados de destruição do laço social, assim como de contundentes dúvidas acerca da própria singularidade.

Perguntar a que se destina o fato de existirmos é um ato de liberdade, que nos permite avaliar e escolher o que vivemos. Ao mesmo tempo, essa questão aponta para o limite experimentado nas situações em que a produção de sentidos para o vivido parece esgotada, desvitalizada. Frente a estas, também os limites da prática psicanalítica parecem escancarados e, simultaneamente, aclamados. Essa aclamação nos leva a lembrar que limites apontam barreiras, mas também indicam a extensão, precisam a potência, por isso, discuti-los é sempre uma forma de conhecer melhor o alcance e os meandros de nosso trabalho.

---

1 A existência é tomada neste trabalho como algo que precisa ser sentido e significado pelo sujeito. Permitimo-nos aqui equipará-la à ideia de *ser* e colocá-la em oposição à ideia de subsistência ou manutenção de algumas funções vitais, sem que isso seja experimentado vivamente.

Diante dos variados aspectos a partir dos quais seria possível fazer a discussão sobre a experiência do limite, opto aqui por tratar do processo de delimitação somatopsíquica e das suas vicissitudes. A compreensão desse trabalho primitivo de demarcação de limite, bem como das consequências das suas falhas, foi um dos aspectos a levar a psicanálise a alargar seus limites não só teóricos como também técnicos, conduzindo-nos a possibilidades clínicas que extrapolam o *setting* tradicional, representado pelo consultório e pela interpretação do recalcado. Esse alargamento das fronteiras da prática interpretativa, originalmente voltada às neuroses clássicas, foi necessário ao tratamento dos chamados *casos difíceis* (*borderline* e antissociais, ou *casos limite*) e, principalmente, dos psicóticos (Figueiredo, 2008), para quem é comum que a existência se encontre, paradoxalmente, *no limite* e *sem limite.*

O alargamento dos limites da clínica, imposto pelos limites do caso

Essa condição paradoxal própria à psicose certamente contribui para as representações do louco por meio de signos de fascínio e enigma, mas também horror e violência a ser contida. A história da loucura, atravessada pela consolidação do saber médico, abriga projetos de tratamento alicerçados no objetivo de erradicar qualquer traço da insanidade, seja eliminando os sintomas ou calando o sujeito que os experimenta (Foucault, 1972/1978). Mas essa história também conta com a psicanálise que, desde Freud (1913/1996b), vem indicando a verdade imanente aos fenômenos considerados insanos e propondo a escuta do sujeito como a estratégia privilegiada de tratamento.

Nesse sentido, já em 1907, Freud estabelecia como um dos fundamentos da ética do analista o amor à verdade do paciente, ainda que esta seja expressa sob a forma de sintomas, sonhos ou delírios. Comentando a etiologia dos delírios, afirma: "acontece que existe uma parcela de verdade oculta em todo delírio, um elemento digno de fé, que é a origem da convicção do paciente, a qual, portanto, até certo ponto é justificada (Freud, 1907/1996a, p. 74). Ao evidenciar tal verdade, Freud (1907/1996a, 1911/1996b) abriu caminho para que outros psicanalistas alargassem os limites por ele vislumbrados na psicanálise e advogassem pela possibilidade de tratar também a psicose.

Escutar o psicótico, muitas vezes, é adentrar num campo em que, mais do que dúvidas sobre o sentido da existência, encontram-se incertezas sobre o próprio existir, assim como sobre a realidade daqueles que o cercam e do mundo em que se insere. Nesse estado, o psicótico experimenta intensa desintegração e dissintonia com suas próprias experiências e com o mundo (Safra, 1999).

Winnicott (1963/1994) afirma que, diferente das psiconeuroses, cujas defesas se estruturam em torno da ansiedade de castração, nos fenômenos psicóticos nos deparamos com um processo relativo a um primitivo "colapso no estabelecimento do *self* unitário" (p. 71). Esse colapso não pôde ser incorporado pelo ego, porque fora experimentado em momentos muito precoces da vida, quando o bebê ainda não possuía uma integração psicossomática e encontrava-se em estado de dependência absoluta de sua mãe. Ou seja, o colapso não foi reunido pelo ego na sua experiência temporal e de controle, o que lhe impede de adquirir uma localização no passado e o coloca num estado de "não tempo" que lhe ronda constantemente.

Com base nessas ideias, Winnicott (1963/1994) defende que, não havendo representação do colapso, também não houve repressão e, consequentemente, ele não requer interpretação para ser lembrado. Trata-se de um paradoxo, pois aqueles que viveram esse processo passam a procurar o acontecimento do colapso, já que ele aconteceu e lhes ronda, mas não foi experimentado (porque não aconteceu na área de onipotência do ego). Nesse sentido, o colapso precisa ser revivido para que o sujeito dele se aproprie e possa administrá-lo. Caso contrário, o sujeito permanece em um quadro de constante temor daquilo que "procura compulsivamente no futuro". Assim, a necessidade do paciente não é de interpretação, mas de suporte para tal (re)vivência.

Acerca desse trabalho "não interpretativo" do analista, Winnicott (1970/2005a) aponta que a psicanálise é, antes de tudo, o fornecimento de um contexto profissional para o desenvolvimento da confiança. Neste, "relevante é a relação interpessoal, em todos os seus riscos e complicados matizes humanos" (p. 108). O autor comenta que é comum que os pacientes psicóticos pressionem "muito a integridade do terapeuta, já que necessitam de contato humano e de sentimentos reais, e mesmo assim precisam colocar uma confiança absoluta na relação da qual tanto dependem" (Winnicott, 1961/2005b, p. 102). Trata-se de uma relação, entretanto, que não deve ser confundida com amizade pessoal, pois o psicótico precisará receber um suporte especializado, capaz de sustentá-lo na (re)vivência do colapso.

Esse suporte diz respeito ao que Winnicott (1956/1978) chama de *holding* e atribui ao estado de *preocupação materna primária*. O paciente requer que o terapeuta suporte todas as suas ilogicidades, que o perceba do modo como ele pode se apresentar e como pode viver suas agonias. Ou seja, que se adapte ao seu ritmo psicossomático e às suas necessidades emocionais primitivas, assegurando-lhe que há ali (nele) um potencial para apropriar-se do seu próprio pavor.

O desenvolvimento da confiabilidade requer que o profissional consiga viver "identificações cruzadas", ou seja, tenha capacidade para "se colocar no lugar do outro e permitir o inverso" (Winnicott, 1970/2005a, p. 111). Por meio dessa vivência, o profissional encontrará meios de oferecer ao seu paciente um suporte suficiente a fim de que este encontre uma solução pessoal para os seus complexos problemas emocionais. Assim, o terapeuta terá apenas facilitado o crescimento, como naturalmente os pais, quando em situações saudáveis, fazem com seus bebês.

Em meio a essas reflexões, o autor defende que o conceito da tão desejada "cura" seja remetido a sua raiz etimológica, que traz a noção de "cuidado". Mediante essa acepção do termo, ele propõe que os profissionais da área de saúde resgatem em suas práticas fenômenos naturais de sustentação e confiabilidade, que todos vivenciamos para nos desenvolver no sentido humano.

Na sua leitura da teoria winnicottiana, Dias (2008) pontua que o analista constrói uma relação de confiança com seu analisando por meio de cuidados concretos, como pontualidade e capacidade para estar desperto e atento, bem como para deixar-se conduzir pelas necessidades emocionais do paciente. No entanto, a autora assevera que também se faz necessário estarmos atentos aos possíveis excessos ligados à interpretação, seja quando ela é feita antes que o paciente tenha dado indícios de validação do material interpretativo, seja quando está a serviço de uma produção intelectual do analista e não das necessidades emocionais do analisando, o que provoca prejuízos e perdas na relação interpessoal da dupla. Nesse contexto, parece-nos possível comparar as interpretações prematuras com padrões de comportamento da mãe que, não estando num estado adaptado ao bebê, pretende oferecer a ele mais do que suas necessidades impõem, gerando, consequentemente, sensações de intrusão e necessidade de defesas perante elas.

Com base nessas reflexões, Dias (2008) argumenta que, quando o trabalho é feito junto de pacientes psicóticos, ocorrem importantes processos em nível pré-verbal, cujo objetivo principal é a construção da crença num ambiente confiável, em que é possível existir e experimentar as agonias inerentes a essa existência. Para esses casos, o analista "não é mais um decifrador dos conteúdos inconscientes, mas aquele cuja presença possibilita uma experiência de contato e de comunicação com outro ser humano" (p. 596).

Partindo de referenciais teóricos distintos, Corin (2002) contribui com essa reflexão, propondo que:

> *O que ajuda as pessoas [em grave sofrimento psíquico] a permanecer na comunidade parece ser a possibilidade de construir um espaço, ao mesmo tempo, dentro e fora, um mundo um pouco retraído onde elas possam se comunicar com elas mesmas e caminhar segundo seu próprio ritmo. . . . Tratar da questão da reinserção das pessoas psicóticas implica a necessidade de segui-las nas suas narrativas, nos seus trajetos, nos seus silêncios. É necessário também mudar a ordem de prioridades: procurar compreender como as pessoas procuram se restabelecer e reencontrar um lugar no mundo social e cultural de acordo com um ritmo e uma modalidade que lhes são próprios. (Corin, 2002, p. 69, tradução livre)*

Toda essa discussão indica que qualquer alargamento das fronteiras da clínica psicanalítica deve continuar sustentando-se nas regras técnicas freudianas que, em última instância, interditam as pretensões onipotentes do terapeuta que deseja tudo escutar, entender e saber. Para tanto, Figueiredo (2008) sugere que os profissionais desenvolvam uma habilidade para suportar a habitação de uma zona paradoxal, localizada num interstício entre sua presença implicada junto ao paciente e sua capacidade de ausentar-se, colocando-se em reserva.

Neste ensaio apresento trechos de um caso cujo tratamento se baseou na construção da confiabilidade para a retomada de um processo de constituição do eu, a partir da apropriação e representação de experiências corporais muito primitivas. Por meio da adaptação às necessidades do paciente, foi possível acompanhá-lo no delineamento de um espaço de comunicação consigo e com o mundo social. Ressalto, porém, que o objetivo aqui não é fazer uma reconstrução desse caso, mas utilizar alguns de seus fragmentos para refletir sobre as condições necessárias à conquista da sensação de existir, sensação esta que é anterior à constituição do eu e suas operações mentais mais complexas, como representação e simbolização.

O corpo como abrigo do existir

Começamos a existir a partir de um corpo que se forma e se humaniza por meio de relações com forças de diferentes naturezas. Pensar na existência e seus dilemas requer, portanto, que nos voltemos para a dimensão corporal que, como sabemos, é sede inesgotável de pulsões e investimentos. Prazer e sofrimento lhe são inerentes e permanecem em constante jogo (Freud, 1905/2002).

As vivências corporais podem ser profundamente sedutoras e, ao mesmo tempo, terríveis e onipotentes. Essa condição, imposta a todo ser humano, é particularmente intensa na psicose e, a despeito do acúmulo de conhecimento sobre essa temática, algo de enigmático ainda se impõe quando deparamos com histórias de pacientes cujos corpos parecem carregar sentidos muito particulares.

Foi envolta num enigma desse tipo que iniciei o tratamento de Murilo,[2] paciente que, após o retorno de uma longa internação psiquiátrica, recusava-se a sair de casa. Essa situação exigiu-me alargar algumas fronteiras do trabalho clínico, dispondo-me a visitá-lo três vezes por semana, o que se estendera pelo período de um ano. Assim, apostei em ultrapassar os limites físicos da instituição onde trabalhava e as tradições formais do *setting* psicanalítico clássico, já que era eu quem me dirigia a ele, aceitando que, pelo menos inicialmente, estaria apenas oferecendo suporte à construção de uma possível demanda por tratamento.

Com cerca de 30 anos, Murilo tinha uma postura rigidamente ereta e um semblante austero. Costumava falar num tom monótono e gramaticalmente correto, apresentando-se muito diferente da sua mãe, uma senhora baixa, de postura encolhida, que falava ininterruptamente, com voz aguda, parecendo desesperada. Quase sempre agitada, era ela quem me recebia em sua casa e, antes de chamar o filho, me descrevia em detalhes os comportamentos dele, destacando experiências corporais que pareciam assustá-la e incomodá-la sobremaneira.

Murilo ouvia esses relatos de seu quarto, de onde costumava sair mostrando-se indiferente à mãe. Houve um dos encontros, porém, em que ele comentou, num tom irônico, que sua mãe desconhecia ou negava o fato de que *somos bichos, assim nascemos e assim morreremos*. Seguiu fazendo uma explanação sobre a condição animal do ser humano.

De minha parte, contudo, não fosse pelo mau cheiro, resultante da falta de banho, não seria fácil identificar em Murilo muitos sinais dessa condição de *bicho*, pois, costumeiramente, ele mantinha expressões e movimentos rígidos e repetitivos. A vivacidade

---

2 Murilo é um pseudônimo, atribuído com o intuito de preservar a identidade do paciente.

do corpo parecia subjugada a seu discurso monótono, em meio ao qual me era difícil ouvir um sujeito que demandasse, desejasse, sofresse, pulsasse...

A importância do corpo para a constituição psíquica é evidenciada por Freud (1923/1996c) que, ao estudar a formação do *eu*, indica que, além do contato do *id* com a realidade, outro fator de influência nessa constituição é o "próprio corpo da pessoa e sobretudo sua superfície de onde podem originar-se sensações tanto externas quanto internas" (p. 39). A partir desse raciocínio, o autor defende que o ego é "acima de tudo, um ego corporal, não é uma entidade de superfície, mas é, ele próprio, a projeção de uma superfície" (p. 39).

Ao longo de sua teoria, Winnicott coloca em evidência essa ideia freudiana e desenvolve largamente as discussões acerca da indissociabilidade entre mente e corpo, de tal modo que, como observa Loparic (2000), ele "não pensa que o corpo é o cárcere da 'alma'; para ele, ao contrário, o corpo é a única base sobre a qual esta pode desenvolver-se de maneira sadia" (p. 363). Embora lembrando que para Freud "o ego está essencialmente erigido sobre a base do corpo", Winnicott (1963/1983) não considera que tal ereção se dê naturalmente, ou por projeção de uma superfície. Para o autor, a vida humana é desde sempre trabalhosa e exige algumas conquistas básicas, entre as quais está certa intimidade na relação entre psique e corpo, por ele denominada de *processo de personalização*. Assim, um dos aspectos constituintes do eu é a vivência que o bebê tem da anatomia do seu corpo, dos movimentos instintivos e das necessidades somáticas, uma vivência que se dá, necessariamente, em relação com aqueles que dele cuidam.

Comumente, entendemos que é natural que haja uma psique num dado corpo. Mas, como Winnicott (1945/2000a) pontua, essa naturalidade é rapidamente desconstruída quando entramos em contato com as vivências de alguns pacientes psicóticos, para quem o corpo pode ser profundamente estranho. O autor comenta o caso de uma paciente que, "em análise, deu-se conta de que, na infância, ela achava que sua irmã gêmea no assento ao lado do carrinho era ela mesma. E até se surpreendia quando alguém pegava a sua irmã no colo e ela ficava onde estava" (Winnicott, 1945/2000a, p. 223).

Murilo também me permitiu reconhecer a fragilidade da relação entre psique e corpo quando, com os braços cobertos por ataduras, mantendo o seu tom austero de fala, contou que quis se queimar porque precisava ter certeza de que o braço continuava ali e poderia ser utilizado para as tarefas banais, do dia a dia. Contou ainda que também precisaria fazer o mesmo em uma das pernas, mas que a dor da queimadura lhe tirou a atenção.

Para Winnicott (1948/2000b), essa perda de conexão é reflexo de problemas em algumas tarefas iniciais que são de incumbência de todo bebê e jamais podem ser consideradas completas, pois as conquistas dos primeiros dias de vida são perdidas e readquiridas muitas vezes. Entre tais tarefas estão o contato com a realidade, a integração da personalidade e aquela que nos interessa mais diretamente neste ensaio, descrita pelo autor do seguinte modo: "o bebê deve passar a sentir-se vivendo dentro do que chamamos tão facilmente de seu corpo, e que no início não é sentido por ele como algo tão significativo quanto é para nós" (p. 239).

Em outro trabalho, Winnicott (1990) afirma que a localização da psique no corpo é uma aquisição que deve ser conquistada e não está ao alcance de todos. Para o autor, "mesmo aqueles que parecem viver em seu corpo podem desenvolver a ideia de existir um pouco para além da pele" (p. 143). Ele comenta que a figura do fantasma, ou do espírito desencarnado, costuma chamar tanto a atenção das pessoas justamente por representar a precariedade da vinculação entre psique e soma, vinculação que deriva de uma conquista cujos resultados não são definitivos.

Nota-se que para discutir essa temática, Winnicott (1990) parece preferir os termos *psique* e *soma* ou *psico-soma*, à mente, intelecto ou organismo. Para Loparic (2000) o *soma* pode ser entendido como o "corpo vivo", sede de necessidades e impulsos anteriores a qualquer tipo de apropriação que o eu possa vir fazer dele. Já a noção de *psique* está relacionada justamente a um tipo de apropriação ligada à formação do eu. Winnicott (1990) atribui o nome de *elaboração imaginativa das funções corporais* para esse processo em que o corpo vai sendo vivido e vai adquirindo sentidos. Defendendo que não existe identidade inerente entre corpo e psique, ele explica que a última depende do funcionamento cerebral e surge como a organização da elaboração imaginativa do funcionamento corporal. Portanto, como observa Loparic (2000), podemos encontrar na teoria winnicottiana a ideia de *psique* como a própria *elaboração imaginativa das funções corporais*, ou como o resultado desta, o que nos leva a concluir que "Ela não é uma substância ou uma instância, e sim um *modo de operar*" (p. 362).

Dias (2003) explica que a *elaboração imaginativa das funções corporais* é anterior às operações mentais mais refinadas como representação ou simbolização, devendo ser pensada como "apropriação pessoal do sentido da anatomia, das sensações, do movimento e do funcionamento corpóreo em geral, sem a participação da mente" (p. 108). Para a autora, a elaboração imaginativa não desaparece com o desenvolvimento da capacidade para fantasiar, ela continua trabalhando ao longo da vida do sujeito, mas se torna "infinitamente complexa" porque passa a utilizar-se também das funções mentais.

Necessidades de cuidado exigidas pelo processo de elaboração imaginativa das funções corporais

Em relação à mente, também cabe aqui um breve esclarecimento: para Winnicott (1949/2000c) a mente é uma especialização da parte psíquica do psico-soma,[3] não se tratando, portanto, da própria psique. O autor lembra que no início da vida o bebê precisa simplesmente da possibilidade de *continuar a ser*. Ou seja, ele precisa de um ambiente, geralmente representado pela mãe, que lhe satisfaça a contento as diferentes necessidades, de modo que não precise se preocupar ou não precise reagir, podendo simplesmente experimentar seus estados somáticos, que incluem os movimentos pulsionais e instintivos.

É necessário destacar que Winnicott (1956/1978) propõe que a mãe deve desenvolver uma refinada sensibilidade para responder às necessidades do bebê e permitir-lhe "continuar sendo". Portanto, não se trata de ser *pelo* bebê, ou de oferecer-lhe mais do que ele precisa. Trata-se de se adaptar ao *ser* do bebê em constituição, de permitir que sua espontaneidade aflore e de saber se retirar quando já há estruturação egoica suficiente para que o bebê organize suas necessidades e possa expressá-las no campo relacional.

Nesse sentido, Souza (2007) pontua que o processo de identificação entre mãe e bebê, proposto por Winnicott, não se refere a uma ideia de "indiferenciação absoluta", mas a uma comunicação íntima e pré-verbal, em que o bebê tem uma existência pré-subjetiva. A mãe suspende temporariamente sua relação social com o restante do mundo, mas pode retomá-la assim que o bebê tiver

---

3 Embora a tradução brasileira escreva psicossoma sem hífen, optamos por manter a palavra hifenizada, como sugere Loparic (2000), pois o hífen expressa que se trata da relação constante entre psique e soma, não existindo a entidade psicossoma.

conquistado relativo grau de integração, ou em quaisquer momentos em que esteja prescindindo dela.

Antes disso, a contínua experimentação da adaptação da mãe possibilita a elaboração imaginativa das funções corporais e o alojamento da psique no corpo. Quando tal alojamento, acompanhado da integração da personalidade e do contato com a realidade, já é possível, a criança passa a depender menos da mãe. Nesse momento, as falhas desta, bem como as imprevisibilidades do ambiente geral, são compreendidas pela criança, e é então que a mente passa a trabalhar. Assim, segundo Winnicott:

> *No processo de criação dos bebês é fundamental que as mães forneçam desde o início essa adaptação ativa . . . mas também é característica essencial da função materna uma* gradual falha na adaptação, *de acordo com a crescente capacidade do bebê individual de suportar a falha relativa por meio de sua atividade mental, ou seja, por meio da compreensão. (Winnicott, 1949/2000c, p. 335)*

Partindo do pressuposto de que o funcionamento mental é disparado quando o bebê tem que interromper sua continuidade de ser para lidar com alguma necessidade ou surpresa, Winnicott (1949/2000c) conclui que "o desenvolvimento da mente é influenciado por fatores não especificamente pessoais, e isto inclui fatores aleatórios" (p. 335). Note-se que, novamente, o autor impõe um limite à onipotência humana: não há controle comportamental, genético ou de qualquer outra ordem que garanta, objetivamente, um desempenho mental. Constituímo-nos, necessariamente, por meio da relação com o ambiente, e este sempre guardará sua parcela de aleatoriedade.

O problema ocorre quando a mente é chamada a trabalhar muito precocemente, antes que o bebê já tenha experimentado bem o bastante seu processo de personalização, ou seja, em períodos em que sua dependência do ambiente ainda é absoluta porque ele não conseguiu realizar suficientemente a elaboração imaginativa e a integração. Nesses primeiros dias de vida, o bebê ainda é um monte de partes desintegradas, cuja sensação de unidade depende dos cuidados maternos. Assim, Winnicott (1990) afirma que "é preciso dizer que o bebê se desmancha em pedaços a não ser que alguém o mantenha inteiro. Nestes estágios [iniciais da vida] o cuidado físico é um cuidado psicológico" (p. 137).

Com base nessas proposições, Winnicott (1949/2000c) entende que cabe à mãe suficientemente boa tornar o ambiente do bebê o mais simples possível, de modo que ele não precise se ocupar com nenhum inconveniente além da sua capacidade de tolerância. Ou seja, o ambiente cuida do bebê para que ele cumpra suas tarefas, como a da elaboração imaginativa das funções corporais e constituição de uma psique alojada no corpo que está sendo vivido. Nesses cuidados estão incluídas as formas por meio das quais a mãe carrega, sustenta e maneja o corpo do bebê. O contato contínuo e previsível da mãe com a pele do filho, bem como a sustentação que lhe oferece, ao carregá-lo, vai ajudando-o a perceber-se e a alojar-se no próprio corpo, podendo integrar suas partes. Nas palavras do autor:

> *quando uma mãe, através da identificação com seu bebê . . . é capaz de sustentá-lo de maneira natural, o bebê não tem de saber que é constituído de uma coleção de partes separadas. O bebê é uma barriga unida a um dorso, tem membros soltos e, particularmente, uma cabeça solta: todas essas partes são reunidas pela mãe*

> *que segura a criança e, em suas mãos, ela se torna uma só. (Winnicott, 1969/2000d, p. 432)*

Outra forma de cuidado desempenhada pela mãe é o que Winnicott (1971/1975) denomina de função de espelho. Para ele, ao olhar para a *mãe suficientemente boa*, o bebê recebe de volta a sua própria imagem. Ou seja, a mãe lhe devolve a sua visão do bebê, pois está em processo de identificação com ele. Esta é a maneira como o bebê consegue algo de si mesmo de volta e vai construindo uma existência própria, por meio da qual pode constituir sua alteridade. Winnicott (1971/1975) diz que se um bebê pudesse descrever esse processo, o faria nos seguintes termos: "Quando olho, sou visto; logo, existo. Posso agora me permitir olhar e ver. Olho agora criativamente e sofro a minha apercepção e também percebo" (p. 157). É assim que o rosto da mãe se constitui como o precursor dos demais espelhos com que lidamos ao longo da vida.

Vale aqui uma breve digressão para salientar que nesse momento o bebê ainda está experimentando a sua existência e começando a integrar-se em seu corpo. Trata-se, portanto, de uma fase anterior àquela em que pode olhar-se no espelho de vidro e reconhecer-se como inteiro, confundindo-se com sua imagem, como discutido por Lacan (1949/1998). Spurling (1991) pontua a necessidade de diferenciarmos as concepções de espelho nas teorias winnicottiana e lacaniana, propondo que a função de espelho desempenhada pela face materna pode ser mais bem representada pelos reflexos oferecidos pela água do que pelo espelho de vidro. As ondulações da água permitem que o sujeito vá se formando e se reformando, pois sua fluidez convida à exploração, ao contato. Já o espelho é duro e impermeável, oferecendo uma imagem fixa, que não muda.

Voltando à discussão do processo de alojamento da psique no corpo, lembramos que Winnicott (1945/2000a) afirma que, uma vez adaptada às necessidades do bebê, a mãe suficientemente boa reconhece que há ali uma pessoa particular, suporta sua falta de integração e seu tênue sentimento de viver dentro de um corpo, permitindo-lhe apropriar-se do tempo e desenvolver "um sentimento de um existir interno e pessoal" (p. 238). Mas cabe ressaltar que esse sentimento de existir, que poderíamos associar com a integração pulsional, depende da integração psicossomática. Nas palavras de Laurentiis:

> *Após o período em que as trocas com a mãe sedimentaram predominantemente uma organização somática, de fantasias muito próximas ao soma, e de um esquema corporal com um dentro, um fora e uma membrana limitadora, pavimenta-se o caminho da integração mais completa dos instintos, em termos funcionais e ideativos; e as experiências de alimentação, digestão e excreção resultam em qualidades psíquicas pessoais ou internas. (Laurentiis, 2007, p. 58)*

Podemos supor que o bebê que pôde contar com um ambiente suficientemente bom teve condições para conquistar o alojamento da psique no corpo, desenvolvendo o processo de personalização. Porém, Winnicott (1969/2000d) enfatiza que essa conquista nunca é definitiva, podendo perder-se em estados de excessivo cansaço, por exemplo. Na mesma medida, Dias (2003) ressalta que a elaboração imaginativa nunca abrange a totalidade somática, de tal modo que algo sempre escapa à onipotência da psique. O adoecimento e o envelhecimento não nos deixam esquecer desse *quantum* de autonomia que o corpo mantém. A leitura psicanalítica nos revela, assim, mais um limite da construção de sentidos para o existir: há sempre um *resto* de corpo autônomo, desapropriado, não passível a ser capturado por quaisquer sentidos.

Vicissitudes da elaboração imaginativa das funções corporais e psicose

Conforme viemos discutindo, quando a mãe não consegue respeitar o ritmo do bebê, agindo continuamente, seja de modo intrusivo, negligente ou irregular e errático, a criança é obrigada a reagir. Ela deixa de *simplesmente ser* para reagir aos problemas ambientais, e é a mente que se incumbe dessa tarefa. Ela é que passa a cuidar da criança, substituindo, artificialmente, o suporte que deveria estar sendo dado pelo ambiente. A criança não pode experimentar mais seus processos somáticos, porque sua mente está tendo que trabalhar precocemente, encontrando-se cindida do corpo. Ela assume o lugar da psique, e a integração com o soma é profundamente abalada (Winnicott, 1949/2000c).

Algo próximo disso parece ter ocorrido com Murilo, cujas capacidades intelectuais eram evidentes. A despeito das constantes dificuldades de relação com colegas, sempre fora ótimo aluno e chegara a fazer um curso técnico em eletrônica, numa respeitada instituição de ensino, o que é bastante significativo numa família cujos pais eram semialfabetizados. As várias crises e internações lhe impediram de construir uma vida profissional, mas a atividade mental se mostrava exuberante nas tentativas que fazia de compreender as próprias vivências.

Foi exibindo extenso conhecimento sobre a vida dos felinos que ele me explicou que ao lamber-se estava se limpando, assim como fazem os gatos. Sem mencionar palavras que remetessem a experiências autoeróticas, prosseguiu apontando para a ignorância da mãe, que não o deixava viver uma *vida natural, como qualquer bicho*. O fato de ter presenciado o pavor com que a mãe de Murilo descrevia o comportamento do filho me permitia supor um desencontro de experiências: enquanto Murilo precisava integrar partes corporais ainda a serem erotizadas, sua mãe assustava-se com o erotismo que supunha emanar do comportamento do filho, um erotismo violento, possivelmente por ela projetado.

Winnicott (1945/2000a) nos ajuda a entender a diversidade de elementos que podem estar envolvidos no contato que o bebê tem com o corpo, comentando que embora seja inegável que o ato de chupar o dedo contenha um elemento autoerótico, muitas vezes este é secundário à defesa contra sentimentos de insegurança ou ansiedades primitivas. Para o autor, esse ato pode ser uma dramatização da desesperada tentativa de controlar o objeto, seja ele externo ou interno. Arriscamos uma analogia aqui, supondo que, ao lamber-se, Murilo pudesse também estar tentando se aproximar ou reconhecer, concretamente, um corpo ainda desmembrado e estranho. Talvez por isso o comportamento tenha sido descrito muito mais nos termos de um trabalho *natural a qualquer bicho* do que de uma busca por prazer, embora este pudesse estar envolvido.

Retomando a discussão sobre os problemas no processo de personalização, vale destacar que, conforme lembra Dias (2011), no início da vida, quando a psique não se encontra alojada no corpo, as tensões instintuais podem ser tão invasivas quanto qualquer outra coisa que venha do ambiente. Se o bebê, repetidamente, não conta com a facilitação da mãe para a resolução das excitações que experimenta (mesmo as mais simples, como a fome), estas não podem ser gradualmente integradas pela psique, passando a ser sentidas como externas ao eu e, com o tempo, tornando-se perseguidoras. Para a autora, esse tipo de experiência tende a desencadear "uma disposição paranoide, que pode tomar a forma de hipocondria, devido à permanente ameaça de despersonalização" (p. 205).

Naffah Neto (2012) exemplifica esse estado afirmando que "O bebê que tiver que reagir à fome a tomará como algo tão ameaçador e traumático quanto uma sensação cutânea muito intensa, que extravase as suas capacidades de integrá-la – rasgando o seu ser – ou como um objeto físico que caia sobre ele e o esmague" (p. 43). O autor enfatiza que tanto a fome quanto o objeto que cai sobre o bebê têm para com ele uma equivalente relação de exterioridade, porque excedem seus limites de tolerância, sendo sentidos como ameaça externa.

Assim, falhas repetidas da adaptação do ambiente impedem a continuidade do trabalho de elaboração imaginativa e rompem com a ainda frágil e incipiente relação entre psique e corpo. Winnicott (1963/1983) explica que a experiência repetida desse tipo de descontinuidade imprime no bebê vivências atordoantes, para as quais, conforme apontamos anteriormente, ainda não há condições de representação. Trata-se do que o autor chama de agonias impensáveis, comparando-as com sensações de desintegração, de cair para sempre, de não ter conexão alguma com o corpo, de irrealidade, de perda de qualquer contato e de carecer de orientação. A esse respeito, Loparic (2000) ressalta o componente indiscutivelmente "somático dos estados em que se originam as psicoses" (p. 365).

Partindo dessa compreensão, Souza (2007) afirma que o acompanhamento de psicóticos, quando feito a partir da teoria winnicottiana, se pauta por uma "ética do cuidado", a partir da qual não espera, pelo menos inicialmente, que o sujeito elucide o desejo contra o qual se defende, ou se responsabilize pelas suas defesas. O objetivo primeiro é a aproximação do sofrimento do paciente, no que lhe foi faltante nos tempos da dependência absoluta, anterior à constituição das demandas libidinais, já que o outro ainda não estava constituído enquanto alteridade. O autor ressalta passagens da teoria winnicottiana nas quais fica claro que não se trata de responder em ato às necessidades psicossomáticas do sujeito, mas de compreendê-las, de modo que elas possam ser percebidas e apropriadas.

Orientada por esse entendimento, durante muitos meses em que ia à casa de Murilo, eu procurava acompanhá-lo em seus silêncios ou em suas longas explanações sobre a vida que, antes de comunicar algo, pareciam ser movidas mais pelo propósito de manter alguma comunicação. Compreendia que era importante estar lá junto dele em todos os dias combinados, a despeito do seu mau cheiro consequente da falta de banho ou da sua descrença na validade de qualquer contato. Após alguns meses, houve uma sessão em que ele fez certa explanação acerca de outro comportamento bizarro ligado ao corpo e em seguida ficou em silêncio.

Perguntei a Murilo como ele se sentia quando executava tal ação. Respondeu-me que apenas *sentia sua natureza*, voltando a silenciar-se por mais de meia hora. Quando fui me despedir, Murilo disse que finalmente havia entendido a função de eu me deslocar para sua casa: estaria lá incumbida de esvaziar a sala para que ele pudesse ficar sozinho por alguns minutos. Com a seriedade que lhe era característica, falou que isso era bom.

Murilo vivia isolado do mundo, trancado no quarto. Mas nem sua mãe, apavorada com suas dificuldades, nem seu próprio corpo, um estranho que não lhe oferecia alojamento, o deixavam em paz. Ele precisava da presença de um outro que não o temia, nem o apressava, para, apoiado neste, viver uma *vida natural*, como dizia, e, assim, fazer sua apropriação do próprio corpo. É claro que essa apropriação não significava um fim em si mesmo, mas uma conquista necessária na sua retomada do processo de amadurecimento.

Esse caso exigiu que a clínica fosse centrada num trabalho de *holding* que se expressava nas minhas tentativas de deixar o ambiente o mais simples possível (Winnicott, 1949/2000c), ou o mais livre possível de quaisquer fatores que interrompessem os movimentos de Murilo em direção ao reconhecimento, integração e representação do próprio corpo. Para isso, foi preciso cultivar o silêncio, o respeito pela *natureza humana* e o interesse nas possibilidades singulares de construção de sentidos sobre esta.

A psicanálise foi um dos aportes que sustentaram minha presença diante desse sujeito cujas marcas de humanidade, inicialmente, pareciam concentrar-se nas palavras vazias. Palavras frente às quais qualquer interpretação possivelmente seria inócua, senão invasiva. Psicanalisar no sentido clássico não era possível. Mas foi a leitura psicanalítica, principalmente acerca da constituição somatopsíquica, que me orientou na sustentação de um processo em que a existência do paciente, ainda que com destinos indefinidos, pôde substituir sua mera sobrevivência. A partir disso, Murilo pode passar a perguntar acerca do destino, ou da função da minha existência na sua vida. Passou também a perguntar-se a que se destinaria sua própria existência. Desde então, nossos encontros passaram a ser na instituição onde eu trabalhava, e outros limites precisaram ser identificados, aceitos, suportados ou transpostos.

Com as reflexões aqui desenvolvidas, espero ter indicado uma das maneiras por meio das quais a psicanálise pode ajudar os pacientes a construir, reconhecer e suportar seus limites. Num infinito jogo de mutualidade, esses limites nos levam a perscrutar as delimitações do próprio campo psicanalítico, conduzindo-nos até sua potência, seus espaços de manobra e também às suas especificidades e limitações.

Referências

Corin, H. (2002). Se rétablir après une crise psychotique: ouvrir une voie? Retrouver sa voix? *Revue Santé Mentale au Québec, 27*(1), 65-82.

Dias, E. O. (2003) *A teoria do amadurecimento de D. W. Winnicott*. Rio de Janeiro: Imago.

Dias, E. O. (2008). O uso da interpretação na clínica do amadurecimento. *Revista Latinoamericana de Psicopatologia Fundamental, 11*(4), 588-601.

Dias, E. O. (2011). A teoria winnicottiana como guia da prática clínica. In E. O. Dias & Z. Loparic (Orgs.), *Winnicott na escola de São Paulo*. São Paulo: DWW Editorial.

Figueiredo, L. C. M. (2008). Presença, implicação e reserva. In L. C. Figueiredo & N. Coelho Jr. (Orgs.), *Ética e técnica em psicanálise* (pp. 13-54, 2a ed. ampl.). São Paulo: Escuta.

Foucault, M. (1978). *A história da loucura na Idade Clássica*. São Paulo: Editora Perspectiva AS. (Trabalho originalmente publicado em 1972).

Freud, S. (1996a). Delírios e sonhos da Gradiva de Jersen. In *Edição Standard Brasileira das Obras Completas de Sigmund Freud* (Vol. 9, pp. 15-90). Rio de Janeiro: Imago. (Trabalho originalmente publicado em 1907).

Freud, S. (1996b). O caso Schereber. In *Edição Standard Brasileira das Obras Completas de Sigmund Freud* (Vol. 12, pp. 14-89). Rio de Janeiro: Imago. (Trabalho originalmente publicado em 1913).

Freud, S. (1996c). O ego e o id. In *Edição Standard brasileira das obras completas de Sigmund Freud* (Vol. 19, pp. 33-41). Rio de Janeiro: Imago. (Trabalho originalmente publicado em 1923).

Freud, S. (2002). *Três ensaios sobre a teoria da sexualidade.* Rio de Janeiro: Imago. (Trabalho originalmente publicado em 1905).

Lacan, J. (1998). O estádio do espelho como formador da função do eu. In *Escritos* (pp. 96-103). Rio de Janeiro: Jorge Zahar. (Trabalho originalmente publicado em 1949).

Laurentiis, V. R. F. (2007). A incerta conquista da morada da psique no soma em D. W. Winnicott. *Winnicott e-prints, 2*(2), 51-63.

Loparic, Z. (2000). O "animal humano". *Natureza Humana, 2*(2):351-397.

Naffah Neto, A. (2012). Sobre a elaboração imaginativa das funções corporais. Corpo e intersubjetividade na constituição do psiquismo. In N. Coelho Jr., P. Salem, & P. Klautau, *Dimensões da intersubjetividade* (pp. 39-56). São Paulo: Escuta/Fapesp.

Safra, G. (1999) A face estética do self: teoria e clínica (2a ed.). São Paulo: Unimarco Editora.

Souza, O. (2007). Defesa e criatividade em Klein, Lacan e Winnicott. In B. Bezerra Jr. & F. Ortega (Orgs.), *Winnicott e seus interlocutores* (pp. 315-344). Rio de Janeiro: Relume Dumará.

Spurling, L. (1991). Winnicott e a face da mãe. In *Winnicott studies. The Journal of the Squiggle Foundation, 6*(1). London: Karnac.

Winnicott, D. W. (1975). *O brincar e a realidade.* Rio de Janeiro: Imago. (Trabalho originalmente publicado em 1971).

Winnicott, D. W. (1978). Preocupação maternal primária. In *Textos selecionados: da pediatria à psicanálise* (pp. 399-405). Rio de Janeiro: F. Alves. (Trabalho originalmente publicado em 1956).

Winnicott, D. W. (1983). Os doentes mentais na prática clínica. In *O ambiente e os processos de maturação* (pp. 196-206). Porto Alegre: Artes médicas. (Trabalho originalmente publicado em 1963).

Winnicott, D. W. (1990). *Natureza humana*. Rio de Janeiro: Imago.

Winnicott, D. W. (1994). O medo do colapso. In *Explorações psicanalíticas* (pp. 70-76). Porto Alegre: Artes Médicas. (Trabalho originalmente publicado em 1963).

Winnicott, D. W. (2000a). Desenvolvimento emocional primitivo. In *Da pediatria à psicanálise: obras escolhidas* (pp. 218-232). Rio de Janeiro: Imago. (Trabalho originalmente publicado em 1945).

Winnicott, D. W. (2000b). Pediatria e psicanálise. In *Da pediatria à psicanálise: obras escolhidas* (pp. 233-253). Rio de Janeiro: Imago. (Trabalho originalmente publicado em 1948).

Winnicott, D. W. (2000c). A mente e sua relação com o psicossoma. In *Da pediatria à psicanálise: obras escolhidas* (pp. 332-346). Rio de Janeiro: Imago. (Trabalho originalmente publicado em 1949).

Winnicott, D. W. (2000d). Fisioterapia e relações humanas. In *Da pediatria à psicanálise: obras escolhidas* (pp. 427-432). Rio de Janeiro: Imago. (Trabalho originalmente publicado em 1969).

Winnicott, D. W. (2005a). A cura. In *Tudo começa em casa* (pp. 105-114, 4a ed.). São Paulo: Martins Fontes. (Trabalho originalmente publicado em 1970).

Winnicott D. W. (2005b). Tipos de psicoterapia. In *Tudo começa em casa* (pp. 93-104, 4a ed.). São Paulo: Martins Fontes. (Trabalho originalmente publicado em 1961).

7. O que pode a psicanálise no tratamento das toxicomanias

Maria Virgínia Filomena Cremasco

Mariana Benatto Pereira da Silva Schreiber

Shana Nakoneczny Pimenta

Uma das maiores dificuldades de se trabalhar com sujeitos toxicômanos é o fato de não se posicionarem como sujeitos de demanda, ou seja, não se reconhecerem como possuidores de um questionamento em relação a si mesmos que seja endereçado ao outro. A falta de demanda impossibilita a continuidade do tratamento ao não articular no sujeito o desejo por ajuda.

A demanda é, assim, o que possibilita a análise, embora não lhe seja causa suficiente, ou seja, não é por haver demanda que há garantia de continuidade do tratamento. Este pode ser abandonado por diversas razões, sendo a mais comum as resistências diante das dificuldades. Sabemos que para todas as travessias desconhecidas, acidentes de percurso e dificuldades podem erigir grandes e, às vezes, impossibilitadoras resistências à trajetória. Não seria diferente para os atendimentos clínicos.

As questões em torno da demanda por tratamento dos toxicômanos tomaram maior visibilidade a partir de 2012, diante da proposta do governo de política pública que previa a internação compulsória temporária de dependentes químicos segundo indicação médica. Na *Revista Mente e Cérebro* de abril de 2012 assim é esclarecido por Loccoman (2012):

> *A internação contra a vontade do paciente está prevista no Código Civil desde 2001, pela Lei da Reforma Psiquiátrica 10.216, mas a novidade agora é que o procedimento seja adotado não caso a caso, mas como uma política de saúde pública – o que vem causando polêmica. Aqueles que se colocam a favor do projeto argumentam que um em cada dois dependentes químicos apresenta algum transtorno mental, sendo o mais comum a depressão. A base são estudos americanos como o do Instituto Nacional de Saúde Mental (NIMH, na sigla em inglês), de 2005. Mas vários médicos, psicólogos e instituições como os Conselhos Regionais de Psicologia (CRPs), contrários à solução, contestam esses dados.*

Nesse mesmo artigo, o autor se refere a estudos que apontam o fracasso da internação compulsória com uma taxa elevada de reincidência (98%). O Conselho Federal de Psicologia (CFP) tem proposto debates para discutir formas de enfrentamento do uso abusivo de álcool e drogas ilegais, argumentando que o problema tem raízes na desigualdade social e que apenas articulações em rede, da qual participem diversos setores e instituições sociais, podem ser eficazes para resolver a questão. De qualquer forma, diante da complexidade do assunto, o problema da demanda é relançado aos profissionais de saúde, que não deveriam se esquivar de um posicionamento quanto às suas ações. Posicionamo-nos na direção freudiana citada por Eugência Chaves em sua dissertação de mestrado, orientada por Zeferino de Jesus Barbosa Rocha, da Universidade Federal de Pernambuco (UFPE):

> *Especialmente nos casos mais graves, a clínica é posta à prova. A questão da analisibilidade coloca-se: até que ponto e em que situações o toxicômano pode tratar-se? Podemos nos inspirar em Tratamento Psíquico (1905), onde Freud afirma que o grau de disponibilidade psíquica para o tratamento não deve ser deixado sob a decisão exclusiva do paciente; ao contrário, deve-se lhe arrancar deliberadamente esse estado psíquico favorável, graças a meios apropriados. Buscar os meios apropriados para arrancar do toxicômano o estado psíquico favorável significa inventividade e flexibilidade do enquadre em que se dará o tratamento. (Chaves, 2006, p. 137)*

Essa dificuldade de endereçar um pedido próprio de ajuda a outro questiona também a posição do analista no tratamento de pacientes de difícil manejo. Por si só, isso amplia o paradigma da toxicomania, que pode ser focalizado dentro de um amplo espectro da clínica dos estados narcísicos e suas dificuldades, reflexões que faremos ao longo deste capítulo.

Outro ponto que torna essa discussão relevante são as peculiaridades de manejo presentes nessa clínica, na qual entram em jogo situações pouco usuais, que descreveremos, exigindo do analista uma certa flexibilização de sua posição, ao mesmo tempo que lança questão sobre as possibilidades de uma clínica psicanalítica ampliada.

Podemos então indagar: o que pode a psicanálise no tratamento clínico das toxicomanias? Birman (2011) aborda a questão falando sobre por que a experiência psicanalítica não pretender realizar a normalização dos sujeitos:

> *Com efeito, justamente porque não pretende realizar processos de normalização dos sujeitos, mas processos de subjetivação, é que a experiência psicanalítica recorta e remaneja os territórios de positividades estabelecidas pela medicina, pela psiquiatria e pela psicologia pela sua incidência efetiva nos limites e nas bordas destes territórios. Por isso mesmo, incide de maneira cortante na dobras e nas bordas destes territórios permeados pela estratégia na normalização para relançar o sujeito em outras espacialidades possíveis e, assim, promover para este novas* reterritorializações. *(Birman, 2011, p. 29)*

É nessa perspectiva que a clínica psicanalítica pode se ampliar, enquanto discurso e prática, no atendimento dos toxicômanos. Conte (1997, p. 34), dá um dos exemplos particulares a essa clínica: "O fato do toxicômano, na maioria das vezes, ser enviado a tratamento porque está em uma situação familiar, social e economicamente difícil, define uma das peculiaridades a ser considerada neste trabalho, que é de oferecer uma escuta na qual ele possa reconhecer-se como quem solicita algo ao analista ou a uma instituição". Enunciamos então a pergunta que norteará nossa reflexão: qual escuta poderia suscitar demanda no toxicômano?

Para Pimenta, Cremasco e Lesourd (2011, pp. 257-258), o toxicômano é aquele que busca objetos na realidade a fim de colmatar o hiato de seu desejo; isto é, ele tenta preencher com objetos reais a falta intrínseca ao desejo com a intenção de acabar com a insatisfação. A droga torna-se a solução perfeita, já que é um objeto consumível, comprável, sempre disponível, proporcionando-lhe uma sensação temporária de satisfação alucinatoriamente plena. Podemos dizer, então, que o toxicômano é aquele que segue, cegamente e sem saber, a lógica pós-moderna do bom consumidor? Ele crê na promessa do consumismo de que há um produto disponível no mercado – mercado negro ou não, mas mesmo assim submetido às regras do mercado capitalista – que lhe oferece a satisfação plena. O toxicômano tem fé nos milagres pregados pelos produtos oferecidos, e por isso ele os utiliza e goza com eles sem nenhum pudor. O toxicômano encarna, inegavelmente, o papel do consumidor exemplar numa sociedade voltada, sobretudo, ao espetáculo. Para a psicanálise, o sintoma, como linguagem do sofrimento psíquico, não é falha a ser suprimida, e sim a resposta viável do paciente nesse momento de sua vida para seu sofrimento, forma de estar no mundo, portanto, é a partir dele que o tratamento tem uma abertura para a compreensão de seu sofrimento.

Nesse sentido, a clínica do privado choca-se com uma lógica mais ampla cuja visada pode nos auxiliar na compreensão das dificuldades clínicas sobre as quais aqui nos propusemos a refletir.

Debord criou o termo "sociedade do espetáculo" em 1967 para designar o conjunto de relações sociais mediadas pela imagem. Sua primeira tese diz que toda a vida das sociedades nas quais reinam as condições modernas de produção se anuncia como uma imensa acumulação de "espetáculos". Tudo o que era diretamente vivido se esvai na fumaça da representação. Sua segunda tese coloca o espetáculo como "capital" a um tal grau de acumulação que se torna imagem.

A sociedade da imagem é o espaço histórico no qual o capitalismo abre caminho para uma nova expansão. No contemporâneo, a funcionalidade da linguagem midiática modificou decisivamente o cotidiano, pois com a cultura construída fundamentalmente em imagens, pelas vinculações que vão desde a televisão à internet, o que assistimos é a suplantação da cultura literária anterior pelos discursos sociais baseados na instantaneidade da informação publicitária. É a estetização da realidade em que a cultura se confunde e se mescla aos movimentos comerciais de venda e compra de produtos, por meio da criação de inimagináveis maneiras de provocar investimentos libidinosos dos sujeitos, sempre vistos como consumidores em potencial, em torno de toda sorte de objetos transformados em mercadorias de consumo (Cremasco & Peruzzolo, 2007, p. 68).

Nesse sentido, e teorizando sobre a dita sociedade pós-moderna, pós-industrialismo moderno, podemos citar a título ilustrativo autores como Jean-François Lyotard e Jean Baudrillard. Temos ainda o crítico marxista norte-americano Fredric Jameson, o sociólogo polonês Zygmunt Bauman, da modernidade líquida em que tudo que é sólido se desmancha no ar, e o filósofo francês Gilles Lipovetsky, que se refere ao individualismo, o consumismo, a ética hedonista, a fragmentação do tempo e do espaço. Temos ainda o filósofo alemão Jürgen Habermas e, mais recentemente, Axel Honneth, da escola de Frankfurt.

Nesse contexto, se apresenta a dimensão mais ampla a que nos referimos acima e sobre a qual Jaime Alberto Betts (2004, pp. 67-68) diz em seu artigo "Sociedade de consumo e toxicomania: consumir ou não ser": a sociedade de consumo induz à adição às drogas. Essa indução faz da toxicomania um sintoma social maníaco. O consumidor, elevado ao *status* de cidadão de direito, pela recente elaboração dos direitos do consumidor, tem como ideal de vida preponderante sua potência de consumo. O sucesso social e a felicidade pessoal são identificados pelo nível de consumo que o indivíduo tem. O "somos o que temos" é elevado à condição de ideal social: o hedonismo materialista, a qualquer preço, triunfa. Se não temos, não somos. O potencial de consumo determina o grau de inclusão ou de exclusão social, de sucesso ou de insucesso, de felicidade ou de infelicidade. A sociedade do espetáculo (Debord,

1967/1997), que decorre desse equacionamento, faz da manipulação da aparência o trampolim social para o ter: o excluído sonha em ser celebridade, e quem já o é não vive sem ser, para não perder o *status*. Subverte-se a equação shakespeariana – "ser ou não ser" –, transformando a questão existencial vital em "ter ou não ser", isto é, "consumir ou não ser", associado a um jogo de espelhos de aparentar ser. O espetacular é a fórmula indutora da adição: o show não pode parar.

No entanto, esse cenário onde as subjetividades contemporâneas se realizam não é absoluto, sobretudo quando pensamos nas várias formas das individualidades se posicionarem diante dele – e neste ponto retornamos à clínica do sujeito. Freud (1898/1996a) assim nos esclarece:

> *o mesmo se aplica a todos os tratamentos para romper com um vício. Seu sucesso será apenas aparente enquanto o médico se contentar em privar seus pacientes da substância narcótica, sem se importar com a fonte de que brota sua necessidade imperativa. O "hábito" é uma simples palavra, sem nenhum valor explicativo. Nem todos os que têm oportunidade de tomar morfina, cocaína, hidrato de cloral etc. por algum tempo adquirem dessa forma "um vício". (p. 262)*

Se o vício não é para todos, e esse é nosso grande trunfo, podemos pensar, então, para além das condições farmacológicas e sociais, o que concorreria psiquicamente para esse poder viciante? De que se trata o vício, ou melhor, a droga, para um sujeito viciado? Esse questionamento vai ao encontro de nossa indagação inicial sobre a não demanda de alguns sujeitos por atendimento clínico: será a droga, principalmente nas toxicomanias mais graves, a resposta apodítica do sujeito a seus desejos e que não deixa espaço a outras demandas?

Do que se trata psiquicamente quando ouvimos a frase de um dependente químico em abstinência há mais de vinte anos: "Não há apenas um dia em que acorde, em que eu não pense que se eu pudesse me drogar eu o faria. Não há uma vez em que diante de algo difícil eu não pense que, se eu me drogasse, tudo eu poderia enfrentar. Eu sonho até hoje, muitas vezes, que estou me injetando e sentindo o prazer, como se fosse um orgasmo"? Ou, ainda, de uma fala de uma alcoólatra, que é muito corrente também entre outros viciados: "Ninguém tem nada a ver com o que eu faço de minha vida. Ninguém paga minhas contas. Todo mundo vê as pingas que eu tomo e não os meus tombos. Eu bebo em minha casa, ninguém tem o direito de me dizer o que devo ou não fazer dentro de minha casa. Beber me ajuda a viver, isso ninguém pode fazer por mim". Chaves (2006) nos auxilia mais uma vez a refletir:

> *a escolha da droga está marcada pelo narcisismo: só há este objeto exclusivo, totalizante. Não há mais eu, além do eu-objeto (fundidos). Não se trata de um deslocamento metonímico, próprio à dinâmica pulsional, mas sim de uma metamorfose da pulsão que a transfigura diante do objeto totalizante: não há mais falta, não há mais desejo. (Chaves, 2006, p. 46)*

Buscando mais elementos para nossa reflexão, voltaremos para dois artigos publicados em conjunto com Shana Nakoneczny e Mariana Benatto Pereira da Silva Schreiber, também coautoras deste capítulo, sobre casos de toxicomanias em que a prof. dra. Maria Virgínia Cremasco foi supervisora clínica. Esses casos foram acompanhados nos anos de 2002-2004 no já extinto Centro de Estudos das Toxicomanias "Dr. Claude Olievenstein" (CET), do qual a prof. dra. Maria Virgínia foi vice-diretora com o prof. dr. Victor Eduardo Silva Bento, na Universidade Federal do Paraná (UFPR).

O segundo caso, Marcos, foi analisado posteriormente por Pimenta em sua tese acadêmica no curso de Master Recherche II na Universidade Louis Pasteur (Estrasburgo, França, 2007) e orientado por Serge Lesourd, coautor do artigo aqui citado (Pimenta et al., 2011). Os pacientes assinaram termo de consentimento para que os dados de seus tratamentos fossem publicados. Os dados pessoais foram alterados a fim de preservar as identidades.

Na exposição dos casos, adentraremos às dificuldades clínicas que encontramos nesses tipos de atendimentos e veremos como a incidência da melancolia se associa diretamente a essas dificuldades.

André tinha, no período do atendimento, 30 anos, e havia sido encaminhado ao tratamento por orientação judicial, visto que cumpria liberdade condicional. Ele permaneceu preso durante cinco meses pela acusação de tráfico de substâncias entorpecentes. Perfil comumente encontrado nos casos atendidos pelo CET.

André veio para os atendimentos sem falar muito, e surpreendeu-se com a frequência semanal da proposta de tratamento. Imaginava que "precisaria" vir apenas uma vez por mês. O caráter de obrigação, de "ter" que estar presente, demostrado por ele, foi uma das dificuldades iniciais encontradas no andamento do atendimento, pois essa era uma circunstância um tanto confusa para ele. André não era, verdadeiramente, forçado a estar em atendimento psicológico, mas sabia que, se o fizesse, poderia ter uma ponderação mais positiva na revisão de sua liberdade condicional. Logo, o atendimento era percebido por ele, na maior parte das vezes, como uma imposição. Em sua fala: "Mais uma pena que tenho que cumprir".

André era usuário da droga conhecida como "maconha" e também de "haxixe" (resina da maconha que tem 30% a mais de THC) em quantidades significativas, e com menor frequência fazia uso também de cocaína. Ele se considerava "normal" quando sob o efeito da droga "maconha", uma vez que a maior parte de seu tempo era vivida assim. Descreve também ficar muito nervoso quando não estava sob os efeitos de nenhuma das substâncias. Várias vezes André disse estar sob efeito da maconha durante o atendimento. Outras, chegou a parar de falar sobre certos assuntos que o tornavam nervoso, dizendo que havia "fumado muito pouco" e caso continuasse falando iria se alterar. Aqui é possível apontar para um descontrole quanto ao que o deixava exaltado, sendo notória a falta de autocontrole na abstinência da droga.

Quanto à trajetória dos atendimentos, é necessário notar que André era um paciente que faltava excessivamente, além de também, por vezes, chegar atrasado. Pode-se considerar que compareceu, aproximadamente, a metade das sessões de seu tratamento. Também houve confusões de André em relação ao horário, sendo que compareceu a horários que não eram os seus.

Em sua relação com a analista, era geralmente muito doce e cuidadoso para "não dizer besteiras". Apresentava o hábito de se despedir se desculpando por eventuais "bobagens" que pudesse ter falado. Entretanto, por outro lado, não comparecia às sessões diversas vezes seguidas sem apresentar justificativa, o que parecia demonstrar descaso pelo tratamento. Também dizia diversas vezes que seu caso "não tem mais jeito", que ele não pararia de fumar e, assim, não adiantava comparecer às sessões todas as semanas.

Portanto, pode-se notar que havia em André uma posição ambivalente, por um lado valorizava a relação analítica por meio de seu discurso: "Eu nunca converso assim, com ninguém, nem com a minha mulher, só com você"; ao mesmo tempo que atacava esse vínculo, não comparecendo às sessões e desobedecendo os combinados do contrato inicial.

É possível notar uma falta de limite simbólico em André, como se isso se configurasse em um pedido de limites concretos, pedido esse que ele fez à Justiça, ao tornar-se um infrator da lei, e à analista, ao faltar seguidamente. Os desrespeitos aos combinados e ao contrato inicial levaram à interrupção prematura do tratamento, uma vez que André não apresentou justificativas para suas faltas seguidas, uma das regras institucionais contratadas no início do atendimento. A partir dessa interrupção, surgiram questões motivadoras da busca por alguma compreensão a respeito das possibilidades de posicionamento do analista nessa clínica.

Cabe, assim, a problematização: como é possível pensar o posicionamento do analista frente aos desafios do caso relatado? Qual seria o lugar possível a se ocupar diante dessa ausência de demanda para que fosse possível uma reversão dialética que possibilitasse a André assumir um tratamento?

O que questionamos ao longo do tratamento e após seu término precoce foi a possibilidade da analista se colocar como um terceiro elemento na relação dual do sujeito com a droga. Para Conte (1997) trata-se de um processo complexo e vagaroso: o vínculo com a droga teria que abrir caminho para um investimento erógeno do sujeito no vínculo transferencial. Esse vínculo parte da suposição de que o analista sabe algo sobre o sofrimento do sujeito, o que levaria à transferência.

> *Pode-se pensar, portanto, que a suposição de saber necessária ao estabelecimento da transferência é, em última instância, a via que leva o paciente ao questio-*

> *namento sobre o seu desejo. Ao procurar saber qual o desejo do analista, o toxicômano aliena-se ao tentar responder o que esse Outro quer dele. Ao não obter uma resposta absoluta do analista, mas a frustração de sua demanda, que lhe devolve a própria imagem tal qual o espelho, demandando-lhe um re-conhecimento, o toxicômano poderá então situar o seu próprio desejo. O que o analista pode desejar senão que algo autóctone se produza no toxicômano neste re-conhecimento de si produzindo assim alguma mudança? (Pereira da Silva & Cremasco, 2010, pp. 923-924)*

Nas reflexões posteriores aos atendimentos, pudemos avaliar que um manejo diferenciado poderia ter levado a outro desfecho que não seu término prematuro. A situação, por exemplo, de André frequentemente ir às sessões drogado não foi pontuada em seu atendimento, visto não parecer comprometer sua capacidade de compreensão. Contudo, caracterizou-se como um impasse quanto a isso ser um ataque ao vínculo, à entrada do terceiro elemento de que falávamos acima. A questão que se colocou foi quanto ao acolhimento possível da duplicação narcísica realizada por André com a droga e que acabou por não permitir a articulação de uma demanda, ou seja, André não tinha desejo de se tratar, e vir drogado para as sessões sinalizava sua resistência em solicitar alguma ajuda. Qual imagem possível a analista poderia ter lhe devolvido para seu re-conhecimento? Qual escuta pode ser possível, de ambos os lados, nesses casos? Retornaremos a esse ponto mais adiante.

Outro caso a que recorremos para nossa reflexão é o de Marcos, que quer tratar de duas "doenças": a dependência química e a depressão. Ele diz que estas são duas doenças que "estão ligadas:

quando uma aparece, a outra some". Marcos cheirava cocaína havia catorze anos até o momento de seu atendimento, e esteve internado durante um mês em um hospital psiquiátrico para fazer uma desintoxicação; logo após sua saída, foi encaminhado para atendimento psicológico individual. Nesse caso a demanda, de alguma forma, se articula ao desejo por ajuda. Veremos, contudo, como apontado no início, que isso pode não ser suficiente para o sucesso do tratamento, tanto no que diz respeito à sua continuidade quanto à capacidade do sujeito de se autopreservar e estar bem.

Marcos era casado e tinha duas filhas. Ambas moravam em outro estado com sua ex-esposa, que não queria mais vê-lo. Sem dinheiro, sem emprego e em uma cidade desconhecida, Marcos foi obrigado a morar com sua mãe, o que lhe colocou em uma posição extremamente angustiante, já que ele sentia "muita raiva" dela. A razão dessa raiva, dizia ele, estava na sua "má criação": criado só pela mãe desde os 8 anos, quando seu pai foi assassinado, Marcos se queixa de ter sido "malcriado", de nunca ter tido "carinho de mãe"; "ela é fria", dizia o paciente. Parece que algo a mais faltou, pois, como ele diz, "ela parece mais uma amiga do que uma mãe". Porém, curiosamente, não fora sempre assim. Até 4 anos, Marcos era "colado" à sua mãe. Ela não podia nem mesmo ir sozinha ao banheiro que ele chorava desesperadamente. Com essa idade viveu um "trauma" (*sic*) que marcou para sempre sua vida: sua família decidiu-se mudar para outra cidade, e o pai de Marcos, com a intenção de arrumar a casa para quando os filhos e a mulher chegassem, foi à frente e levou-o junto. Quando Marcos percebeu que sua mãe tinha ficado para trás, sentiu muito medo e entrou em um profundo desespero. O paciente relatou, com uma imensidão surpreendente de detalhes, os três dias de profundo desamparo, durante os quais chorou sem parar e que só tiveram fim com a chegada de sua mãe. Esse evento marcou, para Marcos, o começo de uma tragédia, o início de sua ruína. A partir desse episódio, relatado como um trauma pelo paciente, Marcos vivenciou cada afastamento de sua mãe como uma separação traumática que trouxe à tona sentimentos de abandono, de fragilidade e de intenso desamparo. Para ele, sua vida teria sido diferente se ele tivesse tido "carinho de mãe". "Na verdade, o que me faltou foi um amparo, uma proteção. E, então, eu fui buscar tudo isto fora da minha casa, na rua, com o traficante." Abandonado, desamparado, Marcos buscou nas ruas um amparo para substituir aquilo que sua mãe não pôde lhe dar. Marcos dizia quanto lhe faltara suporte, um algo a mais, um carinho de mãe, carinho este nunca encontrado. Com muita lucidez e um tanto de dor, ele nos revelou a dimensão do seu desamparo, que tentou esquecer com o recurso da droga. Por seu discurso, a dor explícita na sua fala, sua fragilidade e a transferência que ele despertava, era como se precisasse ser protegido e receber carinho. Estes foram alguns dos dados que nos permitiram a hipótese de um desabamento constitutivo que marca sua vida, e que está intimamente ligado ao seu sofrimento com características melancólicas e ao uso abusivo de drogas.

O "primeiro trauma", segundo o relato de Marcos, acontece quando ele se separa de sua mãe e, privado de sua presença física, não acha um traço, uma marca, um significante nele inscrito que possa representá-la durante essa ausência. Sem traço, sem amparo, sem ajuda – *hilflos*, em alemão, "desamparado". Essa situação de desamparo iria acompanhá-lo durante toda a sua vida, e foi para lidar com ela que ele achou a solução mágica da cocaína, comungando do "sintoma social maníaco" a que nos referimos no início deste capítulo, que lhe dava, por intermédio do consumo, uma potência jamais alcançada quando lúcido. Marcos era o "consumidor" exemplar.

Com a cocaína, Marcos se sentia enfim um "homem de verdade"; com todos os requisitos que, segundo ele, deviam existir num homem: ele era capaz de ter relações sexuais, era valente, "sai na porrada" ou podia até matar: ele não tinha medo de nada. Tornava-se "imbatível". No entanto, sem o recurso tóxico, Marcos voltava a ser, como ele mesmo se descreve, aquele "homenzinho, com medo de tudo, encolhidinho num canto". Sem a droga, ele se sentia ameaçado.

A clínica explicita a dificuldade que o toxicômano enfrenta ao encarar a falta: ele se desespera, pois não aprendeu a representá-la simbolicamente. A falta, para ele, é toda, é Um, é devoradora. Marcos usava todos os recursos que estavam ao seu alcance para fugir da falta, e certamente a cocaína era um dos seus instrumentos mais importantes, seu "remédio", porém não o único. Percebemos que ele se vinculava aos objetos de modo a não deixar espaço para que a falta aparecesse: como quando ele se agarrava às pernas de sua mãe para impedi-la de ir sozinha ao banheiro, Marcos se agarrava com uma força desesperada, voraz, aos seus objetos de amor; até chegar ao ponto de se tornar dependente desses objetos. Dessa maneira, ele passou de um objeto ou produto de dependência a outro, num movimento metonímico que lembra o deslizamento de uma cadeia significante sem, contudo, poder representá-los, o que os manteve como elementos especulares: mãe, ex-mulher, cocaína, bebida, a psicóloga...

Essa maneira intensa de se relacionar com seus objetos de amor revelou uma tentativa de não deixar espaço possível à falta, à perda, ao buraco do desejo. Assim, nota-se que Marcos transformou seu desejo em necessidade, o amor em dependência. Dito de outro modo, ele operou um tratamento particular do desejo e o transformou em pura e biológica necessidade. Sua demanda por ajuda revelou-se mais como o desejo de ter garantias de completude tóxica em suas relações com os produtos-objetos, quaisquer que fossem.

Ficou-nos cada vez mais evidente que a toxicomania de Marcos era, sobretudo, uma tentativa desesperada de cura, uma rolha para tentar tamponar um abismo profundo. Isto é, a toxicomania se apresentou nesse caso como a expressão clínica da melancolia, de forma que, quando Marcos decidiu parar de usar drogas e ficou longos períodos em abstinência, seu sofrimento melancólico emergiu com toda a força por intermédio do que ele vivenciou como uma profunda depressão. Assim, a cocaína funcionava como um antidepressivo, uma tentativa de fazer calar o sofrimento melancólico. Além disso, os dados sobre sua infância, a relação que ele tinha com sua mãe, com seu meio social e com seu próprio corpo deixaram-nos entrever seu sofrimento como uma dificuldade de viver no mundo, o que nos remete diretamente ao sofrimento melancólico. Para ele, viver era inacreditavelmente difícil: ele não conseguia fazer as coisas básicas do dia a dia, como escovar os dentes, cozinhar, pegar ônibus, tudo isso exigia de Marcos um esforço sobre-humano: "Como é que alguém pode ser feliz neste mundo sem usar drogas?". O incompreensível para Marcos era como ser feliz com esses pequenos e banais gozos fálicos do cotidiano. Para ele, a felicidade estava naqueles curtos, porém intensos, momentos de completude, em um outro corpo, em um outro mundo, um mundo e um corpo alucinatórios mais completos: num mundo onde o gozo é completo, onde o gozo é o gozo do Outro, onde o gozo é o Gozo.

Aqui me lembro de outra fala de um adicto em heroína: "Me drogar é como se todas as células de meu corpo tivessem um orgasmo. Todas. Como posso me interessar por sexo?".

Parece que quando Marcos não encontrava essa forma de Gozo, a única saída que ele conhecia era se afundar na areia movediça do sofrimento melancólico, que não nos pareceu menos impregnado de gozo do que aquele do "barato" (*sic*) da droga. Marcos alternava duas posições: ou ele estava identificado ao vazio melancólico, ou ele estava preso ao Gozo aditivo. Dito de outro modo, quando ele não suportava mais o abismo melancólico, procurava um alívio alucinatório, e, para tal, dava seu corpo como garantia para este gozo destrutivo. Essas soluções drogaditas, de alguma forma, se mostraram mais fortes do que sua demanda por ajuda: Marcos recai mortalmente após desesperadas tentativas de abstinência.

O melancólico elege a droga como seu objeto ideal, objeto que é ao mesmo tempo seu salvamento e sua destruição – salvamento, pois evita um desabamento do eu, pelas suas propriedades alucinatórias e seu caráter narcísico; e destruição, pois a droga encarna o chicote do superego, que destrói o corpo como castigo e pode reencontrar, neste mesmo ato, um gozo mortal, como para Marcos.

> *As vivências de imenso vazio, extrema severidade com o ego, episódios depressivos, desinvestimento em interesses, desilusão e apatia frente aos ideais, muitas vezes encontram-se abafadas pela sintomatologia do toxicômano, rica em atuações, situações de perigo, atos delinquenciais. Essa constatação clínica aponta para a possibilidade de relação entre toxicomania e melancolia, principalmente quando se refere às toxicomanias mais graves. Alguns autores acreditam que a toxicomania tem a função de enfrentamento de um quadro melancólico. (Chaves, 2006, p. 47)*

Freud (1917/1996b) aproximou a toxicomania da melancolia agrupando-as sob o mesmo termo de psiconeurose narcísica. O mecanismo significativo para essas afecções é o da incorporação narcísica do objeto de amor, que presume uma escolha "objetal" dada sobre uma base narcísica (o que questiona o estatuto de objeto enquanto alteridade, aproximando-se mais de uma imagem especular). A incorporação canibalística é uma reação, típica da infância, à perda do objeto de amor. Se o objeto de amor desaparece antes de ter sido representado psiquicamente, o sujeito "devora" este objeto de amor de forma absoluta, que, sem representação, constitui um núcleo causador de angústia. O tipo de incorporação canibalística do objeto é uma defesa à situação de desamparo (Pimenta et al., 2011, pp. 258-259).

Quaisquer que sejam as expressões clínicas emprestadas pela angústia de separação, o canibalismo compreende essa agressividade presente na angústia da perda do objeto de amor e na fantasia de aniquilação. O luto canibalístico é a solução incestuosa de união alimentar ao objeto de amor cuja desaparição pode entrar em um saber ("eu sei"), mas, segundo a lei da clivagem, permanece resolutamente fora de uma crença ("mas mesmo assim..."). Nesse sentido, podemos retomar a toxicomania como o sintoma social maníaco a que nos referimos no início deste capítulo: a valorização social da potência de consumo como prazer e realização narcísica apaga a necessidade de elaboração do luto dos objetos perdidos. Eles passam a ser consumíveis numa cadeia deslizante de substituições. Ao mesmo tempo, como a busca é sem objeto (pois pode ser qualquer objeto), aquele que poderia ser o objeto de amor, o Um, resta mítico.

Quer se trate de um fantasma, de um sonho ou de um delírio, o canibalismo constitui o conteúdo mítico de uma ilusão, na qual o inconsciente joga o jogo selvagem do gozo melancólico, que é justamente o de devorar o objeto de amor identificado de maneira primitiva ao Eu. Essa operação de incorporação canibalística do objeto de identificação porta paradoxalmente a ameaça da própria ruptura do eu: Freud já nos esclarecia que, no mecanismo da melancolia, há a retirada da libido do eu para depositá-la maciçamente sobre o objeto perdido; porém, esse modelo parece subestimar a angústia proveniente nessa identificação mortífera do eu ao objeto, pela ameaça que ele esteja para sempre perdido.

O canibalismo, que serve para designar o conteúdo mítico do fantasma ligado à angústia de separação, é inscrito na natureza mesma dessa identificação: a perda de objeto (separação, abandono) não comporta uma ameaça senão sob essa condição de causar a destruição do eu. A identificação narcísica primitiva é tal que a angústia da perda do objeto de amor se deixa interpretar como angústia do eu de não poder sobreviver para além da desaparição do objeto: a melancolia é menos a reação regressiva à perda do objeto que a capacidade fantasmática (ou alucinatória) de mantê-lo como objeto perdido.

A ambivalência do canibalismo se esclarece se dizemos correlativamente que a angústia melancólica é canibalística e que ela diz respeito, a esse título, à dependência do eu à ameaça da perda de seu objeto: essa ambivalência significa que o meio encontrado de se preservar da perda do objeto é destruí-lo para mantê-lo vivo. A incorporação canibalística não é o ato simbólico de uma resolução da perda. Ela é a satisfação imaginária da angústia de se nutrir do objeto perdido – objeto cuja perda foi, de qualquer maneira, necessária para que ele permanecesse vivo e presente em sua realidade primitiva alucinadamente conservada. É a imagem mesma do consumo da droga, em que o produto, internalizado, colocado para dentro, torna-se parte do sujeito, que se modifica quimicamente por sua presença.

O canibalismo seria, então, a expressão mítica de um luto melancólico, tipo assassinato, de um objeto sob a sedução do qual o eu se encontrou submetido e do qual ele não pode resolver se separar assim que testemunha a angústia de mantê-lo presente em sua ausência.

O canibalismo encontra na angústia a violência de uma tristeza que permite ao eu sobreviver da aparência do objeto perdido, quer dizer, das qualidades cujo fantasma é realidade primeira pelo efeito de sua ausência. Talvez esta seja uma das características mais marcantes da clínica dos estados narcísicos: presença de experiências de perdas vazias de significado, não simbolizáveis.

Para retomarmos, podemos então dizer, sob o ponto de vista da constituição de uma subjetividade drogadita, que tudo começa na relação com o outro. Segundo Kristeva (1983), a primeira identificação, para Freud, é uma identificação mórbida com a mãe (nirvânica). Própria à fase oral de organização da libido na qual o que se incorpora é o que irá se tornar, na qual "ter" serve por "ser", essa identificação arcaica, pré-edipiana, não é verdadeiramente dita objetal, como já nos referimos acima. Essa primeira identificação não é com um objeto, mas com isso que se propõe para o ser como "modelo". Essa enigmática apreensão de um esquema a imitar que ainda não é um objeto de investimento libidinal coloca a questão do estado amoroso como um estado sem objeto e nos envia a uma arcaica reduplicação possível (mais ainda que imitação), antes de toda escolha de objeto.

Notemos como o tornar-se "um" é imaginado por Freud como uma assimilação oral. Podemos interrogar esse desenrolar que se opera da incorporação de um objeto, ou sua introjeção à identificação que não é da ordem do "ter" mas se situa no conjunto de ser-como.

Sobre qual terreno, de qual maneira o "ter" torna-se "ser"?

É procurando a resposta a essa questão que a oralidade incorporante e introjetora nos aparece em sua função de substrato essencial a isso que constitui o ser homem, a linguagem. Quando o objeto que eu incorporo é a palavra do outro – um não-objeto precisamente, um esquema, um modelo – eu me ligo a ele em uma primeira fusão, comunhão, unificação. Identificação. Para que eu seja capaz de uma tal operação, terá sido necessário um freio à minha libido: minha sede de devorar tem que se tornar "psíquica", ou seja, representada. Esta é a possibilidade de receber as palavras do outro, de assimilá-las, repetir, reproduzir, é assim que eu me torno como ele: Um. Um sujeito de enunciação. Por identificação-osmose psíquica. Por amor. Este é o ponto que focalizaremos nas dificuldades clínicas do tratamento do toxicômano: uma impossibilidade de receber as palavras do outro de forma que possam, por identificação, ser elementos de representação de seu sofrimento, sua demanda, seu desejo. "Só com a entrada da linguagem e desse terceiro, o analista, será possível favorecer uma mudança de foco, do registro da necessidade para o registro da demanda, da solução 'tóxico' para aquilo que ela encobre, o sintoma" (Chaves, 2006, p. 130).

É nesse sentido que em psicanálise o desejo do sujeito é conhecido apenas por intermédio de um outro. As pulsões inconscientes operam com o meio social da linguagem, desde as identificações primárias. Desde que se constituem como seres de linguagem, os seres humanos desejam. É apenas por meio de uma relação com o outro que o sentido existe, o que quer dizer que, em sua heterogeneidade, o sentido está tanto no sujeito quanto além dele: um processo contínuo entre dois sujeitos engajados pela linguagem (Oliver, 1993).

O amor requer "dois": o *self* e um outro, e possibilita ao sujeito atravessar as fronteiras do *self* e ser um "outro". O amor torna a identificação primária possível, é o lugar do narcisismo primário, segundo Kristeva (1983). A reduplicação pré-objetal, ainda sem objeto, define o amor, segundo a autora. Ela é necessária para a separação sujeito-objeto: "o amante é uma narcisista com um objeto" (Kristeva, 1983, p. 33). Daí a importância do amor no funcionamento da psique, e a autora estabelece a relação analítica como modelo da relação de amor: relação de transferência e contratransferência por meio da linguagem.

Para Fédida (1991) o objeto-fonte da relação transferencial é sustentado pela pessoa do analista, mas não *é* a pessoa do analista: "a constituição interna do interlocutor é que será capaz de representar este papel motor de eros no auto-erotismo" (p. 120). Trata-se, portanto, de um funcionamento autoerótico do sujeito que inclua, mesmo que primariamente, a presença de um outro: o narcisista com um objeto. Vimos com André que sua duplicação narcísica com a droga não foi alterada pela experiência analítica, pela possibilidade da presença de um outro simbólico, impossibilitando o estabelecimento de um vínculo terapêutico.

Retomando nosso questionamento inicial sobre a falta de demanda clínica do toxicômano associada à sua duplicação narcísica com a droga, que não lhe permite vinculação ao tratamento, vimos o caso de Marcos, submerso no gozo mortífero da melancolia, e o caso de André, que excluía, com sua intoxicação, a entrada de um terceiro elemento na sua relação-assimilação com a droga. Apontamos, então, junto com Kristeva (1998), para o que seria uma possibilidade de escuta vinculante, terciária: o estabelecimento de um freio simbólico à libido devoradora. Ou seja, algo deve possibilitar que a libido canibalística, tornando-se erógena pela transferência, seja enunciada. O sujeito de enunciação pronuncia seu sofrimento a um outro, suporte do laço transferencial.

A dificuldade de dizer o indizível para esses pacientes parece ter relação direta com as crises descritas como "vazios" ou sensações de estarem fora do espaço-tempo. No caso das toxicomanias, parece haver uma busca por essas sensações de desconexão com a realidade e o mundo circundante, anulando qualquer alteridade, contudo, na segurança de que isso provenha da droga e não de sofrimentos internos não representáveis. Como nos esclareceu

Freud (1920): para o perigo pulsional interno, temos poucas garantias de defesa.

O que pode, então, a psicanálise na clínica das toxicomanias? Qual escuta suscitaria uma demanda de vínculo? Pelas reflexões que desenvolvemos até então, poderíamos responder com outra pergunta: qual a possibilidade desses pacientes experienciarem suas crises de não representação para além do sofrimento que suscitam?

De nossa experiência, a ampliação da clínica no enfoque e tratamento das toxicomanias pode permitir que o vínculo com o analista, inicialmente fusional, indiferenciado, canibalístico, desloque-se para uma relação objetivante e, consequentemente, uma alteridade suplementar por intermédio do amor de transferência que erotiza o mortífero da melancolia. O partilhamento de fantasias, a escuta das formas corporais de intoxicação e abstinência, o colocar-se como ponto de referência nos momentos de crises, podem se constituir como elementos importantes para um trabalho simbólico de linguagem que se coloca em andamento sessão após sessão.

Referências

Betts, J. A. (2004). Sociedade de consumo e toxicomania: consumir ou não ser. *Revista da Associação Psicanalítica de Porto Alegre, 26*, 65-81.

Birman, J. (2011). Borda e dobra em psicanálise: sobre o limite na experiência psicanalítica. In C. A. Garcia & M. R. Cardoso (Orgs.), *Limites da clínica. Clínica dos limites* (pp. 11-31). Rio de Janeiro: Companhia de Freud/Faperj.

Chaves, E. (2006). *Toxicomania e transferência.* Dissertação de Mestrado – Curso de Pós Graduação em Psicologia Clínica, Pontifícia Universidade Católica de Pernambuco, Recife.

Conte, M. (1997). Da necessidade à demanda. *Pulsional Revista de Psicanálise, 10*(103), 33-41.

Cremasco Grassi, M. V. F., & Peruzzolo, M. C. (2007). (In)Coerências no contemporâneo: cultura-economia da imagem estética. In Claudinho Brasil (Org.), *A modernização da música primitiva* (pp. 63-82). Curitiba: Gramophone Produtora Cultural Ltda.

Debord, G. (1997). *A sociedade do espetáculo*. Rio de Janeiro: Contraponto. (Trabalho originalmente publicado em 1967).

Fédida, P. (1991). *Nome, figura e linguagem. A linguagem na situação analítica.* São Paulo: Escuta.

Fédida, P. (1978). *L'absence*. Paris: Gallimard.

Freud, S. (1996a). A sexualidade na etiologia das neuroses In *Obras Psicológicas Completas de Sigmund Freud* (Vol. 5). Rio de Janeiro: Imago. (Trabalho originalmente publicado em 1898).

Freud, S. (1996b). Luto e melancolia. In *Obras Psicológicas Completas de Sigmund Freud* (Vol. 14). Rio de Janeiro: Imago. (Trabalho originalmente publicado em 1917).

Freud, S. (1996b). Além do principio do prazer. In *Obras Psicológicas Completas de Sigmund Freud* (Vol. 18). Rio de Janeiro: Imago. (Trabalho originalmente publicado em 1920).

Kristeva, J. (1998). *L'avenir d'une révolte*. Paris: Calmann-Lévy.

Kristeva, J. (1983). *Histoires d'amour.* Paris: Collection Infini.

Loccoman, L. (2012). A polêmica da internação compulsória. *Scientific American Brasil Mente e Cérebro, 31*. Recuperado em 25 fev. 2015 de http://www2.uol.com.br/vivermente/artigos/a_polemica_da_internacao_compulsoria.html

Oliver, K. (1993). *Reading Kristeva: unraveling the double-bind.* Bloomington: Indiana University Press.

Pereira da Silva, M. B., & Cremasco, M. V. F. (2010). O analista e a toxicomania. *Revista Mal-Estar e Subjetividade, X*(3), 913-929.

Pimenta, S. N., Cremasco, M. V. F., & Lesourd, S. (2011). Clínica da toxicomania: uma expressão melancólica? *Revista Latinoamericana de Psicopatologia. Fundamental, 14*(2), 252-267.

8. O que pode a psicanálise frente ao adoecimento neurológico

Monah Winograd

Perla Klautau

Flavia Sollero-de-Campos

Classicamente, o tratamento das neuroses de defesa tem sido sustentado pela associação livre do analisando conjugada à atenção flutuante e à interpretação do analista do desejo inconsciente, na e pela transferência. Em outras palavras, os parâmetros teóricos que têm guiado a abordagem técnica e metapsicológica desses casos gira, habitualmente, em torno do recalque, sendo a histeria seu modelo referencial. Contudo, pacientes que apresentem, em primeiro plano, algum tipo de sofrimento narcísico-identitário têm se mostrado não somente pouco tolerantes a esse tipo de abordagem, mas, sobretudo, pouco beneficiados por ela. Tais pacientes têm sido classificados como reveladores quer de patologias atuais, estados fronteiriços, estruturas não neuróticas ou patologias narcisistas, entre outras nomenclaturas, e apresentam, dentre outros, falsos *self*, personalidades como se, si-mesmos-brancos ou vazios ou falhas básicas etc. Não importando o nome que se dê ou o aspecto que se deseje destacar, e guardadas as devidas diferenças metapsicológicas de cada uma dessas nomenclaturas, em geral, esses sofrimentos caracterizam-se por limitações importantes na capacidade de simbolizar, de representar e de elaborar, resultando, muitas vezes, no triunfo do ato sobre a palavra – daí serem também nomeados como patologias da ação, casos difíceis e patologias do vazio.

Embora a etiologia desses quadros venha sendo atribuída a certas ocorrências envolvendo a (não) consolidação dos processos narcísicos primários na infância, acreditamos ser possível estender tais formulações metapsicológicas a outro tipo de casos nos quais também se pode perceber ameaças ao sentimento identitário, em uma espécie de ataque *a posteriori* ao narcisismo primário. Se considerarmos, como propôs Green (1966-1967/1988a), ser o narcisismo primário mais estrutura que estado e se levarmos em conta ser necessária a manutenção constante desse suporte narcísico, podemos pensar em casos nos quais essa estrutura se fragilize, não no momento de sua constituição, mas em função de problemáticas posteriores radicais que afetem radicalmente as possibilidades de individuação e de simbolização. Como nas patologias narcísicas com etiologia precoce, também aqui zonas frágeis ou extremamente instáveis da tessitura egoica, simultaneamente, resultam em e são resultantes de um apagamento (parcial) dos limites intra e intersubjetivos. Também aqui a impossibilidade de elaborar a angústia – bem diferente da angústia neurótica de castração – se expressa como temor de aniquilamento e de desmoronamento de um Ego que, paradoxalmente, não mais se encontra consistentemente constituído e coeso.

Assim, a partir das pesquisas "Do cérebro à palavra: a clínica com pacientes neurológicos" e "Aspectos subjetivos do adoecimento neurológico", ambas realizadas na Pontifícia Universidade Católica do Rio de Janeiro (PUC-Rio) e com o apoio do Conselho Nacional de Desenvolvimento Científico e Tecnológico (CNPq) e da Fundação de Amparo à Pesquisa do Estado do Rio de Janeiro

(FAPERJ),[1] formulamos a hipótese de que, em muitos casos, o quadro psicopatológico que se instala após a percepção e a experiência das sequelas cognitivas pode ser localizado entre a neurose traumática e as patologias narcísico-identitárias. Dentre o que sustenta nossa hipótese, são dois os aspectos fundamentais: (1) a verificação, na clínica, de que a percepção e a experiência das sequelas, particularmente as que tenham afetado funções cognitivas importantes, desestabilizam a sensação de continuidade da existência subjetiva e a identidade, dissolvendo a coesão egoica sustentada pelo narcisismo primário e por funções do Ego apoiadas na cognição; e (2) a impossibilidade de elaboração da percepção e da experiência das sequelas cognitivas em função destas mesmas sequelas congela esses sujeitos em um presente permanente, detonando o movimento de compulsão à repetição em um esforço de elaboração e simbolização e, ao mesmo tempo, de descarga.

Freud identificou e descreveu algumas funções egoicas em diversos momentos de sua obra (por exemplo, em 1923), permitindo a compreensão de que a função geral do Ego é a de moderação intrapsíquica (função antinômica) e entre o psiquismo e o meio. Suas funções elementares seriam: (1) indução ao processo secundário; (2) controle da motilidade; (3) percepção; (4) prova de realidade; (5) antecipação; (6) ordenação temporal dos processos psíquicos; (7) pensamento racional (síntese); (8) funções inibitórias, dentre as quais destacam-se a racionalização, a preterição, o adiamento e as defesas contra as exigências pulsionais (censura, recalque etc.). É certo que praticamente todas essas funções têm nas funções cognitivas (como percepção, atenção, memória, linguagem e funções executivas) seu apoio interno e contribuem para a manutenção dos limites intra e intersubjetivos.

---

1 Apoios da FAPERJ (processos n. E-26/101.498/2010 e E.26/102.784/2011) e do CNPq (processo n. 305175/2012-2).

Alterações nessas funções (cognitivas e, consequentemente, egoicas) resultam em variações e distúrbios na relação do sujeito com o meio e consigo mesmo, podendo incluir, entre outros, dificuldades importantes na inibição dos processos primários e no manejo das exigências pulsionais, desordenação temporal dos processos psíquicos, afrouxamento da prova de realidade, dificuldades de síntese, de diferenciação e, mais profundamente, limitações importantes na capacidade de simbolização e de representação. Nos caso dos pacientes portadores de lesão cerebral ou de doenças neurológicas, temos verificado que, ao perceberem que têm uma ou várias das funções egoicas comprometidas pelas disfunções cognitivas, sofrem uma desorganização violenta de todo o psiquismo e não apenas do Ego, deflagrando uma neurose traumática mesclada a uma espécie de trauma precoce *a posteriori*, como se o Ego, em particular, e os limites intrassubjetivos, em geral, se desconstituíssem mais ou menos gradativamente. É bem nesse sentido que entendemos que os danos cognitivos induzem uma desestabilização do que Dolto (1984) chamou de narcisismo primordial ou sensação de mesmidade do ser.

Por esses e outros motivos, os desafios impostos pelas questões clínicas e metapsicológicas que esses casos suscitam é de grande importância para a psicanálise nos tempos atuais. Como afirma Malabou (2007), o estudo do impacto do adoecimento neurológico sobre a continuidade da vida psíquica e o estudo da vulnerabilidade dos sujeitos a esses impactos demonstram que, aqui também, trata-se fundamentalmente da problemática relativa à incidência do traumático – questão que se tornou central na psicopatologia contemporânea nos últimos tempos. É preciso considerar que lesões cerebrais com sequelas cognitivas, quer tenham se instalado após acontecimentos localizados, como acidentes vasculares encefálicos (AVE) ou traumatismos crânio-encefálicos

(TCE),[2] quer se instalem gradativamente, como nas doenças degenerativas[3] (por exemplo, doença de Alzheimer ou afasia progressiva primária), não são apenas afecções neurológicas, mas também golpes traumáticos no psiquismo que atingem a identidade dos sujeitos e, mais profundamente, desorganizam radicalmente sua economia psíquica de modo geral.

Para Freud (1920/1990c), um acontecimento traumático apresenta necessariamente duas faces: uma exógena e outra endógena. A face exógena resulta de sua ocorrência súbita, de seu caráter de surpresa. A face endógena se refere ao modo como esta exterioridade é elaborada pelo psiquismo para que se integre (ou não) no curso da história do sujeito. Por isso, Paul Ricoeur (1965) pode afirmar que a especificidade da psicanálise é revelar, em cada

---

2 De início súbito e usualmente conhecido como derrame cerebral, o acidente vascular encefálico ou cerebral se caracteriza pela perda rápida da função neurológica em questão, seja de um entupimento (isquemia), seja de um rompimento (hemorragia) dos vasos sanguíneos cerebrais. No caso dos AVEs isquêmicos, que são os tipos mais comuns, ocorre falta de fluxo sanguíneo cerebral, levando ao sofrimento e enfarte do parênquima do sistema nervoso. Embora, inicialmente, não haja morte de tecido cerebral, a falta de suprimento sanguíneo provoca a rápida degeneração do tecido, levando a área central do acidente vascular à morte em pouco tempo, podendo ocasionar disfunções cognitivas importantes e graves. Já o traumatismo cranioencefálico (TCE), também conhecido como lesão intracraniana, ocorre quando uma força externa causa um ferimento traumático no cérebro, podendo ser classificado com base na severidade, no mecanismo (ferimento fechado ou que penetra o crânio) ou em outras características (como a ocorrência em um local específico ou em uma área ampla do encéfalo). Suas consequências podem ser de diversas ordens: físicas, cognitivas, sociais, emocionais e comportamentais, podendo variar da recuperação completa para uma deficiência permanente ou para a morte.

3 Doenças neurodegenerativas são doenças nas quais ocorre a destruição progressiva e irreversível dos neurônios, as células responsáveis pelas funções do sistema nervoso. Quando isso acontece, dependendo da doença, gradativamente o paciente perde suas funções motoras, fisiológicas e/ou sua capacidade cognitiva. São caracterizadas pela cronicidade, progressão e perda seletiva e simétrica de neurônios nos respectivos sistemas motor, sensório e ou cognitivo.

acontecimento, o entrecruzamento da energética com a hermenêutica, a articulação entre o sem sentido e o sentido, ou seja, a elaboração das forças em jogo para que sejam integradas psiquicamente e produzam sentidos. Como na neurose traumática e nos casos de traumas precoces, também nos casos de adoecimento neurológico com sequelas cognitivas se trata da ocorrência de algo que, pela sua violência e virulência, é da ordem do sem sentido, do irrepresentado e do impensado, derivado de uma transformação descontínua, frequentemente súbita, pela qual a identidade se vê dissolvida por um acontecimento que, embora tenha decerto uma face endógena, é sentido como exógeno ao psiquismo.

Com efeito, como sublinha Malabou (2007), os adoecimentos neurológicos com sequelas cognitivas são acontecimentos que, ao afetarem a identidade psíquica dos sujeitos, revelam uma certa articulação do exógeno com o endógeno que apresenta a singularidade de ser refratária a toda hermenêutica: o caráter exterior do acidente permanece exterior ao psiquismo, como um exterior no interior, inassimilável como os *fueros* descritos por Freud (1895/1990a), os quais nos colocam diante de feridas que desmantelam o fio de uma história, suspendendo seu curso e permanecendo ausentes de sentido. Daí poderem ser entendidos como um mau encontro com o Real, isto é, com uma exterioridade íntima (Porge, 2000) ou com uma exterioridade interna radical (Cardoso, 2011) que, por não ser assimilável para e pelo sujeito e, portanto, não ser representável, promove a intensificação da pulsão de morte e a amplificação de seus efeitos.

Assim, o que o atendimento aos pacientes portadores de sequelas cognitivas derivadas de adoecimentos neurológicos nos faz lembrar é que uma investigação conceitual em psicanálise precisa sempre considerar que os planos da cerebralidade e da subjetividade devem ser pensados não em uma relação de contraposição, de justaposição ou de causalidade, mas unicamente, como propôs Freud em 1891 (Freud, 1891/1973; Winograd, 2013), numa relação de concomitância dependente, pois se pode perceber muitos traços comuns nos efeitos destrutivos do trauma sobre o psiquismo, quer sua causa detonadora seja orgânica ou psíquica (como se fosse possível separá-las). Em todos, há a ocorrência de um acontecimento inesperado e impossível de ser fantasiado. Por isso, a clínica com esses pacientes difere, em pontos consideravelmente importantes, da clínica psicanalítica clássica.

Até poucos anos atrás, o atendimento clínico a pacientes neurológicos tinha como eixos centrais a neurologia e a neuropsicologia (Sury & Sano, 1999; Miller, 1993). O tratamento privilegiava as perdas cerebrais, cognitivas e motoras sofridas pelo sujeito em função de seu adoecimento, negligenciando abordagens de cunho psicoterapêutico e priorizando a reabilitação das funções cognitivas. Por sua vez, a clínica psicanalítica tradicional não acolhia esse tipo de caso, por ter se voltado para o tratamento de afecções de etiologia psicológica, deixando para a neurologia e a neuropsicologia o espectro das patologias de etiologia neurológica. De nossa parte, acreditamos que, em casos como estes, considerando as enormes limitações cognitivas, o grande desafio é construir uma narratividade a partir da qual seja possível estabelecer uma via de elaboração para o golpe traumático. Devido às limitações, é evidente que o analista não pode se pautar pela recuperação de lembranças que a memória não pode mais acessar. Como nas patologias narcísico-identitárias, o material disponível para o trabalho analítico pertence muito pouco ao registro da representação. Assim, entendemos ser somente mediante os afetos que uma via de (re)construção e de elaboração subjetiva podem ser instauradas. Nesse sentido, a função do analista consiste em estabelecer, com esses pacientes, um campo transfero-contratransferencial que privilegie os acessos aos afetos como ferramenta clínica. Quando possível, esse trabalho permite algum manejo psíquico das rupturas vividas e, com isso, a atualização de questões anteriores ao adoecimento, sua elaboração e, consequentemente, a formulação de novas questões.

Embora em Freud sejam muito escassas as passagens nas quais a questão da contratransferência foi abordada diretamente, os pós-freudianos fizeram dela objeto de atenção crescente, sobretudo pelo tratamento ter sido paulatinamente entendido como uma relação e estendido ao acolhimento de crianças e de psicóticos. De modo bastante esquemático, Laplanche & Pontalis (1982) lembram que a delimitação do conceito tem sido extremamente variada, pois se alguns o entenderam como tudo o que, da personalidade do analista, interviria no atendimento, outros restringiram a contratransferência aos processos psíquicos (conscientes ou inconscientes) que a transferência do paciente engendra no analista (por exemplo, Heimann, 1950/1995). Neste último sentido, transferência e contratransferência não seriam processos distintos e separados, um do lado do paciente e outro do lado do analista, mas comporiam o campo analítico em conjunto. Já para Lacan (1953-1954/1986), a própria noção de contratransferência não teria objeto, pois se referiria aos efeitos da transferência sobre o desejo do analista que, ao ser posto no lugar do Outro pela palavra do analisando, ocuparia uma terceira posição que tornaria a relação analítica irredutível a uma relação dual. Apesar das críticas ferozes, o conceito prosperou ao longo da história, inspirando autores contemporâneos como Thomas Ogden (1994), para quem, entre analista e analisando, existe uma relação dialética intersubjetiva que engendra o que ele chamou de terceiro analítico, ou seja, uma criação comum do par analista-paciente, um campo transferencial-contratransferencial composto, entre outros, pela produção associativa de ambos.

O atual, o irrepresentável e a compulsão à repetição

Se é certo que a ocorrência de lesões cerebrais súbitas ou degenerativas com sequelas cognitivas desorganiza o funcionamento das estruturas e dos sistemas neurais, também é certo que a experiência subjetiva como um todo se encontra profundamente afetada. De modo geral, os sujeitos acometidos por adoecimentos neurológicos encontram-se desprovidos da possibilidade de se apoiarem sobre as coordenadas subjetivas que estruturavam a coesão de seu Ego, uma vez que as disfunções cognitivas impuseram limites mais ou menos radicais para sua capacidade representacional. Por isso, em muitos casos, é possível observar uma espécie de convicção de que as lembranças perdidas em uma memória inacessível precisam ser recuperadas para restaurar os prejuízos subjetivos causados pelo esquecimento de palavras, nomes, pessoas, lugares e situações que fazem parte de um passado não mais reconhecido como próprio. Tais referenciais são fornecidos com o apoio necessário das funções cognitivas, e a sua perda é vivida como um golpe traumático que divide a experiência subjetiva em antes e depois do adoecimento, abalando o conjunto da organização psíquica e desestabilizando o sentimento de identidade e de continuidade da existência. Com a sensação de um Ego em ruínas, a coesão é buscada pela crença de que seria possível recuperar o que foi perdido, voltando a ser como era antes. Por um lado, essa sensação de falta de uma parte de si atualiza o repertório de defesas contra desamparos vividos diante de traumas anteriores e, por outro, o projeto de voltar a ser como antes revela uma medida protetiva diante das angústias suscitadas pelo processo de adoecimento em curso.

Apesar da percepção das sequelas cognitivas ser inequivocamente um golpe traumático para o psiquismo, nem sempre seus efeitos psicopatológicos resultam deste único trauma. Muitos pacientes alimentam, inicialmente, a esperança de que as disfunções cognitivas serão revertidas, o que nem sempre acontece, apesar de melhoras possíveis a partir dos tratamentos de reabilitação fonoaudiológica e neurocognitiva. Nesses casos específicos, o que está em questão na percepção da permanência no tempo das sequelas derivadas das lesões é a instalação silenciosa de uma série de pequenos traumas, os quais, como efeito de seu acúmulo, levam à desestruturação da unidade do Ego e ao comprometimento do conjunto da organização psíquica, dissolvendo seus limites internos e externos.

O conceito de trauma cumulativo, elaborado por Masud Khan (1963/1984), fornece recursos para o entendimento desta ideia. Khan parte da premissa de que falhas na função de proteção do psiquismo em formação provocam pequenas fissuras no Ego durante o processo de desenvolvimento, adquirindo valor traumático cumulativa e retrospectivamente. Ou seja, seu caráter traumático não é dado pelos acontecimentos no momento de sua ocorrência, isto é, na abertura das fissuras, mas sim pela repetição e pelo acúmulo desses pequenos sulcos, silenciosa e invisivelmente. Trocando em miúdos, ao longo do adoecimento, o sujeito gradualmente acumula feridas, impressas pela percepção inicial das perdas cognitivas e do comprometimento das funções egoicas, pela percepção da permanência das perdas no tempo e pela percepção das consequências dessas perdas. A reunião dessas feridas ao longo do tempo, somada às próprias disfunções cognitivas, abalaria a consistência do narcisismo primário, resultando na impossibilidade de se reconhecer como ser uno e contínuo e de encontrar apoio nas próprias percepções e representações sobre si mesmo e sobre o mundo. Com escreveu André Green (1974/1984):

> *O trauma, não só se desloca da esfera da sexualidade para a do Eu, mas perde sua dimensão dramática*

> *e puntiforme para inserir-se num tecido de microtraumatismos cujas sequelas se parecem menos com uma cicatriz de um ferimento que com um processo de esclerose que estrangula o desenvolvimento do Eu. Não se conclua daí que o analista deva dedicar-se à reparação. (p. 7)*

Em *Além do princípio do prazer* (1920/1990c), o trauma foi descrito como uma experiência que não pode ser processada psiquicamente no instante de sua ocorrência, uma vez que sua intensidade elevada rompe o escudo protetor do psiquismo, rasgando uma tessitura psíquica inteiramente despreparada para recebê-la. Nesse texto, Freud desenvolveu a ideia de que um acontecimento como um trauma externo provoca um distúrbio enorme na economia energética do psiquismo, pondo em operação todas as medidas defensivas possíveis e momentaneamente suspendendo a regulação pelo princípio de prazer. Não havendo mais a possibilidade de impedir que o aparelho mental seja inundado com grandes quantidades de estímulos, pois o escudo protetor foi rompido, surge outro problema: dominar as quantidades que irromperam e vinculá-las psiquicamente para que possam ser descarregadas adequadamente. É bem esta a função dos sonhos traumáticos, qual seja, repetidamente trazer o sujeito de volta à situação do trauma para ajudar a dominar retrospectivamente o excesso por meio do desenvolvimento da angústia cuja ausência permitiu a deflagração da neurose traumática.

Nesse sentido, se, por um lado, a percepção contínua das sequelas do adoecimento neurológico, bem como as próprias sequelas, operam como uma espécie de solvente do narcisismo primário, por outro lado, seus efeitos psicopatológicos se assemelham também aos de uma neurose traumática. Simone Korff-Sausse (2001), ao tratar da problemática do traumático nos pais de crianças portadoras de deficiência física, destacou os seguintes elementos que também podemos perceber aqui: (1) despreparo do psiquismo; (2) experiência de pavor e de agonia (mais que medo ou angústia); (3) fracasso da capacidade egoica de pôr em operação processos de simbolização; (4) consequentemente, dominância da ordem do irrepresentável; (5) sideração ou fragmentação psíquicas sem a possibilidade de um trabalho de luto (egoico). Noutras palavras, trata-se de uma experiência que ultrapassa as possibilidades de metabolização do Ego, tanto pela sua intensidade quanto pelas consequências. Como se não bastasse o encontro com a súbita intimidade com a morte (Barrois, 1998), excessivo por si só, os pacientes com sequelas cognitivas derivadas de adoecimentos neurológicos não podem mais contar com as funções que são condição de possibilidade do pleno funcionamento do Ego e, portanto, do trabalho de elaboração. Arrebatados pelo adoecimento, capturados pelo trauma, esses pacientes congelam-se no tempo, siderados na atualidade de suas sequelas, no momento de ruptura entre um passado perdido e um futuro rejeitado.

Mas se essa sideração diante do acontecimento traumático expressa a impossibilidade de simbolizar, ela também revela o esforço nessa direção. Por isso, como veremos, a entrada em cena da compulsão à repetição, movida pela pulsão de morte, pode e deve ser entendida, ao mesmo tempo, como o que mantém o sujeito em um movimento mortífero e como a reunião das forças necessárias para os processos de subjetivação (reestabelecimento dos limites intra e intersubjetivos). Segundo Freud (1920/1990c), a função da compulsão à repetição é dominar o excesso de estímulos e processar a ligação da energia livre. Noutras palavras, porque a excitação, por sua intensidade, não pode ser metabolizada psiquicamente, dissolvendo a lógica do princípio do prazer, o dispositivo da compulsão à repetição tornou-se ativo em um esforço paralisante e simultâneo de evacuação e de domínio da excitação não metabolizada. A isto Green (2000) chamou de paradoxo: a mesma energia necessária empenhada repetitivamente na tentativa de elaboração é, a cada descarga, esvaziada momentaneamente do psiquismo, liberando-o das tensões que permitiriam o enriquecimento de sua organização, a complexificação de seu funcionamento, a extensão de seu campo de atividade e a diversificação dos investimentos.

Essa fixação engendrada pelo trauma difere em essência da fixação libidinal, pois se a última expressa classicamente uma adesividade da libido a determinados modos de obtenção de satisfação e, portanto, a certas organizações características de suas fases de desenvolvimento, a primeira revela, ao contrário, um movimento desorganizador e "desdiferenciador" como efeito colateral da operação intensificada da pulsão de morte. Por isso, pela impossibilidade de inscrição e de transcrição psíquicas, a compulsão à repetição é como uma morte do tempo (Green, 2000). O que a descarga não cessa de evacuar, sem conseguir fazê-lo de uma vez por todas, não pode ser transformado nem assimilado, ficando fixado, impossibilitado de ser articulado em uma rede representacional e, portanto, historicizado. A consequência é o congelamento e a paralização do tempo, a suspensão do domínio do princípio do prazer e, mais radicalmente, o fracasso das tentativas de sua instauração – características que também se podem encontrar nos casos nos quais se verificam falhas da função de contenção do objeto primário.

Em uma pequena passagem de 1939, no artigo "Moisés e monoteísmo", Freud indicou brevemente a influência dos traumas precoces ocorridos na primeira infância (até aproximadamente o quinto ano de idade) sobre o desenvolvimento das neuroses: "denominamos *traumas* aquelas impressões, cedo experimentadas e mais tarde esquecidas, a que concedemos tão grande importância na etiologia das neuroses" (1939/1990f, p. 91). Mais adiante, complementou: "Os traumas são ou experiências sobre o próprio corpo do indivíduo ou percepções sensórias, principalmente algo visto ou ouvido, isto é, experiências ou impressões" (p. 93). Ora, os termos "impressões", "percepções sensórias" e, em certa medida, "experiências" apontam para algo vivido impossível de ser definido de forma precisa, isto é, algo experimentado que deixou marcas que se fixaram como vestígios de um tempo anterior à aquisição da linguagem, ou seja, anterior à sua transcrição como representação.

Lembremos que o psiquismo começa a se constituir a partir das primeiras sensações corporais associadas a cotas de afeto prazerosas ou desprazerosas que deixam impressões psíquicas. Na famosa "Carta 52" (1896/1996a), Freud supôs a ocorrência de três níveis de inscrição (*Niederschrift*) básicos para a organização do aparelho psíquico:

- O primeiro registro é o dos signos de percepção (*Wahrnehmungzeichen*) constituídos pelas impressões psíquicas decorrentes da percepção (*Wahrnehmungen*), associados por simultaneidade e inteiramente inacessíveis à consciência.
- O segundo registro é o da inconsciência (*Unbewusstsein*), composto por traços mnêmicos organizados não mais por simultaneidade, mas, possivelmente, também por causalidade.
- O terceiro registro é a pré-consciência (*Vorbewusstsein*), ligado à representação-palavra.[4] Esse registro corresponderia ao

4 A representação-palavra é relativa à linguagem verbal, distinta da representação-coisa como a imagem sonora se distingue da imagem visual. No livro sobre as afasias (Freud, 1891/1973), a representação-coisa é descrita como um complexo aberto de imagens, enquanto a representação-palavra aparece como um complexo fechado (composto pela imagem da leitura da palavra, imagem

nosso Eu oficial, ou seja, ao que posteriormente comporá a instância egoica.

Vê-se com clareza, ainda que formulada de forma rudimentar, a suposição da inscrição de algo aquém da representação e que é a base sobre a qual o Ego se forma pela retranscrição de um registro para o outro. Ora, como o próprio Freud ensinou (1896/1996a), não se deve supor que, ao se passar de um registro ao outro, a inscrição anterior desapareça. Ao contrário, os três níveis de registro coexistiriam e, do mesmo modo que nem tudo o que está no inconsciente chega necessariamente à consciência, nem tudo o que se encontra em um desses registros passará ao seguinte.

Em 1900, no Capítulo VII de *A interpretação dos sonhos* (Freud, 1900/1996b), retomando o tema das inscrições psíquicas, Freud desenvolveu a ideia de que as primeiras representações seriam compostas por traços mnêmicos das sensações de prazer e desprazer associadas às sensações corporais. Mediante a possibilidade crescente de associações por contiguidade e simultaneidade, essas representações fariam a passagem gradual do processo primário, característico dos processos inconscientes, para o processo secundário, próprio ao Ego. Aqui, é possível uma aproximação com a "Carta 52": do registro dos signos de percepção para o registro seguinte, ainda inconsciente, e daí para o terceiro registro das marcas de consciência. A tendência à descarga automática dessas sensações corporais diminuiria à medida que aumentassem as representações disponíveis. Dito de outro modo, a compulsão à repetição perderia intensidade à medida que aumentasse a disponibilidade de representações para tramitar a excitação.

---

da escrita, imagem acústica e imagem motora), que reuniria as "associações de objeto" em "complexo", constituindo a identidade da coisa.

Os traumas precoces e, em certa medida, também os traumas atuais se inscreveriam, portanto, no nível do primeiro registro, qual seja, o dos signos de percepção, inscritos, mas ainda não constituídos como traços e muito menos organizados em representações de qualquer ordem. Embora estejamos já falando de impressões e, portanto, de marcas mnêmicas inscritas, estamos operando no nível do irrepresentável, ou melhor, do irrepresentado. Se acrescentarmos a essas formulações a ideia segundo a qual a compulsão à repetição seria um processo natural e necessário para a constituição psíquica (Freud, 1920/1990c), posto que sua função é dominar as excitações que atingem o aparato psíquico por intermédio de sua articulação na rede representacional, torna-se possível entender que tanto nos casos de traumas precoces quanto na neurose traumática é este mecanismo que se destaca, qual seja, o esforço de metabolização representacional das excitações (inclusive pulsionais) que o aparato psíquico não pode processar no momento em que foi por elas atingindo e que gerou o trauma.

Como vimos anteriormente, quanto mais representações disponíveis, menor a descarga automática, portanto, menor o alcance da compulsão à repetição. Nos casos de adoecimento neurológico com sequelas cognitivas, percebemos justamente uma espécie de caminho inverso: as lesões neurológicas operam uma dissolução de regiões mais ou menos extensas da rede representacional até o domínio do primeiro registro (signos de percepção); como se o psiquismo se desconstituísse e se desdiferenciasse e, a partir disso, zonas psíquicas não integradas, aquém do princípio do prazer, fossem se instalando, desligando as ligações estabelecidas. São os *fueros* de que Freud falou no *Projeto* (Freud, 1895/1990a) e retomou em seu livro sobre Moisés (Freud, 1939/1990f): "são, poder-se-ia dizer, um Estado dentro de um Estado, um partido inacessível, com o qual a cooperação é impossível, mas que pode alcançar êxito em dominar o que é conhecido como partido normal e forçá-lo a seu serviço"

(Freud, 1939/1990f, p. 95). É claro que há diferenças importantes entre os sujeitos que tiveram apenas algumas funções cognitivas atingidas e os que apresentam doenças degenerativas nas quais as funções se deterioram continuamente. Podemos formular a hipótese de que, nos primeiros, os *fueros* estão circunscritos, como se estivessem murados, e, nos segundos, o território desses *fueros* está em expansão contínua, asfixiando literal e metaforicamente a vida psíquica. Em ambos os casos, assistimos à intensificação do trabalho da pulsão de morte, com certeza, como efeito psicopatológico do desligamento pulsional, mas, mais radical e profundamente, como recrutamento de forças para engendrar a reconstituição e a reintegração do que se desconstituiu e se desintegrou.

Pulsão de morte e constituição subjetiva

O trabalho de ligação ao qual Freud (1920/1990c) aludiu em *Além do princípio de prazer* como sendo a função essencial do aparelho psíquico é, com efeito, um trabalho de cobertura e de revestimento, ou seja, de produção de representações que organizem o mundo mediante a captura e o domínio das excitações. Esse trabalho de ligação é função do Ego, responsável, como vimos, pelos processos de síntese, de integração e de inibição, entre outros, em uma espécie de movimento de retorno ao mesmo, de busca do familiar e de encobrimento de tudo o que lhe pareça uma ameaça a sua permanência estrutural (Scarfone, 2013). Dito de outro modo, o Ego acolhe o novo se puder assimilá-lo, ligá-lo, torná-lo semelhante ao que já conhece e acomodá-lo em seu universo representacional estabelecido. Classicamente se diz que o Ego se renova e se transforma, tornando-se ele mesmo, como efeito dos processos de ligação alimentados pela pulsão de vida. Porém, se é certo que a manutenção dos limites do Ego depende da pulsão de vida, é igualmente certo que não haveria limite nenhum sem o trabalho da pulsão de morte, em uma retomada contínua dos processos de constituição subjetiva. Ou seja, mais profundamente, podemos afirmar que, ao mesmo tempo que a individuação do Ego está relacionada às atividades de integração, de síntese e de objetalização, ela também depende radicalmente dos processos de desligamento, de desobjetalização e de negativização como efeito da pulsão de morte (Green, 1988c).

Como ensina Garcia-Roza (1986), se o conceito de pulsão de morte foi cunhado em 1920, foi em 1925, no artigo sobre a negativa que ele conheceu sua transformação teórica mais profunda e definitiva. Em um comentário falado em um dos seminários de Lacan, Hyppolite (1955/1966) chamou a atenção para o fato de que o que Freud ofereceu em seu artigo foram hipóteses sobre a gênese do pensamento a partir da negativa. São duas as passagens do texto freudiano que merecem destaque: "A negação é um modo de tomar notícia do recalcado; na verdade, é já uma suspensão do recalque, ainda que não, é claro, uma aceitação do recalcado. Vê-se como a função intelectual se separa, aqui, do processo afetivo" (Freud, 1925/1990e, p. 254) e "A afirmação – como substituto da união – pertence a Eros e a negação – sucessora da expulsão – à pulsão de destruição" (Freud, 1925/1990e, p. 256).

A primeira passagem expressa a ideia de que o intelectual resulta da suspensão presente na função de negação, a partir da qual o recalque não é totalmente eliminado, na medida em que o que foi negado permanece como tal. Quando o analista revela para um paciente o que foi negado e o paciente o aceita racionalmente, diz Freud (1925/1990e), ele nega sua negação, mas o recalcado não é por isso integrado ao Ego. Green (2011) esclarece que, aqui, a operação que a negativa representa permite que algo saia do Ego ao mesmo tempo que é reforçada pela recusa em admiti-lo como parte do Ego. Por isso a afirmação resultante (como negação da negação) ser puramente intelectual e bem distinta do que seria a afirmação afetiva original.

Se retrocedermos até o período de constituição egoica, podemos considerar que, antes da aquisição da linguagem (e da possibilidade de dizer "não"), o bebê permaneceria dominado por um "sim", pelo afetivo primordial, sem a possibilidade de distanciamento da experiência, fornecida pela linguagem (Garcia-Roza, 1986). A partir disso, como demonstra a segunda passagem transcrita acima, Freud (1925/1990e) articulou o ato de julgar com os mecanismos de introjeção e de expulsão, e estes respectivamente com as pulsões sexual e de morte. E esclareceu que, apesar dos mecanismos de expulsão e de introjeção obedecerem ao princípio do prazer, o juízo de negação foge a esse princípio, sendo mesmo sua condição de possibilidade.

O juízo de afirmação ou de negação pode se configurar como juízo de atribuição (afirma ou nega a posse de algo) ou de existência (afirma ou nega a existência de uma representação pertencente ao Ego na realidade). No primeiro caso, trata-se da incorporação ao Ego de algo experimentado como bom, por efeito da pulsão de vida, ou da expulsão do Ego de algo vivido como ruim, por efeito da pulsão de morte. No segundo caso, trata-se igualmente do que se refere ao interno e ao externo, mas não mais relativamente ao que é bom ou ruim e, sim, com relação ao que seria real ou irreal. Neste último caso, o princípio do prazer não é o determinante. Freud (1925/1990e) escreveu que o Ego-prazer original quer introjetar tudo o que seja bom e expulsar de si o que seja mau. De modo que o que é mau, o que é estranho e o que é exterior ao Ego são, inicialmente, idênticos.

Ora, com efeito, essas formulações se referem ao processo de constituição do Ego e do objeto e resultam da ação da pulsão de vida (união/introjeção), mas também da pulsão de morte (desunião/expulsão). Hyppolite (1955/1966) diz que "a afirmação primordial não é outra coisa que afirmar; mas, negar é mais do que querer destruir" (p. 391). Ou seja, haveria uma afirmação primordial correspondente à forma primeira da relação do bebê com a mãe, relação afetiva por excelência e puramente afirmativa por ser expressão direta do pulsional, anterior a qualquer recalque, anterior a qualquer individuação ou constituição de limites subjetivos. Em seguida, haveria uma negativa desta afirmação primordial sob a forma do recalque original, o qual não é operado pelo sujeito porque ele é seu resultado e não seu agente, e que produz inscrições que, por meio disso, fixam a pulsão no representante-representacional. Com isso, está dada a condição de possibilidade do estabelecimento da diferenciação entre o Ego e o não-Ego: o que é mau foi negado, expulso, e o que é bom pode, agora, ser introjetado em um movimento de tessitura dos limites egoicos.

Se considerarmos a relação intrínseca entre introjeção, afirmação e pulsão sexual e entre expulsão, negação e pulsão de morte, podemos afirmar que é por meio da ação da pulsão de morte que se dá a separação Ego/não-Ego, a constituição do objeto e, consequentemente, a estruturação do psiquismo. Dito de outro modo, o trabalho do negativo – profundamente ligado à ação da pulsão de morte – é necessário para a construção e para a estruturação do espaço psíquico. Não afirmamos, com isso, que a pulsão de vida é desimportante nesse processo. Pelo contrário, sem os processos que a expressam, não há constituição psíquica. Mas sem os processos operados pela pulsão de morte, os próprios limites inter e intrassubjetivos não podem se estabelecer. Daí afirmarmos que a intensificação e amplificação da pulsão de morte nos casos em que os limites subjetivos estão indefinidos sejam um recrutamento de forças constitutivas, sendo seus efeitos psicopatológicos uma espécie de dano colateral que, com efeito, muitas vezes não se pode neutralizar.

Em 1911, Freud já se tinha se aproximado dessas questões, embora ainda não dispusesse do conceito de pulsão de morte. Em seu artigo sobre os dois princípios de funcionamento psíquico (Freud, 1911/1990b), ele afirmou que um aparato psíquico regido exclusivamente pelo princípio do prazer e, portanto, desconhecedor da realidade, estaria provavelmente fadado à morte por ser incapaz de exercer o juízo de existência. No caso do bebê, contudo, sabemos que a falta derivada da satisfação alucinatória é frequentemente recoberta pelo oferecimento do seio materno. Mas se assim o fosse todo o tempo, o bebê estaria impossibilitado de operar a distinção entre o seio da mãe e seu próprio corpo, confundindo o seio fantasiado e o seio real. É preciso perder o objeto, separar-se minimamente da mãe e individuar-se, para poder operar a prova de realidade ou o juízo de existência. Vimos há pouco que essa individuação resulta dos processos pulsionais de morte como desunião, pois enquanto o bebê não distingue seu próprio corpo do seio oferecido pela mãe, ele se constitui como um sistema fechado em que não é possível separar o sujeito do objeto (Green, 2011). Essa situação somente será desfeita, e o sistema fechado será aberto quando a ausência de satisfação ocorrer, provocando uma desilusão que leve à renúncia da satisfação alucinatória. Com isso, o princípio do prazer se transformará em princípio de realidade, e o juízo em operação será não mais o que distingue entre o que é bom e o que é mau, mas o que distingue entre o que é real e o que é alucinado.

Não seria arriscado afirmar que essa mudança no funcionamento psíquico resulta da perda do objeto primário, da separação e da disjunção operada, particularmente, pela pulsão de morte e que envolve, necessariamente, os movimentos de repetição. Por isso, Green (1979/1988b) pode afirmar que se, de um lado, a função do objeto primário na constituição do psiquismo é amparar, conter, ligar a descarga pulsional, por outro lado, ele deve se deixar apagar, uma vez que sua ausência é fundamental para a consolidação de um aparato psíquico individuado aberto e capaz de outros investimentos. Ou seja, a separação é necessária para que o objeto primário possa ser internalizado e transformado em estrutura enquadrante, espaço necessário da ausência. Evidentemente, essa perda estruturante não pode ser abrupta, mas gradual o suficiente para nem se fazer sentir como tal. Dito de outro modo, a qualidade da relação com o objeto primário é condição para que a ausência possa se estabelecer de forma positiva: cabe ao objeto estimular e despertar a pulsão tanto quanto a conter e torná-la tolerável.

Tudo isso nos faz ver que a pulsão de morte, longe de se apresentar como um princípio (auto)destrutivo inerente ao organismo, pode e deve ser pensada como cumprindo alguma função no sentido da sobrevivência psíquica diante da inundação traumática. Como aponta Ferenczi (1932/1990), é inaceitável que não haja resistência diante da comoção psíquica. É bem neste sentido que entendemos a ação da pulsão de morte diante do trauma: "numa relação de forças sem saída, só uma resistência nascida das próprias fontes pulsionais de morte pode afrontar a ameaça de perigo mortal" (Zaltzman, 1994, p. 64). Assim, nos casos de adoecimento neurológico com sequelas cognitivas, bem como nos casos cujo funcionamento psíquico preponderante seria "em traumático" (Janin, 2005), testemunharíamos certamente um incremento da pulsão de morte como resultado do trauma. Mas ao contrário disso ser apenas uma expressão psicopatológica do fracasso em simbolizar e elaborar o irrepresentado, trata-se de uma espécie de reunião de forças, um protesto vital, uma resistência necessária para a estruturação psíquica, para o reestabelecimento dos limites mais ou menos dissolvidos como efeito da falta de apoio das funções cognitivas.

Não é difícil concluir que situações como essas exijam um remanejamento da técnica analítica clássica estruturada a partir da associação livre, da atenção flutuante e da interpretação dos conteúdos recalcados. Embora Winnicott dispensasse o conceito de pulsão de morte, a inclusão na clínica de casos que pouco se beneficiavam da técnica psicanalítica clássica torna-o um autor interessante para pensar intervenções possíveis com os pacientes neurológicos.

Afinal, o que pode a análise com os pacientes neurológicos?

Com o intuito de incluir em sua clínica casos que não se amoldam à técnica clássica, Winnicott (1954/2000c) identificou três tipos de pacientes, cada qual com necessidades específicas que requerem intervenções específicas. O primeiro grupo é composto pelos que tiveram uma história primitiva de adaptação suficientemente boa e, portanto, funcionam como pessoas inteiras, ocasionalmente apresentando dificuldades nos relacionamentos interpessoais. Em tais casos, a melhor opção de tratamento consiste em uma análise clássica, baseada no uso da interpretação como ferramenta principal. O segundo grupo é formado pelos pacientes cuja personalidade se integrou recentemente, ou seja, suas dificuldades se relacionam ao estágio de concernimento, isto é, à aquisição do *status* de unidade. Nesses casos, a análise clássica continua sendo a melhor opção, contanto que se preste atenção ao manejo da transferência. No terceiro grupo estão os casos cujas análises têm a função de lidar com os estágios do desenvolvimento emocional anteriores ao estabelecimento do *status* de unidade em termos de espaço-tempo: "a estrutura pessoal ainda não está solidamente integrada" (Winnicott, 1954, p. 375). Com esses pacientes, o enquadre analítico clássico deve ser deixado de lado e a técnica adequada consiste no oferecimento de um ambiente de *holding*[5] capaz de fornecer o suporte necessário para a integração de experiências que, embora não discursivamente organizadas, são articuladas, ordenadas e carregadas de sentido.

Embora os pacientes neurológicos não sejam casos nos quais a origem do problema possa ser, necessariamente, alocada em dificuldades ou situações traumáticas ocorridas em estágios precoces de seu desenvolvimento, o que a patologia traz como consequência é, como vimos, um desarranjo do estágio de integração pessoal possivelmente alcançado, provocando, entre outros, perturbações importantes na sua integração no tempo e no espaço. Essa perturbação se expressa no modo como a relação com o ambiente é atingida em decorrência da desorganização egoica derivada das lesões.

No vocabulário winnicottiano, ambiente é um termo abrangente. Num primeiro momento, ambiente, mãe e cuidados maternos devem ser considerados sinônimos, já que, no início, a mãe funciona, tanto em termos biológicos quanto em termos psicológicos, como o primeiro ambiente para o bebê. Com a criança ainda no útero ou no colo sendo segurada e cuidada, a mãe fornece o ambiente físico que gradualmente se torna psicológico. O importante nessa equivalência de termos é perceber que a mãe, inicialmente, é mãe-ambiente. E mais: ambiente, mãe e cuidados maternos não podem ser pensados de forma separada do bebê (Winnicott,

---

5 Na tradução da obra de Winnicott para o português, o termo *holding* foi mantido com a grafia original. Não foi encontrada nenhuma palavra ou expressão em português capaz de abranger o significado desse termo. Na língua inglesa, a palavra *holding* é utilizada no sentido do verbo *to hold*, que possui alguns significados compatíveis com a ideia de Winnicott: segurar, aguentar, sustentar e conter. Assim, a expressão em questão deve ser entendida como uma sustentação proveniente do ambiente que possui a peculiaridade de adaptar-se às necessidades que vão se modificando ao longo do tempo.

1945/2000a, 1952/2000b). Desse modo, o que reina é um estado de continuidade entre *eu-não-eu*, cuja unidade não é o indivíduo isolado, mas sim o *conjunto ambiente-indivíduo*. No contexto em questão, é o *holding*, ou melhor, é a sustentação oferecida a partir dos cuidados ambientais que garante a continuidade da existência de ser, progressivamente, separado da mãe-ambiente.

Neste ponto, deve ser ressaltado um tema de importância crucial para a clínica com pacientes neurológicos: a noção de dependência. Para Winnicott, dependência está diretamente relacionada ao meio ambiente: quando o que está em pauta é a análise de pacientes cujo *status* de unidade não se encontra estabelecido, o que está em questão é a situação de dependência absoluta ambiental (Winnicott, 1960/1990b). Mais precisamente, trata-se da dependência dos cuidados inicialmente recebidos de um ambiente confiável. Nos primórdios da vida, confiança deve ser entendida como a possibilidade de se fiar, crer na permanência e na estabilidade do entorno. Para que essa confiança se expresse no exercício da criatividade primária, inerente a todo sujeito, é preciso que o ambiente exiba sua dimensão provisional, ou seja, que o ambiente seja capaz de oferecer ao sujeito os objetos adequados às formas de expressão física e psíquica de que eles são capazes. Nos casos em que a desintegração assume o aspecto dominante da personalidade, é necessário, primeiramente, a instauração de um *setting* que inspire confiança, estando a situação de dependência em primeiro plano e sendo ela que fornece "a indicação do paciente ao analista de como ele deve se comportar, mais do que como ele deve interpretar" (Winnicott, 1959-1964/1990a, p. 117).

Esse manejo não interpretativo pode possibilitar aos pacientes neurológicos o restabelecimento do *status* de unidade, isto é, a coerência eu-mundo. Portanto, nesses casos, o *setting* encontra-se em primeiro plano: o que está em questão é a constância, a sustentação e a adaptação empática do analista às necessidades do paciente ainda não integrado (Winnicott, 1969/1994). Isso inclui a totalidade de elementos que constituem o relacionamento analítico – dos quais a contratransferência merece destaque. Numa visão ampliada, a contratransferência não se encontra limitada aos aspectos positivos ou negativos produzidos pela transferência, ela vai além, abrangendo todo o funcionamento mental do analista. Noutras palavras, a condução da análise de pacientes neurológicos exige que o analista afaste-se de uma posição baseada prioritariamente na escuta do material inconsciente recalcado, adotando uma posição mais ativa, participando com sua presença sensível do processo analítico e oferecendo-se como uma espécie de prótese de representação para quem não tem mais à sua disposição as funções cognitivas necessárias para sustentar uma rede representacional minimamente consistente. Com isso, ao estabelecer um contato empático e colocar-se no mesmo diapasão do paciente ainda não integrado, o analista participa da sessão com seus processos psíquicos, perceptuais e cognitivos, tornando-se parte do processo de integração.

Se recorrermos à coletânea de artigos "Os casos raros, inclassificáveis, da clínica psicanalítica: a conversação de Arcachon", publicada em 1998, é possível notar a preocupação de analistas lacanianos com o manejo clínico de casos refratários à técnica de tratamento padrão das neuroses. Em um dos artigos da coletânea, intitulado "Um caso nem tão raro", Defieux (1997) defende que, em vez de preocupar-se unicamente em descortinar o conteúdo recalcado, cabe ao analista estar atento aos "ínfimos detalhes clínicos", pois o "sujeito não deixará entrever o que faz a singularidade de suas amarrações sintomáticas a não ser que o analista o estimule nisso, se o acompanha nesse desvendamento" (Defieux, 1997, p. 14). Nesse caso, é necessário que o analista não fique restrito a uma posição de escuta flutuante, pelo contrário, é necessário que esteja atento aos "ínfimos detalhes clínicos", passando, assim, a participar, com sua presença sensível, do processo de integração. Dessa forma, ao disponibilizar um pouco de si, por intermédio de sua presença física e psíquica, o analista empresta elementos cognitivos e perceptuais capazes de possibilitar o gradual restabelecimento da capacidade de fruição das potencialidades individuais do sujeito ainda não integrado, estimulando a construção de novos padrões de funcionamento psíquico fora da compulsão à repetição e capazes de responder às exigências impostas pela experiência de adoecimento.

Referências

Barrois, C. (1998). *Les névrose traumatiques*. Paris: Dunod.

Cardoso, M. R. (2011). Das neuroses atuais às neuroses traumáticas: continuidade e ruptura. *Revista Latinoamericana de Psicopatologia Fundamental, 14*(1), 70-82. Recuperado de http://www.scielo.br/scielo.php?script=sci_arttext&pid=S1415-47142011000100005&lng=en&tlng=pt.10.1590/S1415-47142011000100005

Defieux, J. P. (1997). Um caso nem tão raro. In *Os casos raros, inclassificáveis, da clínica psicanalítica: a conversação de Arcachon* (pp. 234-258). São Paulo: Escola Brasileira de Psicanálise.

Dolto, F. (1984). *A imagem inconsciente do corpo*. São Paulo: Perspectiva.

Ferenczi, S. (1990). *Diário clínico*. São Paulo, Martins Fontes. (Trabalho originalmente publicado em 1932).

Freud, S. (1973). *La Afasia*. Buenos Aires: Ediciones Nueva Visión. (Trabalho originalmente publicado em 1891).

Freud, S. (1990a). Projeto para uma psicologia científica. In *Edição standard brasileira das obras completas de Sigmund Freud* (Vol. 1, pp. 403-529). Rio de Janeiro: Imago. (Trabalho originalmente publicado em 1950[1895]).

Freud, S. (1990b). Formulações sobre os dois princípios do funcionamento mental. *Edição standard brasileira de obras completas de Sigmund Freud* (Vol. 12, pp. 221-230). Rio de Janeiro: Imago. (Trabalho originalmente publicado em 1911).

Freud, S. (1990c). Além do princípio do prazer. In *Edição standard brasileira das obras completas de Sigmund Freud* (Vol. 18, pp. 13-88). Rio de Janeiro: Imago. (Trabalho originalmente publicado em 1920).

Freud, S. (1990d). O Ego e o Id. In *Edição standard brasileira das obras psicológicas completas de Sigmund Freud* (Vol. 19, pp. 11-83). Rio de Janeiro: Imago. (Trabalho originalmente publicado em 1923).

Freud, S. (1990e). A negativa. In *Edição standard brasileira das obras psicológicas completas de Sigmund Freud* (Vol. 19, pp. 94-100). Rio de Janeiro: Imago. (Trabalho originalmente publicado em 1925).

Freud, S. (1990f). Moisés e o monoteísmo: três ensaios. In *Edição standard brasileira das obras completas de Sigmund Freud* (Vol. 23, pp. 13-164). Rio de Janeiro: Imago. (Trabalho originalmente publicado em 1939).

Freud, S. (1996a). Carta 52. In *Obras Completas*, vol. I (pp. 274-9). Buenos Aires: Amorrortu. (Trabalho originalmente publicado em 1896).

Freud, S. (1996b). La interpretación de los sueños. In *Obras Completas*, vols. IV-V (pp. 1-612). Buenos Aires: Amorrortu. (Trabalho originalmente publicado em 1900).

Garcia-Roza, L. A. (1986). *Acaso e repetição em psicanálise: Uma introdução à teoria das pulsões*. Rio de Janeiro: Zahar.

Green, A. (1984). O outro e a experiência de self. In M. Khan, *Psicanálise: teoria, técnica e casos clínicos* (pp. 225-234). Rio de Janeiro: Francisco Alves. (Trabalho originalmente publicado em 1974).

Green, A. (1988a). Narcisismo primário: estrutura ou estado? In *Narcisismo de vida, narcisismo de morte* (pp. 87-142). São Paulo: Escuta. (Trabalho originalmente publicado em 1966-1967).

Green, A. (1988b) A angústia e o narcisismo. In *Narcisismo de vida, narcisismo de morte* (pp. 143-186). São Paulo: Escuta. (Trabalho originalmente publicado em 1979).

Green, A. (1988c). Pulsão de morte, narcisismo negativo, função desobjetalizante. In Daniel Widlocher (Org.), *A pulsão de morte* (pp. 58-68). São Paulo: Imago.

Green, A. (2000). *Le temps éclaté*. Paris: Les Éditions de Minuit.

Green, A. (2011). *Du signe au discours*. Paris: Ithaque.

Heimann, P. (1995). Sobre a contratransferência. *Revista de Psicanálise da Sociedade Psicanalítica de Porto Alegre, 21*, 171-177. (Trabalho originalmente publicado em 1950).

Hyppolite, J. (1966). Commentaire parlé sur la "Verneinung" de Freud. In *Figures de la pensée philosophique* (Tomo 1, pp. 385-396). Paris: Quadrige/PUF. (Trabalho originalmente publicado em 1955).

Janin, C. (2005). Au coeur de la théorie psychanalytiqye: le traumatisme. In F. Brette, M. Emmanuelli & G. Pragier (Orgs.), *Le traumatisme psychique – organisation et désorganisation* (pp. 43-56). Paris: PUF.

Khan, M. M. (1984). *Psicanálise, técnica e casos clínicos*. Rio de Janeiro: Francisco Alves. (Trabalho originalmente publicado em 1963).

Korff-Sausse, S. (2001). Le trauma: de la sidération à la création. In F. Marty (Org.), *Figures et traitements du traumatisme* (pp. 199-222). Paris: Dunod.

Lacan, J. (1986). *O seminário, Livro I: os escritos técnicos de Freud*. Rio de Janeiro: Jorge Zahar. (Trabalho originalmente publicado em 1953-1954).

Laplanche, J., & Pontalis, J.-B. (1982). *Vocabulário de psicanálise*. São Paulo: Martins Fontes.

Ogden, T. (1994). The analytic third: Working with intersubjective clinical facts. *International Journal of Psychoanalysis, 75*, 3-19.

Malabou, C. (2007). *Les nouveaux blessés*. Paris: Bayard.

Miller, L. (1993). *Psychotherapy of the brain-injured patient – reclaiming the shatered self*. New York: W.W. Norton & Co.

Porge, E. (2000). *Jacques lacan, un psychanalyste*. Toulouse: Érès.

Ricoeur, P. (1965). *De l'interprétation – essai sur Freud*. Paris: Seuil.

Scarfone, D. (2013). O impassado, atualidade do inconsciente. *Relatório para o Congresso dos Psicanalistas de Língua Francesa*, Montreal, maio 2014.

Sury, R. W., & Sano, M. (1999). A history of psychoterapy with pacients with brain Injury. In K. Langer, L. Laatsch & L. Lewis. *Psychotherapeutic interventions for adults with brain injury or stroke: A clinician's treatment resource* (pp. 215-234). Madison: Psychosocial Press.

Winnicott, D. W. (1990a). Classificação: Existe uma contribuição à classificação psiquiátrica? In *Os ambientes e o processo de maturação.* Porto Alegre: Artes Médicas. (Trabalho originalmente publicado em 1964).

Winnicott, D. W. (1990b). Teoria do relacionamento paterno-infantil. In *Os ambientes e os processos de maturação*. Porto Alegre: Artes Médicas. (Trabalho originalmente publicado em 1960).

Winnicott, D. W. (1994). A experiência mãe-bebê de mutualidade. In C. Winnicott, R. Shepherd & M. Davis (Orgs.), *Explorações psicanalíticas*. Porto Alegre: Artes Médicas. (Trabalho originalmente publicado em 1969).

Winnicott, D. W. (2000a). O desenvolvimento emocional Primitivo. In *Da pediatria à psicanálise*. Rio de janeiro: Imago. (Trabalho originalmente publicado em 1945).

Winnicott, D. W. (2000b). Psicose e cuidados maternos. In *Da pediatria à psicanálise*. Rio de janeiro: Imago. (Trabalho originalmente publicado em 1952).

Winnicott, D. W. (2000c). Retraimento e regressão. In *Da pediatria à psicanálise*. Rio de janeiro: Imago. (Trabalho originalmente publicado em 1954).

Winograd, M. (2013). *Freud e a fábrica da alma*. Curitiba: Appris.

Zaltzman, N. (1994). *A pulsão anarquista*. São Paulo: Escuta.

9. O que pode a psicanálise perante o indizível

Nadja Nara Barbosa Pinheiro

A condução de um caso clínico se configura como o ponto de partida para as discussões aqui propostas sobre o manejo de elementos psíquicos primitivos da organização subjetiva que se reatualizam na contemporaneidade da clínica. Observa-se, no caso, a alternância apresentada pela paciente entre momentos de grande intensidade linguística, nos quais eram produzidas inúmeras recordações, lembranças e associações verbais, e momentos nos quais a linguagem parecia se esgotar e a paciente se "fechava em uma concha", e as sensações de solidão, abandono, desamparo e vazio tomavam "conta de seu corpo". Destacam-se nesse movimento: a) uma vertente corporal, no modo desvitalizado com o qual Julia se deitava no divã, fechava os olhos e silenciava; b) uma vertente afetiva que, contratransferencialmente, provocava sensações de impotência e de exclusão na analista; c) uma vertente linguística, no ponto em que esta se conecta com o limite ao dizível ao tocar em algo que não poderia ser expresso em palavras, mas que, paradoxalmente, se comunicava no eixo da transferência/contratransferência.

O percurso teórico estabelecido inicia-se por Freud e sua decisão clínica de lidar com o indizível por meio das "construções em análise" – ponto de estofo que funda um solo cujo efeito de verdade permite a construção de narrativas que possibilitam uma re-construção histórica da subjetividade. Segue com a proposta de Winnicott, autor que concebe o indizível como processos psíquicos que, mesmo não estando inseridos no registro linguístico, produzem efeitos nos níveis corporal e afetivo indeléveis à subjetividade, razão pela qual o autor propõe o *holding* como instrumento clínico capaz de construir um espaço mítico no qual o indizível possa ser vivido e transfigurado.

Corpo, afeto e linguagem: apontamentos teórico-clínicos a partir das perspectivas de Freud e Winnicott

Em tempos imemoriais, para lidar com a angústia suscitada pela fragilidade humana diante das forças descomunais e incontroláveis da natureza, os gregos forjaram o mito de Atlas. Segundo essa narrativa, Atlas deveria sustentar em seus ombros a esfera celeste por toda a eternidade, e com isso garantir o equilíbrio e a harmonia do universo que nos circunda.

No meu entender, o mito de Atlas representa um processo efetuado por cada um de nós diante de nossa própria fragilidade: construir narrativas míticas que ilusoriamente sejam capazes de fornecer garantias que sustentem e suportem o desamparo primordial que nos constitui como seres humanos. E, claro, se racionalmente sabemos que não há possibilidades reais e concretas de que exista um Atlas sustentando sobre seus ombros o mundo em que vivemos, tal saber, no entanto, não é suficiente para nos fazer abandonar a ideia de que há, sim, alguns seres humanos (e supra-humanos) capazes de oferecer pilares a partir dos quais nossa subjetividade se estrutura. Ou seja, por mais que o mundo nos evidencie que não há garantias para o viver, a ilusão de que isso seja possível se mostra ainda mais poderosa e capaz de despertar um sentimento de confiança no mundo e em nossos semelhantes que nos acompanha ao longo de nossa existência. Um sentimento que, como vimos no mito de Atlas, necessita ser construído, mas que, paradoxalmente, remete a tempos imemoriais. Esse processo, em termos psíquicos, representa a possibilidade de construção de uma narrativa mítica em um momento de vivência subjetiva no qual a linguagem ainda não é capaz de produzir seu efeito organizador, mas que, no entanto, dele é dependente.

É sobre esse paradoxo que proponho perfazer uma reflexão ao longo deste capítulo. Pois se a confiança no mundo se apresenta como elemento necessário ao viver, na medida em que ela nos oferece a sensação de segurança e a ilusão de que possuímos alguns pilares sobre os quais a subjetividade se estrutura, esses pilares são constituídos por narrativas míticas que operam no espaço psíquico em um momento de constituição subjetiva no qual a linguagem ainda não é operante. Nesse sentido, abre-se a questão de como se torna possível trabalhar com esses elementos fundamentais, mas relativos ao indizível na clínica psicanalítica, cujo instrumento *princeps*, sabemos, é a linguagem.

Para desenvolver esse tema, tomarei como ponto de partida e de reflexão um atendimento clínico no qual ficava muito evidente a alternância apresentada pela paciente entre dois posicionamentos distintos. Havia momentos nos quais a paciente trazia às sessões uma grande quantidade de lembranças que se enredavam em ricas tramas simbólicas; ou seja, trazia uma enorme gama de produções que me eram comunicadas em termos linguísticos. Entretanto, havia momentos nos quais a linguagem parecia não oferecer recursos suficientes para o que se apresentava em ato: um quase total fechamento da paciente em si mesma. Nesses momentos, Julia chegava às sessões bastante desvitalizada, deitava-se no divã em posição que lembrava a posição fetal e emudecia. As sessões se passavam em quase total silêncio. Tal posicionamento da paciente me deixava um espaço exíguo para qualquer tipo de manejo clínico, e uma sensação desoladora de solidão, de devastação, de vazio e de inutilidade me assolava. Igualmente intensa era a sensação de que eu não estava sendo convocada a ajudá-la, como se eu fosse excluída da cena clínica, e que ela estava, de fato, completamente só em sua dor. Nesses momentos, eu percebia que não contava com nenhum elemento clínico disponível para trabalhar e que qualquer tentativa de fazê-lo soaria como uma invasão, e eu, também, silenciava.

Por apresentarem um caráter quase intransponível, tais atuações clínicas me pareciam remeter a algo muito primitivo que se relacionava com um modo de defesa recorrentemente apresentado pela paciente nos momentos em que ela se deparava com seu próprio desamparo e, sem encontrar recursos afetivos que ilusoriamente a amparassem, fechava-se, como ela mesma dizia, "em sua concha", pois pelo menos ali nada poderia atingi-la.

Sim, o fechamento defensivo era tão grande que eu concordava com Julia: nada poderia atingi-la. E uma questão, nesse sentido, se esboçava: se nada poderia atingi-la, como manejar clinicamente a situação? E comecei a pensar em como encontrar modos de contornar clinicamente o limite que emergia tão densamente. E, na medida em que, na psicanálise, toda intervenção clínica se pauta sobre uma conceituação teórica, quais seriam os recursos teóricos sobre os quais uma intervenção clínica poderia ser sustentada?

Objetivando levantar algumas possibilidades de manejo clínico, iniciei produzindo algumas proposições a respeito. Destaquei, nesse movimento apresentado por Julia, a existência de três vertentes importantes que se entrelaçavam de forma particular em seu caso: a) uma vertente corporal, no modo desvitalizado com o qual Julia se deitava no divã, fechava os olhos e silenciava; b) uma vertente afetiva que, contratransferencialmente, me provocava sensações de impotência, de exclusão e, principalmente, de tristeza, solidão e desamparo; c) uma vertente linguística, no ponto em que esta se conecta com o limite ao dizível ao tocar em algo que não poderia ser expresso em palavras, mas que, paradoxalmente, se comunicava no eixo da transferência/contratransferência. Dessas três vertentes procurei derivar uma posição de condução clínica a ser sustentada. Para tal, tomei como referência as propostas teórico/clínicas de Freud e Winnicott para lidar com os primórdios da constituição subjetiva. A partir de suas perspectivas, a derivação de uma condução clínica para o caso de Julia pôde ser depurada. A seguir, descrevo como esse processo foi sendo estabelecido.

Freud: a construção de uma narrativa mítica que sustenta o indizível

Ao longo da obra freudiana, podemos perceber como a clínica das neuroses foi tomada pelo autor como via de acesso para a teorização sobre a construção da subjetividade. A leitura de seus textos nos permite perceber o processo por meio do qual, ao tratar as patologias neuróticas, o autor foi descortinando o rico universo simbólico que sustentava a etiologia dos sintomas psicopatológicos e, paralelamente, a estruturação do aparelho psíquico dividido, sobretudo, em dois grandes sistemas, consciente e inconsciente.

O interessante, para meus propósitos no presente capítulo, é destacar que, embora a obra freudiana tenha sido marcada pela percepção do autor da função simbólica, e portanto linguística, como eixo de estruturação psíquica, tal fato não o impediu de perceber, igualmente, a existência de elementos que indicavam um limite às possibilidades de a linguagem operar sua função organizadora e, consequentemente, da clínica psicanalítica operar sua função interpretativa. No entanto, diante desse limite, Freud não recuou. Ao contrário, ele forjou uma alternativa clínica para contorná-lo, nos indicando a necessidade de tomarmos esse limite não como impotência, mas como desafio. Um desafio que o autor enfrentou não com o silêncio, mas com a "construção" de narrativas míticas, a partir das quais enredos singulares podem ser constituídos, enredos que se referem a momentos imemoriais relativos ao primitivo da constituição subjetiva e sobre os quais recai o indizível. E para lidar clinicamente com o indizível, uma narrativa mítica figura como ponto de estofo e de pilar em torno do qual formações discursivas sustentam a trama estrutural das vivências subjetivas. Objetivando uma maior compreensão sobre o assunto, proponho tomar o caso do Homem dos Lobos (Freud, 1918/1986b) como uma importante referência ao trabalho efetuado por Freud para lidar clinicamente com o indizível e situar, a partir daí, um posicionamento clínico genuíno.

A leitura do caso do Homem dos Lobos nos permite perceber, entre outras coisas, que, embora se tratando de um paciente adulto, o trabalho clínico desemboca em vivências relativas a momentos bastante primitivos da vida do paciente. Freud relata que, em um dado momento da análise, o paciente traz à sessão um sonho com lobos que tivera quando criança. A análise desse sonho demonstra que sua trama constituinte era composta por situações relativas a um momento de constituição subjetiva primeva no qual as experiências aí vivenciadas não poderiam ser organizadas a partir do campo linguístico. Sobre esse momento de vivência primitiva, o autor situa os rudimentos da organização subjetiva a partir dos quais planos de organizações psíquicas sucessivas e diferenciadas vão, gradualmente, se entrelaçando.

Freud refere-se a essas malhas, a esses trilhamentos e às reorganizações que vão sobre elas sendo efetivadas em seu famoso livro *A interpretação dos sonhos* (Freud, 1900/1986a). Segundo o autor, essas trilhas primitivas, ou sistemas mnêmicos, são registradas definindo um traçado organizado de diversas maneiras: proximidade temporal, intensidade de desprazer/prazer obtido, sensações sensitivas similares etc. Tais registros receberão novas e sucessivas reorganizações significativas com o paulatino ingresso do infante no registro da linguagem. O acesso à linguagem, segundo Freud (1900/1986a), permitirá, então, a construção de organizações cada vez mais complexas carregadas de sentidos e significados, quer sejam esses pertencentes aos sistemas consciente ou inconsciente. Mas o que o autor igualmente assinala com essa perspectiva é que a linguagem, no entanto, não é capaz de tudo capturar ou tudo organizar. Os trilhamentos mnêmicos constituídos a partir das primeiras vivências de satisfação não se confundem com o sistema inconsciente. Eles constituem elementos psíquicos primitivos, imemoriais e inalcançáveis. Ou seja, Freud apresenta a existência de um espaço do indizível que faz parte da organização subjetiva. É sobre esse espaço psíquico, intangível, que Freud indica ser a interpretação ineficaz, posto que não há palavras a serem recuperadas, sentidos ocultos a serem desvendados ou lembranças a serem resgatadas.

O interessante é que, diante desse impasse, Freud responde forjando um outro instrumento clínico distinto da interpretação: as construções em análise. Ou seja, o que desejo destacar aqui é a alternativa utilizada por Freud ao se deparar com um material que, embora psíquico, não se insere no registro da linguagem. No caso do Homem dos Lobos, encontramos o modo como o autor forja essa alternativa: ele constrói uma cena, mítica, repleta de afetos, corporalidade, movimentos, sensações. Ou seja, Freud constrói a famosa cena primária a partir da qual novas cadeias associativas puderam ser edificadas por seu paciente no decorrer do tratamento, inserindo um movimento clínico ali onde a paralisação se anunciava (Pinheiro & Maia, 2011).

Gostaria de destacar a esse respeito que Freud promove uma distinção capital entre material psíquico proveniente do inconsciente recalcado e material psíquico relativo ao primitivo da constituição psíquica. O primeiro, nos indica o autor, representa "os anos esquecidos da infância tão adequadamente quanto o conteúdo manifesto do sonho representa os pensamentos oníricos" (Freud, 1914/1986c, pp. 196-197). Por seu turno, o segundo tipo de material psíquico não se refere a lembranças ou recordações, posto "ser impossível lembrar-se de algo que não poderia jamais ser *esquecido*, pois em tempo algum foi percebido, nunca foi consciente" (Freud, 1914/1986c, p. 197). Mas o mais importante para os meus propósitos argumentativos é que o autor completa seu pensamento afirmando que:

> *parece não fazer nenhuma diferença, para o decurso psíquico, se uma dessas conexões era consciente e foi então esquecida, ou se jamais alcançou a consciência.* A convicção *que o doente adquire no curso da análise independe por completo de uma tal recordação. (Freud, 1914/1986c, p. 198)*

Mais adiante em sua obra, Freud retorna ao tema das construções em análise, dessa vez indicando de forma radical sua relação com o primitivo da constituição psíquica. Em seu texto "Construções em análise" (Freud, 1937/1986d), discute longamente o trabalho do analista e afirma que este, em grande parte, se efetua por meio de um processo criativo no qual, a partir de traços, fragmentos, sentimentos e afetos, atualizados no eixo da transferência/contratransferência, o analista (re)constrói parte da história primitiva de seu paciente. Tal história primitiva, (re)construída, nos assevera o autor, não é uma verdade factual que leva, em decorrência, a uma lembrança de um passado esquecido, portanto, recalcado. Mas trata-se aqui da construção de um passado vivido, primitivo, que produz, no paciente, uma convicção de verdade. Assim se refere o autor a esse movimento:

> *Com bastante frequência, não conseguimos fazer o paciente recordar o que foi reprimido. Em vez disso, se a análise é corretamente efetuada, produzimos nele uma convicção segura da verdade da construção, a qual alcança o mesmo resultado terapêutico que uma lembrança recapturada. (Freud, 1937/1986d, p. 300)*

No meu entendimento, Freud, com essa afirmação, nos aponta a possibilidade de fundarmos, na análise, uma narrativa mítica, que produz uma sensação de verdade, de amparo, de argamassa, de fundamento, isto é, de pilar a partir do qual a subjetividade de nossos pacientes possa se (re)organizar. Ou seja, ao apresentar de forma imperativa sua decisão clínica de enfrentar o que é da ordem do indizível por meio das "construções em análise", o autor nos fornece um posicionamento clínico dos mais valiosos. Ele propõe oferecer um ponto de estofo que funda um solo cujo efeito de verdade permite a construção de narrativas que iniciam uma (re)construção histórica e, portanto, ilusória da subjetividade. Assim, se há, na clínica, a possibilidade de construir novas narrativas míticas sobre o Atlas que sustenta em seus ombros os pilares da organização subjetiva do paciente, ao analista cabe a tarefa de sustentar essa possibilidade. Com o objetivo de pensarmos no modo como essa tarefa de sustentação e construção pode ser efetuada, me parece que a contribuição de Winnicott seja bastante interessante, na medida em que este é um autor que se dedicou, sobretudo, a tecer considerações teóricas sobre os primórdios da constituição subjetiva de forma a fazer dessa perspectiva teórica base para um posicionamento clínico genuíno, o qual, simultaneamente, oferece continuidade ao legado freudiano.

Winnicott: a construção de um espaço mítico no qual o indizível pode ser vivido

Seguindo a tradição psicanalítica, a proposta clínica de Winnicott tem como pilar o pensamento teórico desenvolvido pelo autor sobre a construção da subjetividade, o qual possui, como eixo principal de organização, o desenvolvimento afetivo e emocional do ser humano. Objetivando compreender a trajetória pessoal de organização subjetiva, Winnicott parte do princípio de que existe em todos os bebês um potencial ao desenvolvimento que se realizará a partir dos encontros/desencontros efetivados entre esse potencial e as provisões oferecidas pelo ambiente/mãe que o circunda. Tal perspectiva supõe, então, um pensamento paradoxal e complexo que implica a aceitação das hipóteses de que, nessa trajetória, nenhuma conquista em relação ao desenvolvimento afetivo está garantida *a priori*, assim como a aceitação do fato de que a individualidade só se constitui face à alteridade. Nas palavras de Winnicott, esse potencial ao desenvolvimento "é herdado, e é legítimo estudá-lo como um tema separado, desde que seja sempre aceito que esse potencial herdado de um lactante não pode se tornar um lactante a menos que ligado ao cuidado materno" (Winnicott, 1960/1983). Dessa forma, estudar e entender os processos de constituição subjetiva a partir da perspectiva winnicottiana requer que os estudemos inseridos no campo de interseção bebê/ambiente-mãe em um movimento que se inicia em um estado subjetivo indiferenciado de interioridade/alteridade rumo a diferenciações contínuas, parciais, sucessivas e graduais. Nesse sentido, é compreensível que a análise de Winnicott sobre a construção da subjetividade recaia sobre os modos de sustentação das vivências mais primitivas às mais complexas, indicando a importância do exercício das funções maternas nos processos inaugurais do viver afetivo e emocional. Pois, segundo sua perspectiva, as funções maternas são capazes de inserir, gradualmente, uma paulatina organização afetivo/emocional sobre um campo de tensões, de energias dispersas, intensidades, sensorialidades, tonalidades, sons, alternâncias de luminosidade e de temperatura etc. (Winnicott, 1945/2000a). Assim, os modos como o bebê é alimentado, banhado, acariciado, trocado, tocado etc. fundarão um solo de sensações que, embora não sejam passíveis de serem relembradas e relatadas verbalmente, serão, paradoxalmente, fundamentais para os primórdios do desenvolvimento afetivo e emocional e deixarão marcas, registros, catalogações sensório-corporais que definirão, inclusive, o modo como as palavras poderão um dia modular a organização afetiva. Para meus propósitos, no presente capítulo, destaco essas funções maternas primordiais para fazer delas uma possibilidade de manejo clínico relativo ao campo do indizível, na medida em que, via eixo transferência/contratransferência, ao analista caberá a tarefa de re-fundar algo dessas funções e criar com seu paciente um campo de relação no qual o indizível possa ser vivido e, com isso, afetivamente transfigurado.

Nesse sentido, para sustentar suas proposições clínicas em relação aos cuidados maternos, Winnicott toma como ponto de análise o estado inicial da vida, no qual a dependência do bebê ao ambiente é absoluta. Nesse estado, há, por um lado, um bebê premido pelas exigências da vida e, por outro, um ambiente desejoso por satisfazê-las. Dos encontros/desencontros entre essas expectativas, vivências são alcançadas, fundando e marcando um solo de experimentações que, ao serem integradas, forjam a constituição da psique em suas relações mais estreitas com o soma. A conquista de uma existência psique-somática como fruto desses movimentos se constitui como fundamental para as conquistas emocionais futuras. Isso porque, ao lado desse movimento que funda o conluio psique-soma, o acúmulo de memórias e o desenvolvimento das expectativas futuras possibilitam o alcance de um sentimento de eu gradualmente diferenciado do ambiente. Vemos, então, que nesses processos iniciais da vida afetiva e emocional as funções maternas são peças fundamentais. Didaticamente, para compreender tais funções, o autor as subdivide em: a) *handling* (cuidados com o corpo); b) apresentação de objetos (cuja recorrência permite que o bebê possa efetivar a criação dos objetos subjetivos); c) *holding* (segurar o bebê com segurança, fundando o campo da ilusão e da confiança necessárias à existência psique-somática) (Winnicott, 1958/2005a).

Importa salientar que, segundo Winnicott (1956/2000b), o exercício das funções maternas é possibilitado na medida em que esta mãe desenvolve um estado afetivo especial de identificação em relação ao seu bebê, o qual o autor denomina de preocupação materna primária. Esse estado afetivo especial permite à mãe perceber quais são as necessidades de seu bebê e como as deve satisfazer, qual seu tempo, seu ritmo, sua intensidade, suas modulações. Essa adaptação ativa às necessidades do bebê possibilita que os cuidados maternos se processem de uma forma segura, sustentando a existência tanto biológica quanto afetiva do bebê. Por parte do bebê, isso é sentido por meio dos cuidados físicos, como o de ser sustentado com segurança e ter suas necessidades apaziguadas, o que vai lhe garantindo a confiança necessária para o sentimento de existir mediante a construção de uma sensação paulatina de confiança no ambiente, que será re-atualizada na relação do sujeito consigo mesmo e com o mundo ao longo de sua existência. Ressalto aqui que, ao exercer o *holding* como função, a mãe/ambiente, nesses momentos, permite que o bebê se integre, e se entregue, ao indiferenciado sem se surpreender, se assustar ou ser invadido pelo ambiente. Por breves momentos mãe/ambiente/bebê se fundem, se integram, se indiferenciam para que o viver seja assegurado e sustentado. Necessidades satisfeitas e apaziguadas, tensões amainadas, o bebê vive singularmente, pois as necessidades são suas marcas particulares que guiam o cuidado materno, singularizando-o. Respeita-se, portanto, o tempo, o lugar, a intensidade. Cria-se um ritmo, concede-se uma temporalidade e uma espacialidade para que o processo gradual de desenvolvimento afetivo se realize. A sensação ilusória de confiança no mundo e nos semelhantes depende desse momento mítico de instauração de um campo relacional entre a mãe e seu bebê que se estabelece não pela via da racionalidade e da técnica mas pela via da sensibilidade afetiva/sensitiva (Brezolin & Pinheiro, 2011).

Interessa salientar que, na perspectiva de Winnicott, o fato dessas vivências primitivas não serem inscritas no registro linguístico não define que, uma vez a linguagem sendo adquirida como instrumento privilegiado de organização subjetiva, elas, as vivências primitivas, sejam perdidas, suplantadas, apagadas, ou menos ainda superadas, de modo a não produzirem, ao longo da vida, seus efeitos subjetivos, tanto organizadores quanto desorganizadores. Ao contrário, segundo Winnicott (1963/2005b), delas temos notícias constantemente por meio de uma série de manifestações que se expressam no campo dos fenômenos (como os adoecimentos psicossomáticos, as alergias, as doenças autoimunes) ou no campo das sensações afetivas (como as sensações de desfalecimento, de fragmentação, de despersonalização, de desrealização). Ou seja, se não há palavras para descrever as vivências primitivas, há, no entanto, modos de comunicá-las – modos estes que nos oferecem indicações preciosas sobre o solo no qual a sensação de confiança no mundo pôde ser constituída por nossos pacientes. Isto é, se o campo de ilusão mítico inaugural foi construído primitivamente de uma forma mais ou menos frágil, a partir do que cada paciente poderá encontrar recursos mais ou menos eficazes para lidar com a difícil tarefa imposta pelo viver.

Na perspectiva de Winnicott (1955/2000c), o analista poderá ter notícias desses recursos afetivos/emocionais de seus pacientes no eixo da transferência/contratransferência na medida em que esta permite a regressão a esse momento de constituição subjetiva primitivo. Nesse sentido, toda uma sorte de tensões e intensidades poderá ser comunicada não pela via linguística da recordação, mas pela via corporal, afetiva e sensitiva. E, por tratar-se de algo relativo ao primitivo, Winnicott (1964/2005c) sugere que, igualmente na clínica, a ênfase do trabalho deva se deslocar do modo interpretativo para o da sustentação (*holding*) ambiental. Razão pela qual, nesses momentos, torna-se mais importante o manejo do *setting*, ou seja, o ritmo das sessões, sua frequência, a temperatura e luminosidade da sala, a disponibilidade viva do analista, sua expressão corporal, a confiabilidade do ambiente, não no sentido de desconsiderar e apaziguar as tensões, mas ao contrário, no sentido de sustentar espaço, tempo e modo das tensões se defrontarem, serem sentidas, vividas, potencializadas.

Saliento que, nessa proposta de trabalho clínico, Winnicott introduz a ideia de que essas vivências primitivas devam ser vivenciadas no *setting* no campo da sensorialidade afetiva, e não traduzidas para o campo da linguagem, posto que isso seria da ordem do impossível. Em meu entendimento, Winnicott aqui dá um passo atrás, avançando sobre a proposta freudiana, indicando que vivenciar esses primórdios da subjetividade na clínica fertiliza o solo a partir do qual as construções em análise possam ser efetivadas. Ou seja, paradoxalmente, é necessário viver o indizível para poder construí-lo.

Proposições clínicas: Julia e a construção mítica de seu Atlas particular

Foram essas proposições teórico/clínicas, de Freud e Winnicott, que me guiaram na condução do tratamento de Julia. Um trabalho que, como pude destacar na introdução do capítulo, foi se desdobrando, ao longo do tempo, simultaneamente em dois patamares distintos. Um deles se referia aos momentos em que Julia apresentava uma grande movimentação linguística, produzindo inúmeras recordações, lembranças e sonhos a partir dos quais sucessivas metaforizações de seus sintomas puderam ser alcançadas por meio do processo analítico de desvelamento paulatino de composições inconscientes. Ao longo desses momentos, processava-se um tipo de movimentação clínica no qual havia material de análise e de interpretação suficientes para produzir intensos desdobramentos. Em termos transferenciais, Julia, nesse patamar clínico, demonstrava um nível de confiança suficiente para ultrapassar as resistências conscientes e inconscientes que emergiam de quando em vez.

Por outro lado, um outro nível clínico se fazia, igualmente, presente às sessões. Neste, a sensação que me era comunicada via transferência/contratransferência era a de que os recursos clínicos se esgotavam e que a paralisação do trabalho seria incontornável. Julia, ao se retrair em sua concha, fechar-se sobre si mesma, isolar-se da cena clínica e silenciar, demonstrava que restava, em termos de trabalho, um espaço exíguo de manobra, diante do qual os recursos clínicos não se faziam presentes, apesar do rico enredo simbólico que fora tecido ao longo de suas sessões. O que ficava evidente, nesses momentos de isolamento, era que a trama simbólica, construída ao longo do trabalho clínico, parecia nada sustentar, nada metaforizar, nada auxiliar. Na verdade, a condução clínica indicava a existência de duas séries de trabalho sendo efetuadas em paralelo. Quase como se fossem dois trabalhos distintos que se tocavam em pontos ínfimos. A dissociação entre os patamares clínicos só não era total pelo fato de Julia saber conscientemente que esses dois momentos existiam em concretude e afetivamente poder reconhecê-los. No entanto, o exercício da condução clínica me indicava que a ponte linguística entre ambos era inexistente. Limite à palavra. Limite à interpretação. Limite ao clinicável? Talvez não...

Comecei a analisar o que Julia me apresentava nesses momentos e que poderia ser índice de elementos a serem trabalhados clinicamente. E destaquei: havia, ali, um corpo desvitalizado, quase sem movimentos, deitado sobre o divã, em posição fetal. Mas, um corpo vivo, que, apesar da desvitalização, comparecia às sessões, apresentava seu pesar, convocava atenção, solicitava o olhar de um outro ser humano que sustentasse o pouco de vida que ali ainda se fazia presente. Havia, nas sessões, igualmente, a presença do mutismo, da ausência de palavras, um silêncio ruidoso que denotava a falta de sentidos, de significados, de compreensão sobre a dor e o viver. Havia, ali, afetos e emoções fortes que explodiam em uma intensa sensação de vazio, de solidão, de desamparo. O interessante era que todos esses elementos, a desvitalização, a falta de compreensão e a sensação de inutilidade me eram comunicados de uma forma poderosa, e meu corpo sentia a exaustão, de vida e de significados.

Tomei então a sugestão de Winnicott e relacionei esses elementos às vivências primitivas da constituição subjetiva na medida em que, embora não houvesse palavras para recobri-las, havia uma comunicação sendo efetuada por meio dos afetos, atos e sensações. Uma comunicação que se estabelecia no eixo da transferência/contratransferência e que demandava, de minha parte, uma adaptação ativa às necessidades de Julia. Uma adaptação ativa que me parecia indicar a necessidade de um deslocamento da ênfase do trabalho clínico do campo simbólico interpretativo para o manejo do *setting* como ambiente sustentador de um campo de experiências no interior do qual as vivências primitivas pudessem ser, gradualmente, organizadas. Como indica Winnicott, nesses momentos, há a necessidade de que o analista, em sua condução clínica, possa re-fundar algo do exercício das funções maternas para tornar possível a construção de um campo de ilusão, de sustentação e de confiança no mundo. Um campo no qual afetos e sensações possam ser integrados, ritmados, temporalizados. Um campo, portanto, no qual o indizível possa ser vivido (Pinheiro & Maia, 2015).

No caso específico de Julia, me dispus a recebê-la mais vezes do que as duas sessões semanais acordadas inicialmente. Deliberadamente, marquei essas sessões em horários distintos para que até mesmo a luminosidade relativa às horas do dia e o barulho do trânsito que chegava à sala fossem distintos, embora o ambiente permanecesse, em certo sentido, o mesmo. Acreditei que tais mudanças, que se estabeleciam em paralelo a algo que permanecia constante apesar das mutações, seriam importantes para que Julia pudesse começar a perceber que, embora haja mudanças, há algo que se pereniza, algo que se eterniza, algo que permanece inviolado. Às vezes Julia marcava sessões às quais não comparecia, mas me telefonava durante o horário delas apenas para se assegurar de minha presença em sua ausência. Nesses momentos, comecei a perceber que um fio de confiança brotava, na medida em que ela podia estar ausente das sessões, mas, simultaneamente, presente. E eu aguardava a duração de cada uma dessas sessões antes de deixar o consultório, pois Julia talvez pudesse ainda precisar de algo...

De forma similar à alternância de dias e horários, a duração de cada sessão também se apresentava plástica. Em alguns dias as sessões demoravam mais de uma hora, em outros, menos de vinte minutos. Alternávamos a finalização das mesmas, algumas vezes eu indicava o seu término, reassegurando a sua continuidade na próxima sessão já agendada. Algumas vezes ela parecia não suportar o silêncio e ia embora. Em ambos os casos, eu tentava respeitar um limite de sustentação do silêncio e do sem-sentido. Ora recorria à teoria e tentava entender, conceitualmente, quais os mecanismos psíquicos que poderiam estar em processo; ora me entregava às lembranças das sessões anteriores de Julia, tentando manter o fio de sua história presente em minha mente; ora me entregava ao momento, fechava os olhos e apenas sentia os afetos e emoções que me eram suscitados. Em todos os casos, o resultado final de cada sessão era a exaustão mental, afetiva e corporal.

Durante muito tempo, eu não tive meios de mensurar os efeitos clínicos dessas minhas decisões de manejo, pois Julia alternava esses momentos de isolamento com momentos de grande produção simbólica. No entanto, alguns anos se passaram, e um dia Julia chegou ao consultório, novamente, "fechada em sua concha". Porém, ao deitar-se no divã, eu senti algo diferente, como se o isolamento houvesse se quebrado e ela me permitisse estar ao seu lado dividindo com ela o sofrimento. Apesar de ser apenas uma sensação, tomei a decisão de lhe comunicar o que eu sentia. Julia concordou comigo, dizendo que embora ela continuasse a se sentir muito triste, não se sentia mais completamente sozinha. Alguma coisa havia mudado, embora ela não soubesse precisar muito bem o quê.

E dessa ilusão de compartilhamento do sofrimento vemos tecendo novos fios narrativos sobre sua constituição subjetiva. Julia tomou a decisão de iniciar um processo de investigação, com sua mãe, sobre sua história primitiva: o romance entre os pais, sua concepção e gravidez, seu parto, seus primeiros anos de vida etc. Nesse processo, Julia vem se deparando com inúmeras dores. Percebe descasos, negligências, pouco investimento amoroso de seus pais sobre si. Depara-se com relatos, lembranças e recordações nos quais a passividade materna e a violência paterna se combinam de forma desoladora. Em meu entendimento, aqui pudemos iniciar um longo processo de construções sucessivas, como Freud nos indica. Um processo construtivo, e não interpretativo, o qual foi sendo tecido a partir do material que Julia pôde recolher de suas investigações familiares. Informações, inferências, sensações, peças desconexas que ela trazia às sessões e que íamos relacionando, significando, integrando. Metaforicamente, a ideia que me vinha à cabeça constantemente era de que se tratava de um imenso quebra-cabeça cujas peças íamos encaixando a cada sessão. Mas com a particularidade de que se tratava de um quebra-cabeça plástico, mutável, pois cada peça encaixada produzia um re-arranjo no conjunto, e a paisagem a ser alcançada se transformava... Um quebra-cabeça sem fim... e, por isso mesmo, recomeçável a cada dia. E, apesar das dores, Julia perseverava em sua busca, na reconstrução de sua história subjetiva. E enfrentava esse processo lento e doloroso com determinação, como se soubesse que dele dependia a transformação de seu sofrimento.

Retomando o fio de minha argumentação, acredito que todo esse processo de construções sucessivas se tornou possível após a construção de um espaço clínico no qual o indizível pôde ser vivido. Um espaço no qual algo do corpo e do afeto compareceram no sentido de ofertarem elementos a partir dos quais a linguagem pôde iniciar o lento processo de metaforização do indizível. Em outras palavras, no meu entender, Julia pôde criar seu Atlas particular para sobre seus ombros poder sustentar o seu viver.

Referências

Brezolin, R., & Pinheiro, N. (2011). Construção, interpretação e holding: reflexões a partir de um acontecer clínico. *Cadernos de Psicanálise, 33*(25), 258-271.

Freud, S. (1986a). A interpretação dos sonhos. In *Edição standard brasileira das obras psicológicas completas de Sigmund Freud*, vol. V. Rio de Janeiro: Imago. (Trabalho originalmente publicado em 1900).

Freud, S. (1986b). História de uma neurose infantil. In *Edição standard brasileira das obras psicológicas completas de Sigmund Freud* (Vol. 16). Rio de Janeiro: Imago. (Trabalho originalmente publicado em 1918).

Freud, S. (1986c). Recordar, repetir e elaborar. In *Edição standard brasileira das obras psicológicas completas de Sigmund Freud* (Vol. 14). Rio de Janeiro: Imago. (Trabalho originalmente publicado em 1914).

Freud, S. (1986d). Construções em análise. In *Edição standard brasileira das obras psicológicas completas de Sigmund Freud* (Vol. 23). Rio de Janeiro: Imago. (Trabalho originalmente publicado em 1937).

Pinheiro, N., & Maia, M. (2011). Fenômeno histérico ou psicossomático? Re-lendo o Homem dos Lobos com Winnicott. *Fractal: Revista de Psicologia, 23*(3), 595- 606.

Pinheiro, N., & Maia, M. (2015). Por favor, chamem a professora! Relato de uma experiência clínica. *Educação & Realidade, 40*(3), 13-33.

Winnicott, D. W. (1983). Teoria do relacionamento paterno-infantil. In *O ambiente e os processos de maturação.* Porto Alegre: Artes Médicas. (Trabalho originalmente publicado em 1960).

Winnicott, D. W. (2000a). Desenvolvimento emocional primitivo. In *Da pediatria à psicanálise: obras escolhidas*. Rio de Janeiro: Imago. (Trabalho originalmente publicado em 1945).

Winnicott, D. W. (2000b). A preocupação materna primária. In *Da pediatria à psicanálise: obras escolhidas.* Rio de Janeiro: Imago. (Trabalho originalmente publicado em 1956).

Winnicott, D. W. (2000c). Formas clínicas da transferência. In *Da pediatria à psicanálise: obras escolhidas.* Rio de Janeiro: Imago. (Trabalho originalmente publicado em 1955).

Winnicott, D. W. (2005a). O relacionamento inicial entre uma mãe e seu bebê. In *A família e o desenvolvimento individual.* São Paulo: Martins Fontes. (Trabalho originalmente publicado em 1958).

Winnicott, D. W. (2005b). O medo do colapso (breakdown). In *Explorações psicanalíticas.* Porto Alegre: Artmed Editora. (Trabalho originalmente publicado em 1963).

Winnicott, D. W. (2005c). A importância do setting no encontro com a regressão na psicanálise. In *Explorações psicanalíticas.* Porto Alegre: Artmed. (Trabalho originalmente publicado em 1964).

10. O que pode a psicanálise no campo da psicossomática

Rodrigo Sanches Peres

O termo "psico-somática", grafado com hífen separando seus dois elementos de composição, foi introduzido na literatura científica moderna em 1818 pelo médico alemão Johann Christian August Heinroth (1773-1843) para fazer referência a certas condições físicas que se desenvolveriam em função de fatores psíquicos (Steinberg, Herrmann-Lingen, & Himmerich, 2013). Alinhada a pressupostos estabelecidos por Hipócrates (460-377 a.C.) na Grécia Antiga, a ideia subjacente ao termo em questão contrastava com o positivismo emergente do início do século XIX, o que, em um primeiro momento, restringiu sua difusão. Porém, transcorridos mais de cem anos, na década de 1930 o médico e psicanalista de origem húngara Franz Alexander (1891-1964) revisitou o posicionamento de Heinroth e popularizou a designação "medicina psicossomática" nomeando uma especialidade fundamentada na hipótese da unidade funcional entre o corpo e a mente.

Nesta oportunidade, contudo, optaremos pela grafia sem hífen e não empregaremos o termo "psicossomática" como adjetivo para qualificar certas doenças orgânicas supostamente psicogênicas e tampouco para fazer menção a uma especialidade médica, mas, sim, em um sentido mais amplo, para aludir a um campo de conhecimento interdisciplinar. E se faz necessário enfatizar que, a exemplo de Fischbein (2011), entendemos que, assim concebida, a psicossomática se caracteriza pela heterogeneidade, pois uma miríade de teorias fornece elementos conceituais que, embora não se encontrem integrados entre si, possibilitam a confirmação de sua tese central – a indissociabilidade entre o funcionamento psíquico e o funcionamento orgânico – e subsidiam as mais variadas práticas clínicas, quer sejam preventivas ou curativas, individuais ou coletivas.

Feitos tais esclarecimentos, é preciso salientar que o objetivo deste capítulo, como seu próprio título evidencia, é abordar o que pode a psicanálise no campo da psicossomática. Dito de modo mais específico, buscaremos delinear algumas contribuições do arcabouço teórico psicanalítico, essencialmente em seus desenvolvimentos pós-freudianos, para a compreensão das complexas relações existentes entre a mente e o corpo, bem como, adicionalmente, sumarizar seus principais desdobramentos clínicos. Logo, partiremos do princípio de que a psicanálise constitui uma fecunda via de acesso a importantes aspectos do problema em pauta, sendo que, nesse ponto, estamos de acordo com Branco (2005), Casetto (2006), Aisenstein (2010), Eksterman (2010) e Aisemberg (2010), dentre muitos outros autores. Não obstante, compreendemos que a pedra angular da articulação entre a psicanálise e a psicossomática como consolidada por Alexander já havia sido estabelecida anteriormente por Sigmund Freud (1856-1939).

Afinal, como bem observou Volich (2007), a exploração das relações entre o funcionamento psíquico e o funcionamento orgânico perpassa toda a obra freudiana. A propósito, é válido mencionar que tal temática exerceu um papel decisivo no surgimento da psicanálise, pois as experiências de Freud com pacientes histéricas nos anos 1890 constituíram o ponto de partida da disciplina que viria a ser fundada posteriormente por ele. Ademais, as formulações freudianas sobre a histeria viabilizaram a superação do reducionismo biológico imposto pelo modelo cartesiano, em função do qual os sintomas físicos típicos dessa condição clínica - como paralisias, anestesias e contraturas - eram associados a lesões. Ocorre que, para Freud (1894/1996a), na histeria estaria em causa a transformação de uma representação recalcada em "inervação somática" por meio da conversão, o que lhe conferiria significação simbólica. Em outras palavras, haveria uma transposição, de modo distorcido, de satisfações pulsionais inaceitáveis à consciência para o plano corporal.

Entretanto, já na primeira década do século XX, Freud (1909/1996c) asseverou que a conversão não operaria em certos casos de histeria, o que o levou a circunscrever uma síndrome fóbica e a criar o termo "histeria de angústia" para nomeá-la. Não obstante, alguns anos antes, ele havia esboçado a possibilidade de sintomas físicos eclodirem sob a influência de determinantes de natureza emocional malgrado a identificação de qualquer fenômeno conversivo. E Freud o fez quando da descrição das chamadas "neuroses atuais", termo forjado para reunir, em um primeiro momento, a neurose de angústia e a neurastenia (1895/1996b) e, em um segundo momento, também a hipocondria (1911/1996d), assumindo a premissa de que entre tais condições clínicas existiria um denominador comum. Ressalte-se que, na perspectiva freudiana, todas elas seriam decorrentes de processos que não envolveriam mediação psíquica e, justamente por esse motivo, se caracterizariam por sintomas que não se afigurariam como produtos do inconsciente, em que pese o fato de, como na histeria, se manifestarem essencialmente no corpo. Nas palavras do próprio autor, esse ponto de vista pode ser assim sumarizado:

> *os sintomas das neuroses "atuais" – pressão intracraniana, sensações de dor, estado de irritação em um órgão, enfraquecimento ou inibição de uma função – não têm nenhum "sentido", nenhum significado psíquico . . . constituem, eles próprios, processos . . . em cuja origem estão ausentes todos os complicados mecanismos mentais que já conhecemos. (Freud, 1917/1996e, p. 388)*

Deve-se reconhecer que Freud privilegiou o estudo das chamadas "psiconeuroses" – rubrica sob a qual agrupava tanto as neuroses quanto as psicoses, das quais são exemplares, respectivamente, a histeria e a paranoia – em detrimento das neuroses atuais, sobretudo por presumir que essas não se encontrariam atreladas a conteúdos latentes passíveis de identificação por meio da associação livre e de eliminação à custa da interpretação, sendo que, dessa forma, não ofereciam à análise qualquer "ponto de ataque" (Freud, 1917/1996e, p. 389). Todavia, um rearranjo das proposições freudianas sobre a etiologia das neuroses atuais foi empreendido por autores contemporâneos. Como consequência, certos postulados de Freud acerca dos mecanismos que estariam associados a elas puderam ser resgatados em prol de uma melhor compreensão de pacientes que apresentam sintomas físicos que não possuem as distorções características das formações de compromisso simbólicas, mas se encontrariam relacionados a fatores psicológicos.

Embora extremamente sucintas, as considerações ora apresentadas acerca dos processos que, conforme Freud, seriam subjacentes à histeria e, em oposição, às neuroses atuais, possibilitam o mapeamento de certos elementos de sua obra que vieram a constituir as bases da psicossomática. Um aprofundamento a respeito foge ao escopo do presente capítulo, até mesmo porque, como já salientamos, progressos psicanalíticos pós-freudianos enriqueceram de modo substancial os conhecimentos anteriormente estabelecidos sobre a interface entre o funcionamento psíquico e o funcionamento orgânico. E certamente tais progressos incluem tanto aqueles proporcionados por Alexander quanto por outros autores que se enveredaram por caminhos teóricos distintos, dentre os quais destacamos o médico e psicanalista inglês Donald Woods Winnicott (1896-1971), o médico e psicanalista francês Pierre Marty (1918-1993) e a psicóloga e psicanalista neozelandesa Joyce McDougall (1920-2011).

Sendo assim, a seguir sintetizaremos as principais contribuições desses autores acerca do problema em pauta, procurando colocá-las em relação de forma a viabilizar a identificação de pontos de convergência e divergência. Para tanto, abordaremos nomeadamente: (a) a noção de neurose vegetativa e a teoria da especificidade dos conflitos de Alexander; (b) a teoria do amadurecimento emocional e as noções de integração psique-soma e psique-mente de Winnicott; (c) as noções de pensamento operatório e desorganização progressiva de Marty; e (d) a noção de desafetação de McDougall. Logo, executaremos um recorte bastante pontual, por meio do qual, como se verá adiante, serão privilegiadas certas obras que se encontram mais diretamente relacionadas à temática em pauta, embora os referidos autores também tenham se ocupado de outras questões de grande relevância tanto para a teoria quanto para a clínica psicanalítica.

Antes de avançar, contudo, julgamos relevante esclarecer que, ao longo do presente capítulo, empregaremos o termo "doenças orgânicas" para nos reportar àquelas enfermidades que acometem o corpo em sua concretude, ou, em outras palavras, o organismo em sua dimensão material. Porém, em absoluto estaremos sugerindo que tais doenças não possuem componentes emocionais. Na realidade, entendemos, em consonância com o chamado modelo biopsicossocial, que em qualquer doença – e igualmente na saúde – há uma complexa inter-relação de fatores biológicos, psicológicos e sociais. Justamente em função disso, o termo "doenças somáticas" será preterido, posto que – por ser oriundo da noção de "somatização", originária dos desenvolvimentos iniciais do campo da psicossomática – sugere um processo que é desencadeado no corpo a partir de influências mentais, isto é, remete a um movimento unidirecional.

Alexander: a noção de neurose vegetativa e a teoria da especificidade dos conflitos

Naquela que pode ser apontada como sua mais célebre obra, *Medicina psicossomática*, publicada originalmente em 1950, Alexander procurou se distanciar de psicanalistas de sua geração que sustentavam uma ampliação do posicionamento freudiano acerca da histeria por meio da generalização das hipóteses relativas à conversão. Imbuído desse intento, criou o termo "neurose vegetativa" para nomear condições clínicas em que as funções corporais seriam desequilibradas devido à estimulação ou inibição crônicas de certas respostas fisiológicas disparadas por tensões emocionais (1950/1989). Dessa forma, Alexander delimitou a existência de uma diferença essencial entre a neurose vegetativa e a histeria, pois nesta os sintomas, se afigurando como criações individuais, expressariam um conteúdo psicológico particular e seriam mediados pelo sistema nervoso central, ao passo que naquela seriam determinados pelo sistema nervoso autônomo, o qual não está relacionado diretamente aos processos de ideação. Nas palavras do autor:

> *um sintoma conversivo é uma expressão simbólica de um conteúdo psicológico emocionalmente definido: é*

> *uma tentativa de descarregar a tensão emocional. Ele ocorre nos sistemas neuromuscular voluntário ou perceptivo-sensorial, cuja função primordial é expressar e aliviar tensões emocionais. Uma neurose vegetativa não é uma tentativa de expressar uma emoção, mas, sim, uma resposta fisiológica dos órgãos vegetativos a estados emocionais que ou são constantes ou retornam periodicamente. (Alexander, 1950/1989, p. 37)*

Alexander, portanto, entendia que a neurose vegetativa seria desprovida de significado simbólico. Logo, o referido autor, como bem observou Taylor (2010), inovou ao conceber a possibilidade de certas doenças orgânicas serem passíveis de compreensão sob o prisma das formulações freudianas acerca das neuroses atuais. Outrossim, Alexander preconizava a associação de respostas fisiológicas a estímulos psíquicos. A seguinte afirmação ilustra com clareza esse ponto de vista: "assim como certos micro-organismos patológicos têm uma afinidade específica com determinados órgãos, também certos conflitos emocionais . . . tendem a atingir determinados órgãos internos" (Alexander, 1950/1989, p. 40). Essa ideia, a propósito, embasa a chamada teoria da especificidade dos conflitos, elaborada por Alexander – já radicado nos Estados Unidos – em colaboração com outros psicanalistas do Chicago Institute for Psychoanalysis, a qual, porém, foi objeto de um exame mais pormenorizado em uma obra póstuma, *Psychosomatic specificity*.

De acordo com a teoria da especificidade dos conflitos, a asma, por exemplo, estaria atrelada, na maioria dos casos, a um conflito emocional centrado na fixação à figura materna ou sua substituta e que se manifestaria por meio de diferentes traços de personalidade, desde a dependência até a agressividade (Alexander, French, & Pollock, 1968). Independente de suas reverberações em termos do funcionamento psíquico do sujeito, quer seja criança ou adulto, tal conflito emocional, devido à sua natureza inconsciente, tenderia a tornar-se crônico, provocando, consequentemente, reações fisiológicas anormais. Os espasmos dos bronquíolos que causam as crises de asma, assim, representariam respostas vegetativas coordenadas pela divisão parassimpática do sistema nervoso autônomo – não-simbólicas, portanto – a ameaças de separação face a figuras supostamente protetoras. Mas é preciso salientar que, embora tenham se ocupado, além de distúrbios respiratórios, de condições gastrointestinais, cardiovasculares, dermatológicas, endócrinas, musculoesqueléticas e sexuais, Alexander e os demais membros do Chicago Institute for Psychoanalysis postulavam que em cada doença haveria um componente emocional correlato de seus processos fisiológicos subjacentes.

Alexander (1950/1989) asseverou ainda que o conhecimento dos conflitos emocionais específicos de doenças orgânicas teria implicações práticas importantes, pois seria crucial para o planejamento e o desenvolvimento da assistência, tanto médica quanto psicológica, a ser ofertada aos pacientes. Porém, salientava a inviabilidade de generalizações quanto ao manejo técnico do processo terapêutico, de forma que se limitou a apresentar diretrizes básicas acerca de sua etapa inicial. Nesse sentido, o referido autor preconizava a definição prévia daquilo que chamava de "diagnóstico psicossomático", o qual demandaria o recurso às entrevistas preliminares tipicamente utilizadas em análise, mas envolveria também a coleta de informações médicas obtidas por meio de uma anamnese detalhada a ponto de viabilizar a reconstrução da sequência cronológica do surgimento dos sintomas físicos e o estabelecimento de relações entre eles e os conflitos emocionais então em vigência.

A propósito, Alexander (1950/1989) recomendava que, junto a pacientes acometidos por doenças orgânicas, a psicoterapia deveria ser necessariamente articulada ao tratamento médico e, na maioria dos casos, privilegiada em relação à análise. Ocorre que um enfoque mais expressivo, próprio daquele comumente adotado em análise, tenderia a colocar o paciente em contato com seus conflitos emocionais específicos, o que eventualmente promoveria elevações transitórias da tensão psíquica e, com isso, possivelmente os sintomas orgânicos se agravariam. Logo, caberia ao profissional avaliar cuidadosamente, durante a definição do diagnóstico psicossomático, até que ponto poderia exigir dos recursos egoicos do paciente, inclusive para que, julgando mais seguro, viesse a privilegiar um enfoque mais suportivo, centrado no alívio dos sintomas psíquicos, sabedor, porém, de que os conflitos emocionais específicos não seriam devidamente elaborados dessa maneira.

Em suma, a teoria da especificidade dos conflitos, embora firmemente ancorada na experiência clínica do autor, soa um tanto quanto obsoleta na atualidade, pois possui uma ênfase organicista marcadamente influenciada pela fisiologia da década de 1950. Ressalte-se que, ao menos em parte, tal fato pode ser compreendido levando-se em conta que Alexander concluiu sua formação psicanalítica no Berliner Psychoanalytisches Institut, sendo que, ao cruzar o oceano Atlântico para se radicar em Chicago, procurou dar continuidade – até mesmo valendo-se do fato de ser médico – ao projeto alemão de expansão da psicanálise à medicina, conforme salientou Volich (2000). Todavia, a Alexander é atribuído o mérito da difusão, por meio da noção de neurose vegetativa, das formulações freudianas acerca das neuroses atuais para a compreensão de fatores psicológicos de doenças orgânicas, posicionamento esse que foi consolidado posteriormente por outros psicanalistas. Principalmente por essa razão, Alexander foi elevado ao estatuto de principal expoente da vertente teórica que veio a ser conhecida como "Escola Psicossomática de Chicago", o que lhe reservou um lugar de destaque na história da psicanálise.

Winnicott: a teoria do amadurecimento emocional e as noções de integração psique-soma e psique-mente

Em 1923, Winnicott iniciou sua prática profissional como pediatra no Paddington Green Children's Hospital, em Londres, e também sua análise pessoal, principalmente devido ao interesse suscitado pelo trabalho de Freud. Anos depois, concluiu sua formação psicanalítica na British Psychoanalytical Society, especializando-se na análise tanto de adultos quanto de crianças. Por ser totalmente avesso a dogmas, o referido autor se alinhou ao chamado Middle Group face à polarização estabelecida entre Melanie Klein (1882-1960) e Anna Freud (1895-1982), em que pese o fato de ter sido supervisionado pela primeira. Tal atitude possibilitou a manutenção de sua independência em relação a qualquer imposição teórica e o levou, posteriormente, a inaugurar um novo capítulo na história da psicanálise, sem, contudo, jamais ter se engajado em qualquer tentativa de suplantar as formulações freudianas básicas (Moraes, 2008).

Fato é que foi por meio de uma releitura de certas proposições de Klein – e também de Freud – que Winnicott criou a chamada teoria do desenvolvimento emocional e, ao fazê-lo, acrescentou importantes inovações à compreensão dos fatores psíquicos de doenças orgânicas. Dias (2008), Ferreira (2010) e Pinheiro (2012), dentre diversos outros autores, compartilham conosco da mesma opinião. Ocorre que, de acordo com a pedra angular da teoria do amadurecimento pessoal, apresentada claramente no texto *Desenvolvimento emocional primitivo*, de 1945, qualquer indivíduo dependeria da disponibilidade de um ambiente facilitador – nomeadamente de uma figura materna "suficientemente boa" – no início de sua vida para vir a se constituir como uma unidade em si mesmo (Winnicott, 1945/2000a). Mas é preciso salientar que, para o referido autor, na origem desse fenômeno estaria em causa uma tendência inata da qual o ser humano seria dotado, de maneira que o amadurecimento pessoal não se assentaria, isoladamente, no provimento de cuidados básicos garantidos à custa de certas condições ambientais.

Posteriormente, em *A mente e sua relação com o psicossoma*, Winnicott (1949/2000b) asseverou que, em um movimento que teria início poucos dias após o nascimento, "os aspectos psíquico e somático do indivíduo em crescimento tornam-se envolvidos num processo mútuo de inter-relacionamento" (p. 334). Porém, tal processo somente se consolidaria se o ambiente se revelasse capaz de se adaptar ativamente às necessidades do bebê. Sendo preenchido esse pré-requisito essencial, o sujeito poderia gradativamente atingir a integração psique-soma - ou, em outros termos, experimentar a emergência do chamado "psicossoma" - e conquistar a vivência pessoal de, a partir de uma diferenciação entre o exterior e o interior, habitar o próprio corpo. A propósito, cumpre assinalar que o soma, na terminologia do referido autor, concerne ao corpo em sua dimensão real, ao passo que a psique se afigura como uma elaboração imaginativa das funções somáticas.

Já em *Transtorno psicossomático*, Winnicott (1964/1989) afirmou que aquilo que chamava de "enfermidade psicossomática" seria o "negativo de um positivo", representando o positivo a integração psique-soma (p. 89). Todavia, a expressão "enfermidade psicossomática", na obra do referido autor, é empregada para aludir ao problema subjacente ao "verdadeiro transtorno psicossomático", sendo que esse não consistiria em uma doença orgânica em específico, mas, sim, em uma falha na constituição do psicossoma em uma etapa primitiva do amadurecimento, cuja presença inviabilizaria o estabelecimento de limites nítidos entre o eu e o não-eu.

Dessas formulações podemos depreender que Winnicott assumiu um posicionamento que contrasta com aquele que norteia a teoria da especificidade dos conflitos, posto que essa, como já mencionado, preconizava a existência de um componente emocional correlato de processos fisiológicos patológicos. Não obstante, o referido autor, a exemplo de Alexander, colocava em relevo a natureza essencialmente psicossomática da condição humana, sendo que, por conseguinte, não atribuía o surgimento de apenas determinadas doenças orgânicas a fatores psicológicos.

No texto em questão, Winnicott, paradoxalmente, afirmou que aquilo que chamava de transtorno psicossomático, ao mesmo tempo, resultaria de uma fragilidade do psicossoma e se afiguraria como uma tentativa de evitar a perda total da ligação entre a psique e o soma, ainda que a integração não pudesse se concretizar efetivamente devido à ocorrência de sérios problemas nos primórdios da constituição subjetiva do indivíduo. É nesse sentido que tanto Pinheiro (2012) quanto Dias (2008) apontam que, em certos casos, uma doença orgânica representaria um modo por meio do qual o corpo se mostraria presente na vida do sujeito. Tal ponto de vista, entretanto, já havia sido esboçado em *A mente e sua relação com o psicossoma*. A seguinte afirmação de Winnicott (1949/2000b) o ilustra com clareza: "um dos objetivos da doença psicossomática é o de retomar a psique da mente, e levá-la de volta à sua associação íntima original com o soma" (p. 345).

Face a tal afirmação, é preciso salientar que a mente é concebida, nessa perspectiva, como um tipo de especialização da psique – isto é, uma aquisição mais tardia no processo de amadurecimento emocional – que equivaleria, em certo sentido, ao intelecto. Logo, ao propor que a psique poderia ser "seduzida" para dentro da mente, Winnicott (1949/2000b) sugere que, em resposta a falhas maternas graves, a mente se desenvolveria precocemente e, como consequência, a atividade do pensamento do indivíduo poderia, defensivamente, passar a exercer as funções que caberiam ao ambiente, o que afetaria drasticamente os estágios subsequentes do desenvolvimento. O referido autor, inclusive, propôs o termo "psique-mente" para designar tal fenômeno e demarcar a existência de uma diferença fundamental entre ele e o psicossoma. Embasando-se nessa diferença, Ferreira (2010) esclarece que a psique-mente se deveria, essencialmente, à interrupção do processo de alojamento da psique no corpo causada no início da vida pelo desempenho inadequado do *holding* ambiental.

No texto *A teoria do relacionamento paterno-infantil*, de 1960, Winnicott assevera que o *holding*, em linhas gerais, se refere a uma "provisão ambiental total" (1960/1988, p. 44), sem a qual certas conquistas do desenvolvimento - inclusive a função simbólica - não seriam alcançadas, ou o seriam com debilidade e, assim, não poderiam ser mantidas. A partir dessa definição, podemos chegar a duas conclusões. Em primeiro lugar, que as doenças orgânicas associadas àquilo que o referido autor qualificava como o verdadeiro transtorno psicossomático teriam um caráter não-simbólico. Em segundo lugar, que a abordagem de pacientes acometidos por essas doenças demandaria a configuração de um *setting* capaz de proporcionar ao sujeito um ambiente "suficientemente bom", independentemente de sua faixa etária. E o *holding* se destaca como um instrumento clínico singular para tanto, segundo Pinheiro (2012). A operacionalização do *holding* no processo terapêutico admite diversas possibilidades, porém, tipicamente envolverá, como Winnicott salienta no texto em questão, a aceitação da dependência do paciente e sua revivência na transferência, de forma que a interpretação caberá apenas quando da identificação de claros indícios de cooperação inconsciente de sua parte.

Marty: as noções de pensamento operatório e desorganização progressiva

Em "La relation objectale allergique", publicado em 1958, Marty defendeu que muitos pacientes adultos acometidos por asma e eczema, dentre outras doenças alérgicas, apresentariam uma organização mental peculiar, a qual passou a ser designada justamente pelo termo que intitula o texto em questão. Em síntese, a mais marcante característica psíquica desses pacientes seria uma propensão à utilização maciça da identificação e da projeção visando à fusão com o objeto, sendo que o fracasso desse expediente ensejaria um movimento regressivo que culminaria com uma crise alérgica (Marty, 1958). Diante do exposto, podemos depreender, no posicionamento do referido autor em uma etapa inicial de sua obra, certa influência da teoria da especificidade dos conflitos. Mas, a partir da década de 1960, Marty passou a trilhar um caminho teórico distinto. Em contrapartida, é fato que chegou a repensar, mas não a descartar por completo a ideia subjacente à relação objetal alérgica, ainda que tenha abandonado gradativamente tal noção em detrimento de outras.

Ocorre que a experiência clínica de Marty o levou a renunciar à aspiração de demarcar estruturas psíquicas próprias de doenças orgânicas em particular e, como consequência, o fez assumir um novo posicionamento, conforme evidencia o texto "O pensamento operatório", publicado em 1962 em coautoria com Michel de M'Uzan, igualmente membro da Société Psychanalytique de Paris. O termo que dá nome ao referido texto alude a um tipo de pensamento consciente, superficial, desprovido de valor libidinal, excessivamente orientado para a realidade externa e estreitamente vinculado à materialidade dos fatos (Marty & M'Uzan, 1962/1994). Desse modo, o pensamento operatório seria correlativo de um comprometimento da capacidade de simbolização e, como consequência, atestaria uma carência funcional do psiquismo. Precisamente por essa razão, tenderia a se desdobrar em um marcante apagamento de toda expressividade de ordem mental, o qual, por sua vez, seria naturalmente acompanhado por uma variedade de perturbações orgânicas não-simbólicas - análogas portanto, àquelas típicas da neurose vegetativa de Alexander e, logo, das neuroses atuais de Freud - que poderiam compor diferentes quadros clínicos.

Aprofundando essa linha de raciocínio, o pensamento operatório, como salientamos em uma publicação anterior (Peres & Santos, 2012), não deveria ser entendido como um mero desdobramento do impacto emocional de doenças orgânicas. Devido à sua tendência à cronificação, tratar-se-ia, em última instância, de um fator associado ao adoecimento em adultos, sobretudo em casos graves e evolutivos. Vale ressaltar que, ampliando suas formulações iniciais, Marty, no segundo volume de uma de suas obras mais representativas, *Les mouvements individuels de vie et de mort,* consolidou, já em 1980, a utilização do termo "funcionamento operatório" para enfatizar que aquilo que fora originalmente concebido como um tipo de pensamento seria, na realidade, uma dinâmica mental com características distintas daquelas presentes nas neuroses e nas psicoses. Ademais, o referido autor acrescentou que o funcionamento operatório se encontraria intimamente relacionado a desarmonias afetivas experimentadas na primeira infância em virtude do desempenho inapropriado - excessivo ou insuficiente - da função materna (Marty, 1980). Em nosso entendimento, tal proposição é consistente com certos pressupostos da teoria do amadurecimento emocional, na medida em que, como já mencionamos, Winnicott asseverava que a relação primitiva mãe-bebê seria estruturante da integração psique-soma.

No primeiro volume de *Les mouvements individuels de vie et de mort*, Marty concebeu uma perspectiva evolucionista segundo a qual o desenvolvimento mental se daria por meio de constantes movimentos de organização pautados em representações psíquicas que constituiriam elementos funcionais prévios. Entretanto, a hierarquização progressiva das funções psíquicas não poderia ser atribuída ao percurso de um eixo padrão, na medida em que envolveria o empreendimento de arranjos absolutamente singulares (Marty, 1976). Já no segundo volume da obra em pauta, o referido autor esclareceu que, para que o novo conjunto evolutivo viesse a se mostrar apropriado às necessidades atuais do indivíduo, os elementos funcionais prévios deveriam ser realinhados de modo a compor um mosaico mais complexo. Em certas situações, todavia, esses elementos não se encontrariam disponíveis em virtude de traumas psíquicos sucessivos, ou se revelariam insuficientes quantitativa e qualitativamente devido a sérios problemas nas etapas iniciais do desenvolvimento do sujeito, o que novamente nos remete aos postulados de Winnicott.

Nos casos em pauta, a reorganização não se constituiria de maneira adequada e teria início um movimento contraevolutivo de desorganização. Dependendo da espessura das camadas do pré-consciente do indivíduo, posto que essa instância, para Marty (1980), se afiguraria como a sede das representações psíquicas, tal movimento poderia se intensificar a ponto de promover a dispersão dos elementos funcionais anteriormente estruturados, o que culminaria com um processo psicopatológico para o qual criou o termo "desorganização progressiva". Em síntese, a desorganização progressiva evoluiria de acordo com a seguinte sucessão de eventos: (1) vivência de tensões excessivas, sem possibilidades de elaboração psíquica e com reduzidas possibilidades de escoamento por meio de comportamentos; (2) desenvolvimento de uma desorganização mental, cujo alcance seria determinado pela precariedade do funcionamento anterior; (3) eclosão de uma sintomatologia depressiva própria, em função da qual se observaria um apagamento global da dinâmica mental; (4) surgimento de angústias difusas; e (5) emergência de desorganização física, que culminaria com o surgimento de uma doença orgânica grave e evolutiva que não interromperia a desorganização mental. Ou seja, como Marty esclareceu em *A psicossomática do adulto*, seu último livro publicado em vida, já em 1990, a noção de desorganização progressiva parte do princípio de que

> *quanto mais o pré-consciente de um sujeito se mostrar rico de representações permanentemente ligadas entre si, mais a patologia eventual correrá o risco de se situar na vertente mental. Quanto menos o pré-consciente se mostrar rico de representações, de ligações entre as que existem e de permanência das representações e de suas ligações, mais a patologia eventual correrá o risco de se situar na vertente somática. (Marty, 1990/1993, p. 28)*

Vale salientar que, nessa obra, o referido autor apresentou uma visão panorâmica de suas teses, as quais, a propósito, se afiguram como a principal referência da vertente teórica que passou a ser designada como "Escola Psicossomática de Paris", como bem observaram Debray (1983/1995) e Aisemberg (2010), por exemplo. E Marty também discutiu as implicações clínicas de suas formulações. Nesse sentido, asseverou que, na assistência psicológica a ser ofertada a pacientes acometidos por doenças orgânicas graves, especialmente naqueles em que se observam indícios de desorganização progressiva, a indicação de análise é restrita "[...] por causa das frustrações que ela naturalmente implica" (Marty, 1990/1993, p. 59). Logo, sustentou uma abordagem fundamentada em princípios teóricos psicanalíticos, porém norteada em função de objetivos mais circunscritos, o que obviamente envolveria adaptações técnicas. Afinal, Marty preconizava que, nos casos em questão, o profissional deveria cuidadosamente estimular a retomada do funcionamento mental apresentado pelo paciente antes do adoecimento, para apenas posteriormente passar a envidar esforços no intento de enriquecer seu aparelho psíquico até o nível mais desenvolvido possível.

Para tanto, Marty advertiu que seria imprescindível o exercício da função materna, entendendo-a como "um acompanhamento, sobretudo, mas não exclusivamente, verbal, que margeia, segue ou precede de perto os estados e movimentos do sujeito" (1990/1993, p. 64). Ou seja, impor-se-ia ao profissional disponibilizar seus próprios sistemas elementares de representações e defesas, de modo a dar contorno ao desempenho progressivo de funções fragilizadas do paciente e, posteriormente, abandonar gradualmente esse papel tão logo se observassem os primeiros sinais de independência. Para fazer frente a um desafio dessa magnitude, o referido autor recomendava a realização das sessões em situação face a face e o emprego de intervenções não-interpretativas, inclusive concernentes à própria condição orgânica do paciente. Essas, contudo, não necessariamente assumiriam um caráter meramente informativo, pois, sempre que possível, deveriam ser empreendidas com o intuito de constituir o adoecimento como objeto representável para o paciente. Todavia, Marty colocava em relevo que essa empreitada demandaria extrema prudência, sendo que a confrontação seria contraindicada para que pudesse ser evitado um comprometimento de uma reorganização mental em curso ou iminente.

McDougall: a noção de desafetação

Neozelandesa de origem, McDougall iniciou sua formação em psicoterapia de crianças em 1949 no Hampstead Child Therapy Course and Clinic de Londres - que se transformou posteriormente no Anna Freud Centre - e concluiu sua formação psicanalítica na Société Psychanalytique de Paris anos depois. Somando a isso sua recusa a sectarismos teóricos, veio a estabelecer um diálogo profícuo com autores franceses e anglo-saxões e, como consequência, trouxe à luz aportes de grande relevância para a psicanálise, particularmente no campo da psicossomática. Nesse sentido, a exemplo de Winnicott e Marty, McDougall asseverou, no livro *Teatros do eu*, que muitos pacientes adultos acometidos por doenças orgânicas, sobretudo graves, teriam vivenciado perturbações relacionais severas da díade mãe-bebê. E sustentou que, por essa razão, esses pacientes se caracterizariam por uma inclinação à redução dos afetos a uma dimensão essencialmente somática, o que fomentaria, concomitantemente, o empobrecimento da expressividade psíquica e a potencialização da expressividade orgânica (McDougall, 1982/1989).

Nessa perspectiva, se a figura materna não cumprisse a contento o papel que lhe cabe, os sinais pré-verbais que o bebê emite permaneceriam distantes de qualquer código linguístico, o que provocaria duradouras dificuldades no processo de reconhecimento e expressão dos próprios sentimentos. Tais dificuldades constituiriam a principal causa da propensão ao emprego inconsciente de um mecanismo de defesa poderoso a ponto de excluir sumariamente do aparelho mental representações carregadas de afetos intoleráveis (McDougall, 1982/1989). Conforme nosso entendimento, a teorização da referida autora, nesse ponto, consubstancia, mas também acrescenta em relação às formulações de Winnicott sobre a integração psique-soma. Todavia, McDougall não criou uma nomenclatura própria para tal mecanismo de defesa, tendo-o apenas enquadrado como uma variação daquele designado originalmente na obra freudiana em alemão como *Verwerfung*, o qual tipicamente tem sido traduzido como "rejeição" ou "repúdio" para o português. E cumpre assinalar que na releitura de Freud proposta por Jacques Lacan (1901-1981), o mesmo mecanismo de defesa foi traduzido para o francês como *forclusion* e, posteriormente, aportuguesado como "forclusão" ou "foraclusão".

Com efeito, em *Teatros do corpo*, apontada como sua principal obra, McDougall veio a introduzir no vocabulário psicanalítico um novo termo apenas esboçado previamente. E o fez ao propor que a utilização recorrente do mecanismo de defesa ao qual havia aludido configuraria um distúrbio da economia afetiva que chamou de "desafetação". Conforme salientamos em uma publicação anterior (Peres & Santos, 2012), o prefixo latino *des* sugere separação, perda ou desligamento, de forma que, por si só, a composição do neologismo indica que a desafetação envolve, essencialmente, o rompimento do indivíduo com seus próprios afetos. Ademais, para a referida autora, a desafetação estaria diretamente ligada à eclosão de doenças orgânicas, sobretudo graves, na medida em que, à semelhança das pulsões, os afetos – desde as formulações freudianas – poderiam ser situados teoricamente no limite entre o psíquico e o somático (McDougall, 1989/1991). E, aos afetos tolhidos de sua significação dada a impossibilidade de elaboração, restaria apenas uma dimensão somática, a qual não se expressaria de outra maneira que não organicamente.

Tendo em vista o que precede, podemos notar que, enquanto Marty, por meio das noções de pensamento operatório e desorganização progressiva, associou o desenvolvimento de doenças orgânicas graves a uma marcante limitação da funcionalidade do aparelho mental, McDougall se enveredou por um percurso teórico distinto ao qualificar a desafetação como uma condição psicopatológica derivada da utilização recorrente de um mecanismo de defesa em específico. Afinal, em que pese o fato de se tratar de um mecanismo de defesa arcaico e cujos desdobramentos seriam potencialmente prejudiciais em termos físicos, a capacidade do aparelho mental empregá-lo relativiza, *per se*, uma eventual limitação de sua funcionalidade. Mas a referida autora contextualizou o aparente descompasso teórico ao esclarecer que suas formulações eram oriundas de sua experiência clínica em consultório particular junto a pacientes que apresentavam uma demanda própria de análise, sendo que parte deles adoecia no transcorrer do processo terapêutico, ao passo que Marty trabalhava essencialmente com pacientes já acometidos por alguma doença orgânica, que se encontravam hospitalizados e que, assim, eram encaminhados à psicoterapia por seus médicos.

Ademais, McDougall (1989/1991) referendou, ao menos em parte, uma das principais teses tanto de Alexander quanto de Marty ao salientar que as doenças orgânicas que emergem no contexto da desafetação não possuiriam significado simbólico, na medida em que se afigurariam como uma espécie de tradução corporal de uma história sem palavras, ou seja, como uma resposta biológica determinada pela impossibilidade de contenção de afetos potencialmente desestruturantes no aparelho mental. Logo, a referida autora igualmente alinhou sua teorização ao posicionamento freudiano concernente às neuroses atuais, ainda que o repensando parcialmente para colocar em relevo o papel das vivências infantis como fator precipitante. Porém, preconizou que o adoecimento, por mais paradoxal que possa parecer, não raro se afiguraria como uma "tentativa de cura", ou seja, apresentaria uma "demanda de sentido", conforme a leitura de Casetto (2006, p. 134). A seguinte afirmação de McDougall se reveste de grande relevância no que diz respeito a esse ponto de vista: "podemos perceber que as manifestações psicossomáticas situam-se no contexto de uma história que é preciso reconstituir" (1989/1991, p. 46).

Aprofundando essa linha de raciocínio, McDougall se distanciou de Alexander e Marty ao defender a utilização da análise junto a pacientes acometidos por doenças orgânicas nos quais a desafetação é identificada. Logo, preconizou o uso do divã, a realização de cinco sessões semanais e o emprego prioritário da interpretação. A referida autora deixou claro tal posicionamento ao afirmar que "quer o postulante sofra de distúrbios psicossomáticos, de sintomas neuróticos, psicóticos ou caracteriais, quer de problemas de adição, minha abordagem é a mesma" (1989/1991, p. 5). Contudo, elencou a existência de quatro pré-requisitos para análise. Em primeiro lugar, o sujeito deve ser capaz de reconhecer, em algum nível, a existência do próprio sofrimento emocional. Em segundo lugar, como consequência, é necessário que aspire a um maior conhecimento acerca de si mesmo e de seus sintomas. Em terceiro lugar, é imprescindível que apresente uma estrutura egoica minimamente organizada para suportar as angústias inerentes à situação analítica. Por fim, em quarto lugar, deve se mostrar disposto a assumir uma posição de dependência, malgrado a frustração potencialmente intrínseca a qualquer relação interpessoal. Logo, cada caso demandaria uma avaliação meticulosa para que nenhuma contraindicação passasse despercebida.

Considerações finais

O presente capítulo, mediante o delineamento das principais proposições de Alexander, Winnicott, Marty e McDougall acerca das relações mente-corpo, ilustra que o arcabouço teórico psicanalítico relativo à temática em pauta se caracteriza pelo pluralismo. Tal fato espelha a diversidade de pressupostos aos quais as diferentes escolas psicanalíticas podem aderir no que diz respeito a outras questões, inclusive de caráter mais geral. Entretanto, compartilhamos do posicionamento de Dreher (2008), de acordo com o qual o pluralismo, se compreendido como um sinal de vitalidade, e não de fragmentação, pode vir a fomentar a superação dos desafios, quer sejam teóricos ou clínicos, que se apresentam atualmente à psicanálise. Ademais, ainda em consonância com a referida autora, entendemos que a obra freudiana, em termos históricos, constitui um *common ground* psicanalítico, tese essa que, como gostaríamos de acrescentar, parece se aplicar nomeadamente quanto às suas contribuições no campo da psicossomática.

Assumindo essa premissa, podemos concluir que, em última instância, as formulações de Alexander, Winnicott, Marty e McDougall sobre a indissociabilidade do funcionamento psíquico e do funcionamento orgânico, malgrado as particularidades inerentes a cada uma delas, compartilham das mesmas raízes freudianas. Justamente por essa razão, nenhum dos referidos autores referenda a compreensão de certas doenças orgânicas a partir de uma causalidade psíquica linear e dicotômica que levaria a qualificá-las como "psicossomáticas" por serem supostamente psicogênicas. Movimentos nesse sentido são derivados de um reducionismo segundo o qual o corpo se encontraria, de maneira total e exclusiva, suscetível ao aparelho mental. Jadoulle (2003) emprega o neologismo "psicossomatismo" para aludir a tal reducionismo e assevera que o mesmo seria motivado pela esperança de eliminar as forças externas que influenciam nosso organismo e, assim, se afiguraria como um subproduto da ojeriza que o contato com a fragilidade tipicamente humana desperta.

Ressalte-se que os desenvolvimentos conceituais dos quais nos ocupamos nessa oportunidade colocam em relevo os fatores psicológicos do processo saúde-doença e, assim, operacionalizam um recorte metodológico imperativo face à complexidade que lhe é inerente, mas em absoluto minimizam a importância de fatores biológicos e sociais. Ademais, não desconsideram a singularidade do indivíduo, posto que de maneira alguma sustentam a existência de um nexo causal entre a identificação de certas condições psíquicas e a eclosão de determinadas doenças orgânicas, em contraste com o que poderia sugerir uma leitura mais superficial. É justamente por essa razão que acreditamos que a aplicação de aportes psicanalíticos no campo da Psicossomática favorece o estabelecimento de relações mais humanizadas no âmbito da atenção em saúde e, assim, se contrapõe às práticas tecnocêntricas cada vez mais frequentes na atualidade.

Entendemos que os progressos teóricos ensejados por Alexander, Winnicott, Marty e McDougall acerca do assunto fornecem elementos potencialmente proveitosos para o trabalho dos profissionais de saúde em geral – e não apenas dos profissionais *psi* – ao salientar a necessidade de uma escuta dirigida à subjetividade do indivíduo. E talvez esse seja o mais relevante desdobramento prático das concepções que procuramos sumarizar no presente capítulo. Afinal, concordamos com Volich (2000) quando este assevera que os avanços da biologia molecular que permitiram o sequenciamento do genoma humano provocaram um deslumbramento que conduzirá a uma frustração semelhante àquela resultante das expectativas engendradas pela sistematização do conhecimento anatômico no século XIV, as quais levavam a crer que nas entranhas do corpo se encontrariam as respostas para todos os enigmas da vida.

Referências

Aisemberg, E. R. (2010). Psychosomatic conditions in contemporary psychoanalysis. In M. Aisenstein & E. R. Aisemberg (Orgs.), *Psychosomatics today: a psychoanalytic perspective* (pp. 111-130). London: Karnac Books.

Aisenstein, M. (2010). Beyond the dualism of psyche and soma. *Journal of the American Academy of Psychoanalysis and Dynamic Psychiatry, 36*(1), 103-123.

Alexander, F. (1989). *Medicina psicossomática: seus princípios e aplicações* (C. B. Fischmann, Trad.). Porto Alegre: Artes Médicas. (Trabalho originalmente publicado em 1950).

Alexander, F., French, T. M., & Pollock, G. H. (1968). *Psychosomatic specificity. Volume 1: experimental study and results.* Chicago: University of Chicago Press.

Branco, L. B. (2005). Psicanálise e psicossomática: uma revisão. *Revista Portuguesa de Psicossomática, 7*(1-2), 257-267.

Casetto, S. J. (2006). Sobre a importância do adoecer: uma visão em perspectiva da psicossomática psicanalítica no século XX. *Psychê, 10*(17), 121-142.

Debray, R. (1995). *O equilíbrio psicossomático e um estudo sobre diabéticos* (J. Souza, & M. Werneck, Trads.). São Paulo: Casa do Psicólogo. (Trabalho originalmente publicado em 1983).

Dias, E. O. (2008). O distúrbio psicossomático em Winnicott. In R. M. Volich, F. C. Ferraz, & W. Ranña (Orgs.), *Psicossoma IV: corpo, história, pensamento* (pp. 107-120). São Paulo: Casa do Psicólogo.

Dreher, A. U. (2008). Pluralismo na teoria e na pesquisa: e agora? (E. V. K. P. Susemihl, & E. V. L. Kunze, Trads.). *Revista Brasileira de Psicanálise, 42*(2), 131-153.

Eksterman, A. (2010). Psicossomática: o diálogo entre a psicanálise e a medicina. In J. Mello Filho, & M. Burd (orgs.). *Psicossomática hoje* (2a ed., pp. 93-105). Porto Alegre: Artmed.

Ferreira, F. G. B. (2010). *Uma compreensão winnicottiana sobre as noções de soma, psique e mente como referência para o entendimento da integração psicossomática.* Dissertação de Mestrado – Programa de Pós-graduação em Psicologia, Pontifícia Universidade Católica de Campinas, Campinas.

Fischbein, J. E. (2011). Psychosomatics: a current overview. *International Journal of Psycho-Analysis, 92*(1), 197-219.

Freud, S. (1996a). As neuropsicoses de defesa (M. Salomão, Trad.). In J. Salomão (Org.), *Edição standard brasileira das obras psicológicas completas de Sigmund Freud* (Vol. 3, pp. 53-66). Rio de Janeiro: Imago. (Trabalho originalmente publicado em 1894).

Freud, S. (1996b). Sobre os fundamentos para destacar da neurastenia uma síndrome específica denominada "neurose de angústia" (M. Salomão, Trad.). In J. Salomão (Org.), *Edição standard brasileira das obras psicológicas completas de Sigmund Freud* (Vol. 3, pp. 93-115). Rio de Janeiro: Imago. (Trabalho originalmente publicado em 1895).

Freud, S. (1996c). Análise de uma fobia em um menino de cinco anos (J. O. A. Abreu, Trad.). In J. Salomão (Org.), *Edição standard brasileira das obras psicológicas completas de Sigmund Freud* (Vol. 10, pp. 15-133). Rio de Janeiro: Imago. (Trabalho originalmente publicado em 1909).

Freud, S. (1996d). Sobre o narcisismo: uma introdução (T. O. Brito, P. H. Britto, & C. M. Oiticica, Trads.). In J. Salomão (Org.), *Edição standard brasileira das obras psicológicas completas de Sigmund Freud* (Vol. 14, pp. 81-108). Rio de Janeiro: Imago. (Trabalho originalmente publicado em 1911).

Freud, S. (1996e). Conferência XXIV: o estado neurótico comum (J. L. Meurer, Trad.). In J. Salomão (Org.), *Edição standard brasileira das obras psicológicas completas de Sigmund Freud* (Vol. 16, pp. 379-392). Rio de Janeiro: Imago. (Trabalho original publicado em 1917).

Jadoulle, V. (2003). Les dérives de la pensée psychosomatique. *L'Évolution Psychiatrique, 68*(2), 261-270.

Marty, P. (1958). La relation objectale allergique. *Revue Française de Psychanalyse, 22*(1), 30-35.

Marty, P. (1976). *Les mouvements individuels de vie et de mort. Tome 1: essai d'économie psychosomatique*. Paris: Payot.

Marty, P. (1980). *L'ordre psychosomatique – les mouvements individuels de vie et de mort. Tome 2: désorganisations et régressions*. Paris: Payot.

Marty, P. (1993). *A psicossomática do adulto* (P. C. Ramos, Trad.). Porto Alegre: Artes Médicas (Trabalho originalmente publicado em 1990).

Marty, P., & M'Uzan, M. (1994). O pensamento operatório (V. A. C. Beusson, Trad.). *Revista Brasileira de Psicanálise, 28*(1), 165-174. (Trabalho originalmente publicado em 1962).

McDougall, J. (1989). *Teatros do eu* (O. Coddá, Trad.). Rio de Janeiro: Francisco Alves. (Trabalho originalmente publicado em 1982).

McDougall, J. (1991). *Teatros do corpo: o psicossoma em psicanálise* (P. H. B. Rondon, Trad.). São Paulo: Martins Fontes. (Trabalho originalmente publicado em 1989).

Moraes, A. A. R. E. (2008). Winnicott e o Middle Group: a diferença que faz diferença. *Natureza humana, 10*(1), 73-104.

Peres, R. S., & Santos, M. A. (2012). *Psicossomática psicanalítica: intersecções entre teoria, pesquisa e clínica.* Campinas: Alínea.

Pinheiro, N. N. B. (2012). Algumas observações clínicas a respeito das afecções que se expressam por meio do corpo: de Freud a Winnicott. In M. Winograd & M. Souza (Orgs.), *Processos de subjetivação, clínica ampliada e sofrimento psíquico* (pp. 143-157). Rio de Janeiro: Cia. de Freud.

Steinberg, H., Herrmann-Lingen, C., & Himmerich, H. (2013). Johann Christian August Heinroth: psychosomatic medicine eighty years before Freud. *Psychiatria Danubina, 25*(1), 11-16.

Taylor, G. J. (2010). Symbolism, symbolization, and trauma in psychosomatic theory. In M. Aisenstein & E. R. Aisemberg (Orgs.), *Psychosomatics today: a psychoanalytic perspective* (pp. 181-199). London: Karnac Books.

Volich, R. M. (2000). *Psicossomática: de Hipócrates à psicanálise.* São Paulo: Casa do Psicólogo.

Volich, R. M. (2007). Fundamentos psicanalíticos da clínica psicossomática. In R. M. Volich, F. C. Ferraz & M. A. A. C. Arantes (Orgs.), *Psicossoma II: psicossomática psicanalítica* (3a ed., pp. 17-31). São Paulo: Casa do Psicólogo.

Winnicott, D. W. (1988). A teoria do relacionamento paterno--infantil (I. C. S. Ortiz, Trad.). In *O ambiente e os processos de maturação: estudos sobre a teoria do desenvolvimento emocio-*

nal (pp. 38-54). 2. ed. Porto Alegre: Artes Médicas. (Trabalho originalmente publicado em 1960).

Winnicott, D. W. (1989). Transtorno psicossomático (J. O. A. Abreu, Trad.). In C. Winnicott, R. Shepherd & M. Davis (Orgs.), *Explorações psicanalíticas: D. W. Winnicott* (pp. 82-90). Porto Alegre: Artmed. (Trabalho originalmente publicado em 1964).

Winnicott, D. W. (2000a). Desenvolvimento emocional primitivo (D. Bogomoletz, Trad.). In *Da pediatria à psicanálise: obras escolhidas* (pp. 218-232). Rio de Janeiro: Imago. (Trabalho originalmente publicado em 1945).

Winnicott, D. W. (2000b). A mente e sua relação com o psicossoma (D. Bogomoletz, Trad.). In *Da pediatria à psicanálise: obras escolhidas* (pp. 332-346). Rio de Janeiro: Imago. (Trabalho originalmente publicado em 1949).

11. O que pode a psicanálise com pacientes idosos apresentando severas perturbações da memória[1]

Vinicius Anciães Darriba

Rafaela Ferreira de Souza Gomes

A experiência de ampliação dos campos de atuação do psicanalista não cria um instrumental conceitual ou técnico que seja capaz de antecipar o que está por vir, na medida em que o trabalho analítico se faz a cada vez e não é possível predizer seus efeitos. Trataremos aqui de trabalho clínico realizado em equipe multiprofissional no contexto de um ambulatório público organizado em torno da geriatria como especialidade médica. A prática em equipe produz uma abertura no sentido da entrada da psicanálise nas discussões clínicas, mas ao mesmo tempo tem incidência no trabalho analítico, requerendo um manejo particular. Buscaremos indicar a complexidade do presente cenário, no que concerne a determinadas questões que marcam o tempo da velhice. Uma vinheta clínica será apresentada para introduzir algumas interrogações no que tange à clínica psicanalítica com esses sujeitos, que põem em cena a questão do limite do dispositivo analítico, em particular nos casos que nos confrontam com severas perturbações da memória.

---

1 Fonte de financiamento: Bolsa Prociência (Faperj) e Bolsa de Mestrado CAPES.

Recorremos ao termo perturbações da memória por acreditarmos que alguns relatos e vivências de pacientes idosos recebidos em análise evocam a radicalidade que comporta a experiência da Acrópole descrita por Freud (1936/2006h), em carta intitulada "Uma perturbação da lembrança na Acrópole". É recorrente, sobretudo com pacientes que apresentam quadros diagnosticados como demenciais, o relato de esquecimentos que não podem ser ouvidos apenas como efeito do recalque, como esquecimentos de pessoas próximas e de lugares familiares que evocam estranhamento. Esses esquecimentos que falam de um limite mais acentuado da rememoração mobilizam angústia, e podem favorecer episódios de desrealização e despersonalização. Tais relatos em análise são acompanhados pela repetição, a qual se apresenta na insistência de alguns elementos de memória que retornam como lembranças fragmentadas da infância e de momentos significativos da vida. Em alguns casos, a repetição não implica elementos de evocação da memória, mas uma repetição que implica a ação e se fecha ao trabalho da associação.

O contexto clínico e institucional

A partir da inserção no ambulatório, foi possível observar a recorrência com que a velhice encontra-se associada a diferentes patologias, sendo muito comum a pergunta pelas funções cognitivas, especialmente pela memória, pois o idoso pode, segundo literatura que trata do tema (Parente, 2006; Nitrini et al., 2005), apresentar alterações em seu funcionamento. Ainda que haja uma particularidade da velhice e o avançar dos anos produza efeitos no corpo, é preciso considerar que isso não significa haver um destino comum a todos os velhos. As queixas de memória nesse contexto institucional tendem a ser lidas como próprias ao avançar da idade, a investigação diagnóstica lança a pergunta pela demência e, em alguns casos, chega-se a uma definição diagnóstica em um curto intervalo de tempo. Os diferentes tipos de demência, contudo, nem sempre estão associados à velhice. Nesses quadros há perdas de diferentes funções cognitivas – inicialmente a memória e a linguagem são mais afetadas. Trata-se de um quadro que evolui gradualmente e não possui cura.

Para precisar a maneira como a medicina define as síndromes demenciais, recorremos a Dalgalarrondo (2000), o qual assinala o declínio de múltiplas habilidades cognitivas e funcionais, com aspectos clínicos relevantes, dos quais se pode destacar o agravo do funcionamento da memória. O tipo mais comum de demência é a doença de Alzheimer, que se caracteriza por ser uma doença que incide sobre adultos mais velhos, causando diminuição na funcionalidade da memória, de forma progressiva, além de outras alterações cognitivas e motoras. Essa doença foi descoberta por Alois Alzheimer em 1907, e seu diagnóstico é realizado a partir da constatação de prejuízos, especialmente o que afeta o intelecto na condução da vida diária. Alguns instrumentos, como testes e exames de imagens, podem auxiliar na definição diagnóstica. Entretanto, como pontua Sternberg (2000), em termos formais o diagnóstico definitivo só poderia ser feito após a morte por meio de exame anatomopatológico do cérebro.

O diagnóstico tem uma função importante para a definição de condutas e para o tratamento no campo da saúde. No entanto, algumas vezes sua definição vem acompanhada por certa urgência em se estabelecer procedimentos e técnicas de intervenção. Nesses casos, acaba não havendo tempo para que algo em torno das queixas ou dos sintomas possa vir a se situar de outro modo. A demanda de produtividade e os protocolos que preponderam no campo da saúde contribuem para que os intervalos sejam suprimidos. Se o sujeito da psicanálise, como define Lacan (1964/2008b), situa-se no intervalo entre dois significantes (S1-S2), sem o intervalo que eles venham a constituir dá-se sua elisão. Não há tempo para que advenha o sujeito ali onde o idoso é falado.

Há diferentes discursos sobre a velhice e o que ela representa. Abordaremos brevemente aqueles que aqui importam. O primeiro veicula a imagem da fragilidade e da patologia, sendo o idoso alvo de campanhas e medidas interventivas. No campo da saúde, o aumento de diagnósticos de depressão e demência, sobretudo do tipo Alzheimer, é indicativo dessa abordagem da velhice. Um segundo discurso é o da prevenção do envelhecimento ou do envelhecimento saudável, o qual implica medidas a serem adotadas ao longo da vida que podem vir a amenizar alguns efeitos do processo de envelhecimento.

Esses modos de abordagem do envelhecimento – interventivo e preventivo – parecem, em um primeiro momento, opostos. Ambos se fazem acompanhar, no entanto, de um não querer saber acerca da castração que encontra na morte seu mais radical representante. A colocação de Debert (1999, p. 15) nos parece pertinente nesse sentido: "As novas imagens do idoso encobrem a ausência de recursos para o enfrentamento da decadência das habilidades físicas, cognitivas e emocionais". O silêncio que se faz sobre a dimensão não prevenível ou remediável do envelhecimento evidencia o real da castração que esse tempo da vida, talvez mais do que outros, expõe.

No que se refere ao aumento de diagnósticos, especialmente dos quadros demenciais, destacamos uma importante reflexão de Groisman (2002), o qual destaca que um novo olhar parece ter se constituído sobre a velhice nas últimas décadas do século XX, sendo a doença de Alzheimer um exemplo dele. Em pesquisa destacada pelo autor, mostra-se a transformação da doença de Alzheimer em epidemia a partir do século XX, suscitada pelo crescimento do número de idosos na sociedade, estabelecendo todo idoso como uma potencial vítima da doença. Desde esse exemplo, pode-se questionar a que o aumento no diagnóstico responde. No caso da velhice, entendemos que esta suscita medidas de enquadramento do mal-estar causado pelo real do corpo que sofre a ação do tempo. Freud, em "O mal-estar na civilização" (1930[1929]/2006g), já formulava que uma de suas fontes é a dissolução do corpo.

As crescentes queixas de memória e a proliferação de diagnósticos a elas associados podem ser articuladas ao particular da contemporaneidade? Qual a razão para esses diagnósticos e não outros serem tão frequentes na velhice? Na atualidade há um apelo à memória, especialmente no que tange ao tempo de assimilação ao novo. Diante da fluidez e estreitamento dos intervalos impostos pelo modo de vida e pelo avanço tecnológico atrelado ao mercado, há um imperativo de adaptação, e a informação é transmitida em velocidade que não é compatível com a validação da experiência. No caso do idoso, este pode ser um fator importante para o declínio no desempenho de suas funções cognitivas, e especialmente no da função da memória. Ainda que essa questão seja relevante, o que a psicanálise poderá dizer é sempre na singularidade de cada caso. Nesse sentido, não é possível propor uma teoria geral da memória ou da demência, mas ouvir o significante que cada sujeito endereça em análise.

Ao nos voltarmos para a obra freudiana, contudo, deparamo-nos com algumas recomendações contrárias à análise de idosos. Em "A sexualidade na etiologia das neuroses" (1898/2006b), Freud a contraindica, mas não apenas aos idosos, também às crianças e jovens ou adultos "débeis ou incultos". Apesar de falarmos em contraindicação e encontrarmos essa expressão em alguns textos (Lima, 2000; Mucida, 2006) que retomam essa observação de

Freud, a palavra empregada por ele com maior precisão é "limite". Assim, a dimensão do limite pode ser indicativa, por exemplo, do ponto até o qual teria avançado a experiência analítica. Nesse texto ele diz:

> *A terapia psicanalítica não é, no momento, aplicável a todos os casos. Tem, a meu ver, as seguintes limitações. Requer certo grau de maturidade e compreensão nos pacientes, e, portanto, não é adequada para os jovens ou os adultos com debilidade mental ou sem instrução. Fracassa também com as pessoas muito idosas porque, devido ao acúmulo de material nelas, o tratamento tomaria tanto tempo que, ao terminar, elas teriam chegado a um período da vida em que já não se dá valor à saúde nervosa. (Freud, 1898/2006b, p. 145)*

A justificativa apresentada por Freud é coerente tanto com o contexto cultural quanto com o momento de elaboração da psicanálise. Ele foi cuidadoso ao contextualizar as afirmações que vimos acima, deixando claro referirem-se àquele momento da psicanálise.

Em outro contexto, em "Análise terminável e interminável" (1937/2006j), vem a afirmar que há um reforço pulsional em dois momentos na vida: um deles é a puberdade e outro a menopausa. Freud acrescenta que esses "reforços podem ser estabelecidos por novos traumas, frustrações forçadas ou a influência colateral e mútua das pulsões" (p. 127). A esse respeito, salienta o poder quantitativo na causa da doença. Propomos a substituição do termo menopausa, utilizado originalmente no texto, por climatério, devido ao fato de que este último inclui um reforço pulsional na vida do ser falante. Tanto o homem quanto a mulher enfrentam este a mais de pulsão, embora em momentos e de modos diferentes. Esse termo foi descrito por Freud (1895[1894]/2006a) em um texto que trata da neurose de angústia como uma síndrome específica da neurastenia.

Vemos aí a definição de trauma como um excesso pulsional diante do qual o psiquismo não possui defesa suficiente e sua associação à entrada na velhice, já que o climatério é característico desse momento. Quanto a este último aspecto, acreditamos que justamente por haver um reforço pulsional nesse período há também a possibilidade do trabalho de análise, inclusive para que se possa confrontar esse a mais de pulsão. De acordo com Mucida (2006), a velhice implica um trabalho de acomodação dos muitos traços e um tratamento do real em cena. O que está em causa para a psicanálise é o sujeito do inconsciente e este, marcado pela atemporalidade, não envelhece. A autora reafirma sua posição e diz: "Apesar de o sujeito do inconsciente não envelhecer, todas as modificações e perdas advindas com a velhice traçam efeitos sobre o eu, sobre o corpo e sobre os laços sociais que, impondo vários nomes do real, demandam um tratamento" (p. 182).

Essa introdução relativa a questões da clínica psicanalítica e do lugar atribuído a pacientes idosos abre caminho para que possamos nos voltar para os casos em que estão envolvidas as perturbações da memória que colocam em causa o diagnóstico ou a investigação diagnóstica das demências. É a presença da repetição nessa clínica que nos parece relevante discutir desde a perspectiva da psicanálise, sobretudo pela maneira como se apresenta, isto é, na articulação ao irrepresentável da experiência traumática. Os relatos de perdas significativas e de uma série de situações abruptas que a entrada na velhice pode precipitar são elementos comuns na análise de muitos pacientes. Não se pretende propor uma clínica com idosos, na qual as questões referentes ao aparente declínio das funções mnêmicas estariam em primeiro plano, porém indicar a relação entre trauma, esquecimento e repetição, mostrando que, em alguns casos, os relatos são mais da ordem do estranhamento do que do esquecimento que se tende a associar ao recalque.

Um caso clínico

Neste ponto, nos deteremos em um caso clínico, o qual permite tecer algumas considerações quanto ao que se apresenta em análise e sua articulação com a teoria. Antônio chegou à análise mediante encaminhamento da equipe médica, a qual constatara que as atividades ofertadas pela instituição estavam sendo por ele utilizadas para falar de suas questões. Assim, ao chegar, foi convidado a submeter-se à regra fundamental da psicanálise, apostando-se que as falas de antes pudessem ganhar valor de enunciação.

Na primeira sessão começou a localizar uma série de perdas significativas; entre elas a perda de laços familiares, a aposentadoria e a morte de um filho em situação trágica. Em seguida a esta última perda, viveu uma espécie de colapso, com presença de sintomas depressivos e psicóticos que ganharam maior consistência e extensão, levando-o a uma internação psiquiátrica. Lembremos que Lacan (1986) ao trabalhar o tema do luto a partir de Hamlet, assinala a semelhança de algumas vivências no luto e os fenômenos elementares. O traumatismo provocado pela morte abrupta e violenta do filho não se abriu a um trabalho de luto, e os esquecimentos e demais falhas da memória começaram a surgir nessa época. No entanto, a localização das "falhas" de memória no período que se seguiu à perda do filho não foi feita pelo paciente, que apenas em momento posterior da análise veio a fazer essa associação.

Nas primeiras entrevistas, a morte do filho e as circunstâncias de sua ocorrência eram repetidas a cada encontro, assim como os relatos de uma cirurgia de catarata e de um episódio da infância em que elementos em comum eram ouvidos pela analista, mas não eram associados por Antônio. O significante "maluco" surgiu na análise, pela primeira vez, por referência ao seu estado na ocasião da internação após a morte do filho. Nesses episódios de "maluquice", se perdia e andava sem direção, chorava muito e ficava "nervoso". Esse foi outro significante presente no tempo de sua análise e que muitas vezes se associava a "maluco" ou "aquele que tem a cabeça fraca".

Quando foi encaminhado para a análise, já era paciente do ambulatório de geriatria, e a investigação de um possível quadro de demência estava em curso. Permaneceu na análise durante dois anos, período que foi interrompido à revelia do desejo da analista e de Antônio, por atravessamentos externos à análise e que muitas vezes estão presentes na instituição pública. No tempo da análise, a repetição de alguns episódios da infância e da juventude era muito presente, em algumas sessões uma mesma história era contada várias vezes sem que isso fosse percebido por Antônio. As intervenções da analista, no sentido de abrir para alguma associação ou introduzir um elemento novo na repetição que ali acontecia, foram aos poucos tendo efeitos de ressignificação ou de novidade ali onde o mesmo se colocava.

Embora muitos esquecimentos fossem relatados por ele, alguns eram mais radicais, como o esquecimento do ano, do dia, de sua idade, da referência de familiares próximos. Por outro lado, nem tudo se encontrava no registro da perda ou da precariedade, já que muitas lembranças infantis eram relatadas, interesses eram retomados e havia um reconhecimento do espaço da análise, de sua função e do lugar da analista.

Além das queixas de esquecimentos e da repetição de fragmentos de memória, um terceiro relato era recorrente: Antônio queixava-se de uma "confusão na cabeça", havia episódios repetidos de estranhamento, mal-estar, agressividade e isolamento. No decorrer da análise, esses episódios começaram a ser lidos por associação a um "nervosismo", significante que sempre esteve presente, aparecendo referido a um traço da família paterna – seu avô e pai eram "nervosos", o primeiro era tido como "maluco". Há um estranhamento em relação a esses episódios, que são descritos por Antônio como "horríveis", uma sensação da "cabeça estar flutuando" e "como se a morte estivesse chegando".

Em determinado momento da análise, após duas faltas consecutivas, Antônio chegou à sessão relatando um sonho com a analista. Esse sonho, no qual se perguntava se era por ela reconhecido, informava sobre a transferência. O nome da analista nunca havia sido pronunciado por Antônio, como se não houvesse registro dele. Nessa sessão, contudo, dirigiu a pergunta para a analista indagando seu nome. Esta equivocou a pergunta, ao que Antônio conseguiu dizer o nome de sua analista e concluir que já sabia.

Quando retornou, após outra falta, queixou-se novamente do episódio de confusão na cabeça. A analista apostou que algum elemento novo pudesse se colocar e perguntou quando começaram tais episódios. Antônio respondeu que sua cabeça estava confusa "desde que perdeu seu filho, morto num acidente de carro". As histórias recontadas tantas vezes nas sessões deram lugar a um elemento novo, ele fez uma associação entre a perda de um filho muito amado e os episódios, cada vez mais frequentes, de esquecimentos e confusões. A sequência dessas sessões foi muito interessante, pois foi a partir das indicações de alguma localização transferencial que um elemento novo pode ser introduzido numa repetição que parecia não se abrir à associação.

Freud e o fenômeno do estranho

Na carta que escreveu em 1936 a Romain Rolland, publicada com o título "Uma perturbação da lembrança na Acrópole" (1936/2006h), Freud descrevia uma sensação de estranhamento vivida por ele ao visitar a Acrópole e constatar sua real existência. O episódio em questão aconteceu em 1904, e apenas 32 anos depois Freud escreveu sobre ele. Entre esses dois tempos foi publicado "O estranho" (1919/2006e), e podemos conjecturar que esse texto não seja sem relação com a experiência de 1904, embora nele haja outro importante relato pessoal sobre o fenômeno do estranhamento ao qual retornaremos adiante. Antes disso, nos deteremos um pouco mais na carta que relata a experiência da Acrópole.

O episódio da Acrópole ocorreu durante uma viagem de Freud com seu irmão mais novo, o que faziam repetidamente todos os anos. Nessa ocasião estavam em Trieste e pretendiam ir até a ilha Corfu, mas encontraram um conhecido que os advertiu sobre a elevada temperatura do lugar naquela época do ano, indicando que não seria uma experiência agradável, e sugerindo que pegassem um navio para Atenas, mudando o roteiro previamente estabelecido para a viagem. Freud comenta que ele e o irmão encontraram algumas dificuldades em realizar a viagem para Atenas, mas ainda assim decidiram ir.

Freud (1936/2006h) relata que, ao se encontrar de pé em frente à Acrópole, veio-lhe um pensamento: "Então efetivamente existe tudo isto como aprendemos na escola?" (p. 13). A existência da Acrópole lhe causou tamanha surpresa que, para descrevê-la, a comparou com a experiência de uma pessoa ao deparar-se com o monstro do lago Ness e constatar que ele de fato existe. Recorre a esse exemplo para indicar sua reação, mas reconhece o exagero dela. Ao mesmo tempo, surpreende-lhe o fato de algum dia ter duvidado da existência da Acrópole, deixando lançada no texto uma pergunta acerca da ausência de convicção na existência da Acrópole, nos tempos de escola.

Para situar a complexidade dessa vivência, chega a se referir a uma "perturbação da lembrança", ou seja, é como se algo impedisse o processo da lembrança, implicando uma perda momentânea da realidade ou despersonalização. Ao final do texto, Freud procura situar seu sentimento de estranheza, apontando como características deste a "sua dependência do passado, do tesouro da lembrança do eu e das vivências penosas precoces" (p. 23). Freud formula que o sentimento de estranheza na Acrópole faz uma alusão à superioridade dos filhos em relação ao pai, de modo que ocorreu uma "moção de piedade". Pois, mediante o fato de ser seu pai um homem simples, para quem Atenas não significava tanto, a estranheza frente à Acrópole responderia à não permissão para que ele superasse seu pai, indo mais longe do que este.

No relato autobiográfico, ao qual já fizemos menção, presente no texto "O estranho" (1919/2006e), Freud descreve um episódio em que não se reconhece ao ver sua imagem refletida repentinamente. A imagem de um velho retorna para ele com certo desprezo e, ao constatar se tratar dele próprio, o fenômeno do estranhamento ocorre. Uma importante contribuição presente apenas nesse texto é o exaustivo estudo da palavra *heimlich*, a qual possui entre seus variados significados o sentido de familiar. Freud formula que esta palavra comporta uma ambivalência, coincidindo com seu oposto, *unheimlich* (não familiar, estranho, assustador). O *unheimlich* evoca a experiência de um estranho familiar, consistindo nisso, para Freud, o fenômeno do estranho. Sobre este, formula: "O estranho é aquela categoria do assustador que remete ao que é conhecido, de velho, e há muito familiar" (p. 87). O familiar, em algumas circunstâncias, pode se tornar estranho e assustador, *unheimlich*.

O limite estrutural da memória e a repetição

A questão da repetição, conforme já anunciamos, é o que se destaca como operador clínico na experiência aqui examinada. Podemos partir justamente da aproximação de determinados modos de repetição com o fenômeno do estranho. Nesse sentido, ao descrever diferentes formas de experiência do estranho, Freud (1919/2006e, p. 254) ressalta, dentre elas, uma "repetição involuntária", o estranho efeito de ocorrências semelhantes. Sobre esse fator de repetição da mesma coisa, ele formula: "Daquilo que tenho observado, esse fenômeno, sujeito a determinadas condições e combinado a determinadas circunstâncias, provoca indubitavelmente uma sensação estranha, que além do mais, evoca a sensação de desamparo experimentada em alguns estados oníricos" (1919/2006e, p. 254).

A repetição dos episódios repentinos de "confusão" na cabeça, a repetição insistente de um mesmo relato nas sessões despertavam, por vezes, essa sensação de estranhamento em Antônio, fato que despertava muita angústia. Quanto ao tema da repetição, buscaremos precisar algo. Há dois modos de situá-la, a partir da leitura lacaniana do conceito freudiano: em sua face significante, como retorno da cadeia simbólica, e outro modo, em que estaria mais articulada ao real, comparecendo como insistência que não se abre ao novo, portanto retorno ao mesmo lugar. Apostando na relação entre um limite estrutural da rememoração e a repetição em jogo, impõe-se a necessidade de precisar a diferença entre rememoração e repetição.

Lacan (1964/2008b) vai além, propondo não somente uma distinção entre rememoração e repetição, mas afirmando uma oposição entre ambas. Trata-se, a seu ver, de uma oposição pelo fato de a repetição ser impossível de saciar. Esclarece que essa característica da repetição, de um impossível de satisfazer-se, remete à noção freudiana de objeto perdido; portanto, a repetição visa sempre a um encontro com o objeto e, nesse sentido, ela comporta um apelo. Assim, a repetição não está referida ao retorno do recalcado, trata-se do próprio movimento da pulsão que faz apelo e busca um encontro, o qual, na medida em que se dá, é sempre faltoso, já que a falta de objeto é o que funda a estrutura.

A rememoração pode ser aproximada de uma reprodução. A visada psicanalítica em seus primeiros momentos era a recordação da experiência traumática. Em "Recordar, repetir e elaborar" (1914/2006d), Freud acentuou a importância da rememoração para este fim analítico. A repetição agida era entendida como consequência da resistência ao trabalho analítico, o qual visava a recordação/rememoração como via de acesso ao material recalcado. Então, a repetição operava ali onde não havia recordação e trabalho a partir dela. É importante assinalar que a repetição, nesse texto, é uma repetição como *acting out*.

Lacan (1964/2008b) destacou posteriormente a função na repetição que não se refere ao retorno do recalcado. O retorno tem relação com a rememoração. Mas esta última avança até certo limite, que situa, para o autor, o encontro com o real. Trata-se de outra coisa: "Não há como confundir a repetição nem com o retorno dos signos, nem com a reprodução tal como na hipnose, nem com a modulação pela conduta de uma espécie de rememoração agida" (pp. 59-60). A rememoração diz respeito ao simbólico, ao retorno do recalcado. Há um suporte na imagem evocada na rememoração, sendo aquilo que se pode dizer dela algo da ordem de uma ficção de si mesmo. A repetição, ao contrário, não se ancora em um elemento imagético na insistência que lhe é própria.

No referido seminário, Lacan trabalhou o que seriam os conceitos fundamentais da psicanálise, dentre eles a repetição. Antes de entrar na distinção das diferentes modalidades de repetição presentes na experiência analítica, lançando mão dos conceitos desenvolvidos por Aristóteles em sua pesquisa sobre a causa – Tiquê e Autômaton –, ele frisou que a análise, mais do que qualquer outra práxis, está orientada para o que, no cerne da experiência, constitui o núcleo do real. Podemos associar esse núcleo ao que Lacan (1959-1960/2008a) formulara antes acerca de *das Ding*, este elemento que permanece como um elemento êxtimo à cadeia significante, mas que, nessa condição, condiciona o movimento desejante.

O que está em jogo em Tiquê é da ordem de um encontro com o real que escapa à simbolização. A repetição como Tiquê está para além do retorno enquanto insistência de conteúdos significantes, enquanto retorno do recalcado. Um dos significados da palavra grega é acaso, algo que acontece como por acaso, implicando, assim, que se impõe ou se dá repentinamente. Lacan esclarece que a repetição designa aí um encontro faltoso, como no trauma. Na obra freudiana, este diz respeito a um excesso pulsional que ultrapassa a possibilidade de defesa e para o qual o psiquismo não está preparado. Trata-se de uma irrupção abrupta diante da qual a angústia como sinal não opera, impedindo que se erija alguma defesa. O que repete como Tiquê é o encontro com o real tal qual ocorre no traumatismo, isto é, a repetição evoca o próprio encontro faltoso presente no traumatismo, o encontro com o real não passível de inscrição.

Já a repetição como Autômaton refere-se à cadeia significante, à insistência dos signos, do significante e está ligada ao princípio do prazer. Freire (1997) retoma Freud para esclarecer que ele faz uma diferença entre a repetição como retorno de uma lembrança do passado e a repetição enquanto compulsão à repetição. Segue pontuando que o Autômaton estaria referido a esta primeira repetição descrita por Freud, repetição como fator irredutível a uma intrusão do passado no presente: "O autômaton está relacionado com a repetição como sombra do passado. Repetição que reduziria a diferença entre acontecimentos passados e presentes ao mesmo destino, segundo as regras do princípio do prazer" (p. 185). De todo modo, a distinção da repetição como Tiquê e como Autômaton é didática, com Lacan (1964/2008b) esclarecendo que também no Autômaton vige o real.

Chegamos mais perto da articulação entre traumatismo, esquecimento (limite da rememoração) e repetição. O traumatismo como encontro faltoso, encontro com o real, não possui representação e, portanto, não se inscreve no simbólico, sendo impossível uma captura do trauma pela cadeia significante e pela rememoração, já que não constitui memória. Foi por meio da repetição nas neuroses traumáticas, no jogo do *fort-da*, em que a ênfase dada pela criança estava mais na partida da mãe do que em seu retorno, e também na transferência enquanto repetição de elementos dolorosos de experiências passadas que Freud propôs algo que está além do princípio do prazer. A introdução do conceito de pulsão de morte, constituindo um novo dualismo pulsional, produziu um corte e um avanço na psicanálise. Em todas essas experiências a partir das quais Freud elaborou o conceito de pulsão de morte há uma articulação entre trauma e repetição.

A dimensão traumática e o real que ela comporta está presente na obra freudiana do início ao fim. Há um ponto de limite e impossível na clínica com o qual Freud é confrontado e que pode ser verificado em toda a sua obra. Nos impasses ao trabalho da elaboração, da rememoração, da análise de sonhos, Freud se vê diante de um limite a partir do qual não se pode avançar sem que haja sempre um resto, um inassimilável. Nesse sentido, embora Lacan tenha formalizado o conceito de real, como resposta sintomática à descoberta freudiana (Lacan, 1975-1976/2007, p. 128), a questão já estava colocada desde Freud, justamente por tratar do que é estrutural na experiência.

A repetição como encontro com o real fala do que retorna sempre ao mesmo lugar, mas que encontra nada ali para onde retorna, indicando com isso um retorno em fracasso. Lacan (1964/2008b, p. 56) acentua que na obra de Freud a repetição aparece, em um primeiro momento, de uma forma que não é clara, como uma espécie de reprodução ou presentificação em ato. Esclarece que busca estabelecer a relação da repetição com o real e pergunta: "Qual é a função da repetição traumática, se nada, pelo contrário, pode parecer justificá-la do ponto de vista do princípio do prazer?".

Responde que, em Freud, só podemos conceber o que se passa nos sonhos da neurose traumática ao nível do funcionamento mais primitivo. Então, não se deve deduzir de modo antecipado que há nesse ponto um desvio qualquer ou uma repartição de função tal que possamos encontrá-la a um nível de início infinitamente mais elaborado do real. Ao contrário, temos aqui um ponto que o sujeito só pode aproximar dividindo-se a si mesmo, excluindo uma concepção de unidade do psiquismo, uma vez que o sujeito é o próprio estado de fenda.

Para concluir

A clínica psicanalítica no contexto institucional de que aqui partimos, particularmente tratando-se de pacientes com severas perturbações de memória, traz como questão o limite do dispositivo analítico. Lembremos, no entanto, que a problemática do limite não se reduz à limitação. Ainda assim, a pergunta que se formula é: se a análise visa ao tratamento do real pelo simbólico, o que é possível em casos como esses? Quando indicamos que o registro simbólico encontra um limite frente à radicalidade desses casos, não afirmamos que não há operação simbólica, mas que esta encontra um limite frente àquilo com o que esses pacientes veem-se confrontados.

O limite em jogo é próprio à estrutura do ser falante. Nesse sentido, a dimensão do impossível na análise também está presente em casos menos graves. Com essa indicação, podemos operar uma torção concernente ao título: a questão relativa ao que pode a psicanálise não pretende responder necessariamente sobre sua eficácia e seu alcance, mas assinalar o limite que se conjuga ao real da clínica e que sinaliza o passo ético dado por Freud ao tomar o sujeito em sua relação com a linguagem. Em situações que comportam contextos radicais, como aquelas com as quais aqui lidamos, mais do que nunca, não se pode pretender antecipar o traçado desse limite, mas tomá-lo como pergunta a ser confrontada a cada vez.

Propomos que esta é uma clínica na qual o trabalho de entrada, no sentido da abertura ao inconsciente, portanto ao sujeito, é algo não só possível, mas necessário. Os atravessamentos pelos significantes veiculados pelo discurso médico e a posição de objeto frente ao discurso "da saúde", que se apresenta por vezes de modo tão hermético, produz falas e queixas sem sujeito. A análise poderá promover alguma implicação subjetiva, de modo que a demanda de análise possa vir a ser formulada. Muitos casos recebidos não avançam além das entrevistas preliminares; no entanto, é possível que sob certas circunstâncias o trabalho ultrapasse esse ponto. Ainda assim, no período de entrevistas há efeitos advindos de se estar falando, já que a associação livre promove a abertura ao inconsciente e a emergência da divisão subjetiva.

Ao abordar os princípios em jogo na direção do tratamento, Mucida (2006) afirma que um primeiro princípio é que "não existe análise sem demanda . . . faz-se necessário escutar a demanda, extrair sua relação com o sintoma, extraindo uma implicação do sujeito com o desejo" (p. 183). Pontua que um segundo princípio é a retificação subjetiva, que significa promover a implicação do sujeito com aquilo que diz, com seu sofrimento. Trata-se da passagem de uma queixa ao sintoma analítico; para isso é necessário que haja uma suposição de saber em jogo que já indica elementos transferenciais. A transferência é, portanto, condição fundamental do tratamento, não havendo possibilidade de trabalho fora dela.

Quando o sujeito se põe a falar, vai possibilitando que haja um reposicionamento quanto ao gozo em jogo no sintoma. Para tanto, é preciso que interrogue o sintoma, colocando-se a trabalho. Mas isso não aponta para a supressão do limite. A psicanálise inclui o limite em sua operação. Em "Construções em análise" (1937/2006i), Freud retoma uma comparação feita em 1907 no texto "Delírios e sonhos na Gradiva de Jensen" (1907-1906/2006c) referente ao trabalho da psicanálise e o da arqueologia. De acordo com ele, o trabalho de construção/reconstrução do analista assemelha-se ao trabalho do arqueólogo no que tange à escavação daquilo que se acha ligado a um tempo remoto. Ele diz a esse respeito:

> *Os dois processos são de fato idênticos, exceto pelo fato de que o analista trabalha em melhores condições e tem mais material à sua disposição para ajudá-lo, já que aquilo com que está tratando não é algo destruído, mas algo que ainda está vivo. (Freud, 1937/2006i, p. 146)*

Freud assinala que, como o arqueólogo busca nas ruínas encontradas o meio de reconstrução, "assim também o analista procede quando extrai suas inferências a partir dos fragmentos de lembranças, das associações e do comportamento do sujeito da análise" (p. 146). A construção diz respeito à pré-história do sujeito que se acha esquecida; trata-se dos traços indeléveis que não se acham no plano da consciência. Os conteúdos inconscientes não se encontram acessíveis sem um trabalho de "escavação", de análise. Ainda assim, essa operação tem limite.

Em "Análise terminável e interminável" (1937/2006j), Freud interroga o limite da operação analítica e afirma que o término de uma análise faz surgir duas vertentes de limite próprias ao trabalho analítico. Uma é a do limite colocado pela interpretação que não se esgota devido ao trabalho da cadeia associativa que desliza de um sentido possível a outro. A outra vertente é a do limite relativo ao trabalho analítico, pois não é possível interpretar e analisar tudo, sendo outro ponto importante a dimensão temporal que se impõe, de modo que há certas construções que precisariam de tempo.

O limite que aqui estamos indicando é relativo à estrutura, mas lidamos com os atravessamentos que ultrapassam o sujeito. O contexto institucional traz desafios à prática analítica. A burocracia dos protocolos e procedimentos impõe número de sessões, tempo de atendimento, formas de encaminhamento, dentre outros aspectos, os quais não levam em consideração o particular de cada caso. Apesar do singular da prática analítica nesses espaços, não é sem razão que sustentamos a escuta do sujeito. É a partir das brechas dos demais discursos que podemos introduzir a psicanálise, por vezes produzindo algum giro discursivo que mobilize reflexão da equipe em torno das discussões de casos.

Em nossa prática profissional com a equipe de saúde, verificamos, em concordância com Messi (1999), que o saber científico aborda as questões próprias ao campo da memória no "idoso" de modo reduzido ao biológico. Se o campo científico afirma a memória como materialidade, passível de mensuração e observação, a psicanálise se posiciona de outro modo. Introduzir a dimensão subjetiva e com isso indicar o limite da memória, próprio à estrutura do ser falante, faz-se necessário frente à tendência em tornar patológicas as manifestações do sujeito e de seu mal-estar.

Entendemos que nos ambulatórios públicos, na maior parte das vezes, o trabalho não avança além das entrevistas preliminares. Este se torna um tempo em que as construções em análise possibilitam alguma abertura ao inconsciente e implicação do sujeito. A divisão subjetiva colocada em causa faz vacilar os significantes veiculados pela instituição, assim como as certezas diagnósticas que aderem facilmente aos pacientes. O limite da memória tomado como estrutural introduz a dimensão subjetiva e possibilita a parcialização das questões, para o analisando, e, em algumas oportunidades, para a equipe.

Referências

Dalgalarrondo, P. (2000). Psicopatologia e semiologia dos transtornos mentais. Porto Alegre: Artes Médicas Sul.

Debert, G. (1999). *A reinvenção da velhice: socialização e processos de reprivatização do envelhecimento*. São Paulo: Edusp/Fapesp.

Ferraz, M. C. (2010). Memória, tempo e virtualidade. In *Homo Deletabilis: corpo, percepção e esquecimento do século XIX ao XXI*. São Paulo: Garamond Universitária.

Freud, S. (2006a). Sobre os fundamentos para destacar da neurastenia uma síndrome específica denominada neurose de angústia. In *Edição standard brasileira das obras completas de Freud* (Vol. 3, pp. 93-120). Rio de Janeiro: Imago. (Trabalho originalmente publicado em 1895).

Freud, S. (2006b). A sexualidade na etiologia das neuroses. In *Edição standard brasileira das obras completas de Freud* (Vol. 3, pp. 247-70). Rio de Janeiro: Imago. (Trabalho originalmente publicado em 1898).

Freud, S. (2006c). Delírios e sonhos na Gradiva de Jensen. In *Edição standard brasileira das obras completas de Freud* (Vol. 9, pp. 15-88). Rio de Janeiro: Imago. (Trabalho originalmente publicado em 1907-1906).

Freud, S. (2006d). Recordar, repetir e elaborar. In *Edição standard brasileira das obras completas de Freud* (Vol. 12, pp. 163-71). Rio de Janeiro: Imago. (Trabalho originalmente publicado em 1914).

Freud, S. (2006e). O estranho. In *Edição standard brasileira das obras completas de Freud* (Vol. 17, pp. 235-269). Rio de Janeiro: Imago. (Trabalho originalmente publicado em 1919).

Freud, S. (2006f). Além do princípio do prazer. In *Edição standard brasileira das obras completas de Freud* (Vol. 18, pp. 17-75). Rio de Janeiro: Imago. (Trabalho originalmente publicado em 1920).

Freud, S. (2006g). Mal-estar na civilização. In *Edição standard brasileira das obras completas de Freud* (Vol. 21, pp. 73-148). Rio de Janeiro: Imago. (Trabalho originalmente publicado em 1930[1929]).

Freud, S. (2006h). Carta a Romain Rolland – Uma perturbação da lembrança na Acrópole. In *Edição standard brasileira das obras completas de Freud* (Vol. 22, pp. 235-45). Rio de Janeiro: Imago. (Trabalho originalmente publicado em 1936).

Freud, S. (2006i). Construções em análise. In *Edição standard brasileira das obras completas de Freud* (Vol. 23, pp. 275-87). Rio de Janeiro: Imago. (Trabalho originalmente publicado em 1937).

Freud, S. (2006j). Análise terminável e interminável. In *Edição standard brasileira das obras completas de Freud* (Vol. 23, pp. 225-31). Rio de Janeiro: Imago. (Trabalho originalmente publicado em 1937).

Freire, A. B. (1997). *Por que os planetas não falam? O real na psicanálise e o real a ciência moderna*. Rio de Janeiro: Revinter.

Groisman, D. (2002). A velhice, entre o normal e o patológico. *História, Ciências, Saúde. Manguinhos, 9*(1), 61-78.

Lacan, J. (1986). *Hamlet por Lacan*. São Paulo: Escuta/Liubliú.

Lacan, J. (2007). *O seminário, livro 23. O sinthoma*. Rio de Janeiro: Jorge Zahar. (Trabalho originalmente publicado em 1975-1976).

Lacan, J. (2008a). *O seminário, livro 7. A ética da psicanálise*. Rio de Janeiro: Jorge Zahar. (Trabalho originalmente publicado em 1959-1960).

Lacan, J. (2008b). *O seminário, livro 11. Os quatro conceitos da psicanálise*. Rio de Janeiro: Jorge Zahar. (Trabalho originalmente publicado em 1964).

Lima, J. C. S. (2000). Psicanálise, velhice e literatura. *Revista da Escola Letra Freudiana: O corpo da Psicanálise, XIX*(27), pp. 79-87.

Messy, J. (1999). *A pessoa idosa não existe*. São Paulo: Aleph.

Mucida, A. (2006). *O sujeito não envelhece: psicanálise e velhice* (2a ed.). Belo Horizonte: Autêntica.

Nitrini, R., Caramelli, P., Bottino, C. M. C., Damasceno, B. P., Brucki, S. M. D., & Anghinah, R. (2005). Diagnóstico de doença de Alzheimer no Brasil, avaliação cognitiva e funcional: recomendações do Departamento Científico de Neurologia Cognitiva e do Envelhecimento da Academia Brasileira de Neurologia. *Arquivo de Neuropsiquiatria, 63*(3-A), pp. 720-727.

Parente, M. A. M. P. (2006). *Cognição e envelhecimento.* Porto Alegre: Artmed Bookman.

Sternberg, R. J. (2000). *Psicologia cognitiva.* Porto Alegre: Artes Médicas.

Sobre os autores

Belinda Mandelbaum

Psicanalista e professora associada do Departamento de Psicologia Social e do Trabalho (PST) do Instituto de Psicologia da Universidade de São Paulo (IPUSP), onde coordena o Laboratório de Estudos da Família, Relações de Gênero e Sexualidade (LEFAM). Desenvolve pesquisas na interface dos estudos de família, psicologia social e psicanálise. Autora dos livros *Psicanálise da família* (2. ed., Casa do Psicólogo, 2010) e *Trabalhos com famílias em psicologia social* (Casa do Psicólogo, 2014) e de diversos artigos em revistas nacionais e estrangeiras.

Cassandra Pereira França

Possui doutorado e pós-doutorado pela Pontifícia Universidade Católica de São Paulo (PUC-SP). É professora da graduação e da pós-graduação em Psicologia da Universidade Federal de Minas Gerais (UFMG), coordenadora do curso de especialização em Teoria Psicanalítica da UFMG e coordenadora do Projeto CAVAS/

UFMG. Autora dos livros *Ejaculação precoce e disfunção erétil: uma abordagem psicanalítica* (2. ed., Casa do Psicólogo, 2004), *Disfunções sexuais* (2. ed., Casa do Psicólogo, 2013) e *Nem sapo, nem princesa: terror e fascínio pelo feminino* (Blucher, 2017). Organizadora dos livros *Perversão: variações clínicas em torno de uma nota só* (Casa do Psicólogo, 2005), *Estilos do xadrez psicanalítico* (Imago, 2006), *Perversão: as engrenagens da violência sexual infantojuvenil* (Imago, 2010), *Tramas da perversão: a violência sexual intrafamiliar* (Escuta, 2014) e *Ecos do silêncio: reverberações do traumatismo sexual* (Blucher, 2017).

E-mail: cassandrapfranca@gmail.com

Flavia Sollero-de-Campos

Psicóloga clínica, professora aposentada do Departamento de Psicologia e do Programa de Pós-Graduação em Psicologia Clínica da Pontifícia Universidade Católica do Rio de Janeiro (PUC-RJ), é membro do grupo de trabalho da Associação Nacional de Pesquisa e Pós-graduação em Psicologia (ANPEPP), Psicanálise e Clínica Ampliada. Autora de vários capítulos de livros e artigos científicos.

E-mail: fsollero@uol.com.br

Gabriela Medeiros Rodrigues Aguiar

Mestranda em Psicologia Clínica pela Universidade de São Paulo (USP). Graduada em Psicologia pela Universidade Federal do Ceará (UFC). Membro do Laboratório de Psicanálise, Sociedade e Política da USP.

E-mail: gabrielamra1@gmail.com.

Gardênia Holanda Marques

Doutoranda em Saúde Pública pela Universidade Federal do Ceará (UFC). Mestre em Psicologia pela UFC. Professora da Faculdade Metropolitana de Fortaleza (FAMETRO). Membro do Laboratório de Pesquisa Qualitativa em Saúde (LAPQS).

E-mail: gardeniamarques@ymail.com

Joana de Vilhena Novaes

Possui doutorado em Psicologia Clínica e pós-doutorado em Psicologia Social e em Psicologia Médica. Especialista em transtornos alimentares pela Santa Casa de Misericórdia do Rio de Janeiro. Professora do Programa de Pós-Graduação, Mestrado Profissional e Doutorado em Psicanálise, Saúde e Sociedade da Universidade Veiga de Almeida (UVA). Coordenadora do Núcleo de Doenças da Beleza do Laboratório Interdisciplinar de Pesquisa e Intervenção Social (LIPIS) da Pontifícia Universidade Católica do Rio de Janeiro (PUC-Rio). Pesquisadora do Centre de Recherches Psychanalyse et Médecine da Université Denis-Diderot, CRPM-Pandora, Paris VII. Autora dos livros *O intolerável peso da feiura: sobre as mulheres e seus corpos* (Garamond, 2006) e *Com que corpo eu vou? Sociabilidades e usos do corpo nas mulheres das camadas altas e populares* (Pallas, 2010). Coeditora dos livros *Corpo para que te quero? Usos, abusos e desusos* (Appris, 2012), *Que corpo é este que anda sempre comigo? Corpo imagem e sofrimento psíquico* (Appris, 2016) e *O corpo que nos possui: corporeidade e suas conexões* (Appris, 2018).

José Juliano Cedaro

É psicólogo, tem doutorado e realizou estágio pós-doutoral em Psicologia pela Universidade de São Paulo (USP). Professor associado da Universidade Federal de Rondônia (UNIR), na qual é docente permanente do Programa de Pós-Graduação em Psicologia, membro do Laboratório de Genética Humana e diretor do Núcleo de Saúde. Desenvolve pesquisas e projetos de extensão em saúde mental e com pacientes portadores de doenças raras.

E-mail: cedaro@unir.br

Junia de Vilhena

Psicanalista. Doutora em Psicologia Clínica. Professora do Departamento de Psicologia da Pontifícia Universidade Católica do Rio de Janeiro (PUC-Rio). Coordenadora do Laboratório Interdisciplinar de Pesquisa e Intervenção Social (LIPIS) da PUC-Rio. Pesquisadora da Associação Universitária de Pesquisa em Psicopatologia Fundamental. Investigadora-colaboradora do Instituto de Psicologia Cognitiva da Universidade de Coimbra. Membro associado da Euroscience Organization e da Réseau International de Psychopathologie Transculturelle. Pesquisadora correspondente do Centre de Recherches Psychanalyse et Médecine da Université Denis-Diderot, CRPM-Pandora, Paris VII. Coeditora dos livros *Corpo para que te quero? Usos, abusos e desusos* (Appris, 2012), *Que corpo é este que anda sempre comigo? Corpo imagem e sofrimento psíquico* (Appris, 2016) e *O corpo que nos possui: corporeidade e suas conexões* (Appris, 2018).

Karla Patrícia Holanda Martins

Professora adjunta do Departamento de Psicologia e coordenadora da Pós-Graduação em Psicologia da Universidade Federal do Ceará (UFC). Coordenadora do Programa de Extensão da UFC, Clínica, Estética e Política do Cuidado.

E-mail: kphm@uol.com.br

Lilian Miranda

Psicóloga. Doutora em Saúde Coletiva pela Universidade Estadual de Campinas (Unicamp). Pesquisadora em saúde pública da Escola Nacional de Saúde Pública Sérgio Arouca da Fundação Oswaldo Cruz (ENSP-Fiocruz). Membro efetivo do Programa de Pós-Graduação em Saúde Pública da ENSP-Fiocruz e membro colaborador do Programa de Pós-Graduação em Atenção Psicossocial, nível mestrado profissional, do Instituto de Psiquiatria da Universidade Federal do Rio de Janeiro (IPUB-UFRJ). Desenvolve pesquisas nos campos da saúde mental, psicanálise e saúde coletiva.

Maria Ines Bittencourt

Professora aposentada do Programa de Pós-Graduação em Psicologia Clínica do Departamento de Psicologia da Pontifícia Universidade Católica do Rio de Janeiro (PUC-Rio). Pesquisadora do Laboratório Interdisciplinar de Pesquisa e Intervenção (LIPIS) da PUC-Rio.

Maria Virgínia Filomena Cremasco

Psicóloga, psicanalista e professora associada do Departamento e do Mestrado em Psicologia da Universidade Federal do Paraná (UFPR). Coordenadora de extensão da Pró-Reitoria de Extensão e Cultura (2017-2020). Diretora administrativa da Associação Universitária de Pesquisa em Psicopatologia Fundamental e diretora do Laboratório de Psicopatologia Fundamental da UFPR. Tem doutorado em Ciências Médicas pela Universidade Estadual de Campinas (Unicamp, 2002) e pós-doutorado pelo Centre d'Etudes en Psychopathologie et Psychanalyse na Université Denis Diderot (2010).

Mariana Benatto Pereira da Silva Schreiber

Psicóloga pela Universidade Federal do Paraná (UFPR, 2004), mestre em Clínica do Corpo e Antropologia Psicanalítica pela Université Paris VII (2007), título revalidado pela Universidade de São Paulo (USP, 2009). Psicóloga clínica desde 2005, professora do curso de Psicologia da Faculdade de Administração, Ciências, Educação e Letras (FACEL) desde agosto de 2009 e analista judiciária psicóloga do Tribunal de Justiça do Paraná desde junho de 2014.

Monah Winograd

Psicanalista, coordenadora do Laboratório de Pesquisas Avançadas em Psicanálise e Subjetividade (LAPSU), professora associada do Departamento de Psicologia da Pontifícia Universidade Católica do Rio de Janeiro (PUC-Rio) e vice-decana de Pós-Graduação e Pesquisa do Centro de Teologia e Ciências Humanas da PUC-Rio.

Nadja Nara Barbosa Pinheiro

Psicóloga pela Universidade Federal do Rio de Janeiro (UFRJ); especialista em Psicoterapia pelo Instituto de Psiquiatria (IPUB) da UFRJ; mestre em Psicologia pela UFRJ; doutora em Psicologia Clínica pela Pontifícia Universidade Católica do Rio de Janeiro (PUC-Rio); tem pós-doutorado pelo Centre de Recherches Psychanalyse et Médecine da Université Denis-Diderot, CRPM-Pandora, Paris VII (2015-2016). Professora associada da Graduação e Mestrado em Psicologia da Universidade Federal do Paraná (UFPR); coordenadora do Laboratório de Psicanálise da UFPR; líder do grupo de pesquisa no Conselho Nacional de Desenvolvimento Científico e Tecnológico (CNPq) Psicanálise: teoria da clínica; Coordenadora do grupo de trabalho Associação Nacional de Pesquisa e Pós-graduação em Psicologia (ANPEPP), Psicanálise e Clínica Ampliada.

E-mail: nadjanbp@ufpr.br

Perla Klautau

Possui graduação em Psicologia (2000), mestrado (2002) e doutorado (2007) em Psicologia Clínica pela Pontifícia Universidade Católica do Rio de Janeiro (PUC-Rio), pós-doutorado em Psicologia pela Universidade de São Paulo (USP) (2008-2011, bolsista da Fundação de Amparo à Pesquisa do Estado de São Paulo - FAPESP) e em Psicologia Clínica pela PUC-Rio (2011-2014, bolsista do Programa de Apoio ao Pós-Doutorado da Fundação de Amparo à Pesquisa do Estado do Rio de Janeiro - PAPD-FAPERJ). Atualmente é professora da graduação em Psicologia e dos Programas de Pós-Graduação em Psicanálise, Saúde e Sociedade da Universidade Veiga de Almeida (UVA), coordenadora do Laboratório de Estudos em Psicanálise e Conexões Interdisciplinares (LEPCI), editora adjunta da Revista Trivium: estudos interdisciplinares e integra o grupo de trabalho da Associação Nacional de Pesquisa e Pós-graduação em Psicologia (ANPEPP), Psicanálise e Clínica Ampliada. É membro efetivo do Círculo Psicanalítico do Rio de Janeiro (CPRJ).

Raimundo Edmilson Pereira Silva Júnior

Mestrando em Psicologia pela Universidade Federal do Ceará (UFC). Graduado em Psicologia pela UFC. Membro do Laboratório de Psicologia em Subjetividade e Sociedade (LAPSUS) da UFC.

E-mail: edmilsonpereirapsi@gmail.com

Rafael Correia Sales

Graduado em Psicologia pela Universidade Federal do Ceará (UFC). Bolsista voluntário, de 2013 até 2015, na pesquisa Estado do conhecimento das relações entre a psicanálise e a Saúde Coletiva. Técnico ministerial da Procuradoria Geral de Justiça do Estado do Ceará.

E-mail: rafacorreiasales@gmail.com

Rafaela Ferreira de Souza Gomes

Graduada em Psicologia pela Universidade Veiga de Almeida (UVA, 2009). Especialista em Psicologia Clínica-Institucional na modalidade de residência pela Universidade do Estado do Rio de Janeiro (UERJ, 2011). Mestre em Pesquisa e Clínica Psicanalítica pela UERJ (2016).

E-mail: rafaelafsgomes@gmail.com

Rodrigo Sanches Peres

Psicólogo pela Universidade Estadual Paulista (Unesp). Especialista em Psicologia Clínica pelo Conselho Federal de Psicologia (CFP). Mestre e doutor em Psicologia pela Universidade de São Paulo (USP), com pós-doutorado pela Universidade de Lisboa (UL). Professor do Programa de Pós-Graduação em Psicologia da Universidade Federal de Uberlândia (UFU). Pesquisador do Laboratório de Ensino e Pesquisa em Psicologia da Saúde da USP. Membro do grupo de trabalho Psicanálise e Clínica Ampliada, da Associação Nacional de Pesquisa e Pós-Graduação em Psicologia (ANPEPP). Bolsista do programa Pesquisador Mineiro da Fundação de Amparo à Pesquisa do Estado de Minas Gerais (FAPEMIG).

Bolsista de produtividade em pesquisa do Conselho Nacional de Desenvolvimento Científico e Tecnológico (CNPq).

Shana Nakoneczny Pimenta

Psicóloga pela Universidade Federal do Paraná (UFPR, 2004); mestre em Clínica Psicanalítica pela Universidade Louis Pasteur (2007), título revalidado pela Universidade de São Paulo (USP, 2012); psicóloga clínica; membro da Biblioteca Freudiana de Curitiba e professora do curso de psicologia da Faculdade de Administração, Ciências, Educação e Letras (FACEL) desde abril de 2013.

Vinicius Anciães Darriba

Possui graduação (1996) em Psicologia pela Pontifícia Universidade Católica do Rio de Janeiro (PUC-Rio) e mestrado (1999) e doutorado (2003) em Teoria Psicanalítica pela Universidade Federal do Rio de Janeiro (UFRJ). Atualmente é professor associado do Instituto de Psicologia da Universidade do Estado do Rio de Janeiro (UERJ). Vice-chefe do Departamento de Psicanálise e membro do Programa de Pós-Graduação em Psicanálise da UERJ. Coordenador do Instituto de Psicologia no Hospital Universitário Pedro Ernesto. Editor da revista *Estudos e Pesquisas em Psicologia.* Bolsista de produtividade em pesquisa 2 do Conselho Nacional de Desenvolvimento Científico e Tecnológico (CNPq). Procientista da UERJ. Vice-coordenador do grupo de trabalho da Associação Nacional de Pesquisa e Pós-Graduação em Psicologia (ANPEPP), Psicanálise e Clínica Ampliada.

E-mail: viniciusdarriba@gmail.com

GRÁFICA PAYM
Tel. [11] 4392-3344
paym@graficapaym.com.br